学车考证速成精解系列

驾考通关全套指南

姚时俊　编著

机械工业出版社

本书严格按照《机动车驾驶培训教学与考试大纲》和《机动车驾驶人考试内容和方法》，以及《机动车驾驶证申领和使用规定》的要求进行编写，介绍了各考试科目培训与考试的内容、方法和技巧。本书的内容包括：驾校学车须知、科目一培训与考试、科目二培训与考试、科目三培训与考试、科目四培训与考试及全新的驾考题库和试题答案。

本书图文并茂、形象直观、由浅入深、语言精练、通俗易懂、实用性强，适用于报考C类机动车驾驶证的人员阅读，对其他类别驾考人员也有一定的参考价值。

图书在版编目（CIP）数据

驾考通关全套指南 / 姚时俊编著. -- 北京：机械工业出版社，2024.11. -- （学车考证速成精解系列）.
ISBN 978-7-111-76859-3

Ⅰ. U471.3

中国国家版本馆CIP数据核字第2024S7N567号

机械工业出版社（北京市百万庄大街22号　邮政编码100037）
策划编辑：谢　元　　　　　责任编辑：谢　元　章承林
责任校对：宋　安　丁梦卓　封面设计：张　静
责任印制：邸　敏
中煤（北京）印务有限公司印刷
2024年11月第1版第1次印刷
184mm×260mm・15印张・534千字
标准书号：ISBN 978-7-111-76859-3
定价：88.00元

电话服务　　　　　　　　网络服务
客服电话：010-88361066　机　工　官　网：www.cmpbook.com
　　　　　010-88379833　机　工　官　博：weibo.com/cmp1952
　　　　　010-68326294　金　书　网：www.golden-book.com
封底无防伪标均为盗版　　机工教育服务网：www.cmpedu.com

前　言

　　驾校是具有一定资质，对准备考机动车驾驶证的人员进行交通法规、驾驶技术及安全文明驾驶知识培训，并协助其通过车辆管理部门的考试取得驾驶证的培训单位。驾校学车是我国驾驶人培训的主要形式，为帮助驾校学员全面了解驾校学车的科目、流程和相关规定，掌握必要的驾驶技术和学习技巧，顺利通过各科目考试，尽快拿到驾驶证，我们组织编写了本书。

　　本书严格按照《机动车驾驶培训教学与考试大纲》（交运发〔2022〕36号）和《机动车驾驶人考试内容和方法》（GA 1026—2022），以及《机动车驾驶证申领和使用规定》（公安部令第162号）的要求进行编写，针对驾校学员考取机动车驾驶证所涉及的知识需求，介绍了各考试科目的培训与考试内容、方法及技巧，并归类编排了全新的驾考题库和试题答案。本书内容实用、编排规范、通俗易懂、图文并茂，适用于报考C类机动车驾驶证的人员阅读。

　　由于编者水平有限，书中难免有不足之处，敬请读者批评指正。

目 录

前言

第一章 驾校学车须知 ...001
  第一节 驾校入学 ...001
  第二节 学车规程 ...004

第二章 科目一培训与考试 ...005
  第一节 科目一培训 ...005
  第二节 科目一考试 ...010
  第三节 科目一考试题库 ...011

第三章 科目二培训与考试 ...110
  第一节 科目二培训 ...110
  第二节 科目二考试 ...113

第四章 科目三培训与考试 ...116
  第一节 科目三培训 ...116
  第二节 科目三考试 ...122

第五章 科目四培训与考试 ...126
  第一节 科目四培训 ...126
  第二节 科目四考试 ...131
  第三节 科目四考试题库 ...131

附录 ...230
  附录A 科目一考试题库试题答案 ...230
  附录B 科目四考试题库试题答案 ...233

Chapter One

第一章 驾校学车须知

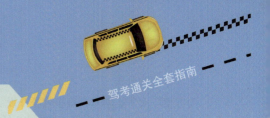
驾考通关全套指南

第一节 驾校入学

一、入学准备

（一）驾校选择

驾校是具有一定资质，对报考驾驶证的人员进行交通法规、驾驶技术及安全文明驾驶知识培训，并协助其通过车管部门的考试取得驾驶证的培训单位。随着私家车的普及，需要学车考证的人越来越多，驾校也随之增多。在这些驾校中，有相当一部分是以挂靠其他合法驾校的形式从事经营的，每年向挂靠单位交纳一定的费用，由挂靠单位提供发票。这产生了两方面的危害：一方面，挂靠驾校经济独立核算，挂靠单位很少管理，一旦出现问题，互相推诿，无法获得满意解决；另一方面，学员的权益也得不到保障，因这些驾校流动性强，一旦主办者卷款逃跑，学员往往无从投诉。为此，提醒准备学车的人员应从以下7个方面选择驾校。

1. 选择正规合法的驾校

正规合法驾校应有当地有关部门核发的《培训许可证》《营业执照》和《税务登记证》。当学员报名时，正规驾校会与学员签署一份"学车合同"，以保证学员与驾校双方之间的权利与义务。如果一个驾校既没有以上3种证照，也不愿意与学员签订合同，那这个驾校就是彻底的伪驾校。

2. 选择师资过硬的驾校

按相关规定，只有具备"驾校教练员资格证书"的教练才能上岗培训学员，而一所正规驾校的教练也必须和学员一样，通过理论、桩考、路考等考试项目才能拿到资格证书。相反，挂靠驾校的教练多为临时找来充门面的摆设，既没有资格证书，也缺乏全面的培训知识。学员在报名之前只要核实一下学校的教练是否具有正规的资格证书，就能推断出该驾校的真伪。

3. 选择设施完善的驾校

完善的教学设施是保证教学质量的前提。正规驾校应当有自己的教室、模型、教学器具和训练场地，而很多挂靠驾校则会安排学员直接在一些车比较少的公路上去练习这些项目。此外，驾校所拥有培训车辆的数量和档次也是区分"真伪"驾校的一个标准。正规驾校一般都能提供货车、轿车、越野车等类型的车辆供学员学习，而大多数挂靠驾校总是用有限的几台经过简易翻新的车辆来应付学员。

4. 选择收费合理的驾校

正规驾校应该有合理的收费标准，这个标准受当地物价部门监督且明码标价，学什么照、用什么车、收多少钱标得清清楚楚。据了解，由于正规驾校的规模较大加上各种教学成本较高，所以收费不可能特别便宜。此外，报名前一定要问清楚，学费是否包含了其他杂费，如果包含，一定要驾校在开具的票据上写清楚，这样以后也会有据可查。一般情况下，挂靠驾校看着收费低，但报名学习后会变着名目收费，这样加起来的总费用可能比在正规驾校的费用还要高。

5. 选择服务优良的驾校

交通管理部门每年对驾校进行一次资质审核认证，尚无政府部门组织的评比。在报名时应注重其服务质量如何，不能只听一面之词，一定要慎重选择信誉度高的驾校，最好选择那些通过质量管理体系认证的驾校，因为他们有一整套严格的服务质量控制程序，培训质量和服务要高于一般的驾校。

6. 选择信誉较好的驾校

选择一家驾校，要上网查查其信誉度如何，网上投诉多不多。另外，到校办公室问问有无投诉电话和相应规章制度。最好选择由交通部门认可的AAA驾校，"AAA"是指诚信、服务质量以及教学设备都达到A级的驾校。

7. 选择交通方便的驾校

整个学车过程最少也要一个多月，如果交通不便将会在来回路上消耗大量时间。为此选择驾校时要注意以下事项：一是要尽量选择离家较近、交通方便的驾校；二是很多驾校的报名点、驾校总部、训练场地都在不同地点，重点要看训练场地是否方便；三是有些驾校有班车接送，要问清是全程接送，还是只有报名接送、练车接送或考试接送。

（二）学车方案选择

1. 学车班种选择

为方便广大学员学车，很多驾校开设了多种学车班，供不同情况的学员选择，如图1-1所示。

2. 准驾车型选择

驾驶人考取了驾驶证，并不表示可以驾驶所有的机动车，而是只准驾驶在驾驶证上签注的准驾车型和准予驾驶的其他车型。机动车驾驶人准予驾驶的车型分为17种，见表1-1。

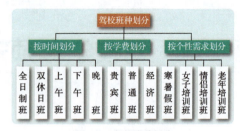

图1-1 驾校班种划分

表1-1 准驾车型及代号

序号	准驾车型	代号	准驾的车辆	准予驾驶的其他准驾车型
1	大型客车	A1	大型载客汽车	A3、B1、B2、C1、C2、C3、C4、M
2	重型牵引挂车	A2	总质量大于4500千克的汽车列车	B1、B2、C1、C2、C3、C4、C6、M
3	城市公交车	A3	核载10人以上的城市公共汽车	C1、C2、C3、C4
4	中型客车	B1	中型载客汽车（含核载10人以上、19人以下的城市公共汽车）	C1、C2、C3、C4、M
5	大型货车	B2	重型、中型载货汽车；重型、中型专项作业车	C1、C2、C3、C4
6	小型汽车	C1	小型、微型载客汽车以及轻型、微型载货汽车；轻型、微型专项作业车	C2、C3、C4
7	小型自动挡汽车	C2	小型、微型自动挡载客汽车以及轻型、微型自动挡载货汽车；轻型、微型自动挡专项作业车；上肢残疾人专用小型自动挡载客汽车	—
8	低速载货汽车	C3	低速载货汽车	C4
9	三轮汽车	C4	三轮汽车	—
10	残疾人专用小型自动挡载客汽车	C5	残疾人专用小型、微型自动挡载客汽车（允许上肢、右下肢或者双下肢残疾人驾驶）	—
11	轻型牵引挂车	C6	总质量小于（不包含等于）4500千克的汽车列车	—
12	普通三轮摩托车	D	发动机排量大于50毫升或者最大设计车速大于50千米/时的三轮摩托车	E、F
13	普通二轮摩托车	E	发动机排量大于50毫升或者最大设计车速大于50千米/时的二轮摩托车	F
14	轻便摩托车	F	发动机排量小于等于50毫升，最大设计车速小于等于50千米/时的摩托车	—
15	轮式专用机械车	M	轮式专用机械车	—
16	无轨电车	N	无轨电车	—
17	有轨电车	P	有轨电车	—

3. 学驾车型选择

驾校的学驾车型主要有3种：大型货车（B2）、小型汽车（C1）和小型自动挡汽车（C2）。学员在学车前要慎重选择，否则，初选不慎重，当学到中途再想更换学驾车型时，这一套申报手续办起来就很麻烦，有的车型还要补交收费差额，有的手续到学习的后期就无法变更了，只有重新交费从头再来。这样一来，学员本身学习汽车驾驶的信心就会受到影响。同时，在经济上也会受到损失，并且学车时间成几倍增长，造成时间上的浪费。

学驾车型应根据职业、年龄、性别、身体状况等因素进行选择，具体选择方法是：

1）大型货车及大型客车、重型牵引挂车、城市公交车。这类车型体积大，操作难度也大，法规对这类车型操作要求相对较高。这类车型适合于准备从事汽车驾驶职业的人员选择，一般为年轻男性。

2）小型手动挡汽车。手动挡车型的优点是提速快，节能，维护费用相对经济一些。手动挡车型有离合器踏板，属于外分离装置。学习手动挡汽车驾驶操作比自动挡汽车稍难一些。手动挡学驾车型操作起来要求很多，如离合器的控制能力，左右脚配合能力，手脚配合的熟悉程度和协调性等。手动挡学驾车型适合于手脚配合能力较强的中青年群体或者车感较好的人士选择。

3）小型自动挡汽车。自动挡车型没有离合器踏板，属于内分离装置，车辆可根据不同的行驶速度自动变换挡位。自动挡车型操作简便、易学、好掌握，坡道起步不易溜车，正常行驶中不会出现人为的熄火现象。自动挡车型适合于高龄、女性，包括左下肢有残疾的人士，同时也适合手脚协调能力差的人士选择。

二、入学报名

（一）报名条件

在办理驾校报名手续前，首先要看自己是否符合学车条件。

1. 年龄条件

申请机动车驾驶证的年龄条件见表1-2。

表1-2 申请机动车驾驶证的年龄条件

序号	申请准驾车型	年龄（周岁）		备注
		最小	最大	
1	小型汽车、小型自动挡汽车、残疾人专用小型自动挡载客汽车、轻便摩托车	18	—	—
2	普通三轮摩托车、普通二轮摩托车	18	70	
3	低速载货汽车、三轮汽车、轮式专用机械车	18	63	
4	城市公交车、中型客车、大型货车、轻型牵引挂车、无轨电车、有轨电车	20	63	
5	大型客车、重型牵引挂车	22	63	
6		19	63	接受全日制驾驶职业教育的学生

2. 身体条件

1）身高：申请大型客车、重型牵引挂车、城市公交车、大型货车、无轨电车准驾车型的，身高为155厘米以上。申请中型客车准驾车型的，身高为150厘米以上。

2）视力：申请大型客车、重型牵引挂车、城市公交车、中型客车、大型货车、无轨电车或者有轨电车准驾车型的，两眼裸视力或者矫正视力达到对数视力表5.0以上。申请其他准驾车型的，两眼裸视力或者矫正视力达到对数视力表4.9以上。单眼视力障碍，优眼裸视力或者矫正视力达到对数视力表5.0以上，且水平视野达到150度的，可以申请小型汽车、小型自动挡汽车、低速载货汽车、三轮汽车、残疾人专用小型自动挡载客汽车准驾车型的机动车驾驶证。

3）辨色力：无红绿色盲。

4）听力：两耳分别距音叉50厘米能辨别声源方向。有听力障碍但佩戴助听设备能够达到以上条件的，可以申请小型汽车、小型自动挡汽车准驾车型的机动车驾驶证。

5）上肢：双手拇指健全，每只手其他手指必须有三指健全，肢体和手指运动功能正常。但手指末节残缺或者左手有三指健全，且双手手掌完整的，可以申请小型汽车、小型自动挡汽车、低速载货汽车、三轮汽车准驾车型的机动车驾驶证。

6）下肢：双下肢健全且运动功能正常，不等长度不得大于5厘米。单独左下肢缺失或者丧失运动功能，但右下肢正常的，可以申请小型自动挡汽车准驾车型的机动车驾驶证。

7）躯干、颈部：无运动功能障碍。

8）右下肢、双下肢缺失或者丧失运动功能但能够自主坐立，且上肢符合上述第5）条规定的，可以申请残疾人专用小型自动挡载客汽车准驾车型的机动车驾驶证。一只手掌缺失，另一只手拇指健全，其他手指有两指健全，上肢和手指运动功能正常，且下肢符合上述第6）条规定的，可以申请残疾人专用小型自动挡载客汽车准驾车型的机动车驾驶证。

9）年龄在70周岁以上能够通过记忆力、判断力、反应力等能力测试的，可以申请小型汽车、小型自动挡汽车、残疾人专用小型自动挡载客汽车、轻便摩托车准驾车型的机动车驾驶证。

3. 限制条件

有下列情形之一的，不得申请机动车驾驶证：

1）有器质性心脏病、癫痫病、美尼尔氏症、眩晕症、癔病、震颤麻痹、精神病、痴呆以及影响肢体活动的神经系统疾病等妨碍安全驾驶疾病的。

2）3年内有吸食、注射毒品行为或者解除强制隔离戒毒措施未满3年，以及长期服用依赖性精神药品成瘾尚未戒除的。

3）造成交通事故后逃逸构成犯罪的。

4）饮酒后或者醉酒驾驶机动车发生重大交通事故构成犯罪的。

5）醉酒驾驶机动车或者饮酒后驾驶营运机动车依法被吊销机动车驾驶证未满5年的。

6）醉酒驾驶营运机动车依法被吊销机动车驾驶证未满10年的。

7）驾驶机动车追逐竞驶、超员、超速、违反危险化学品安全管理规定运输危险化学品构成犯罪依法被吊销机动车驾驶证未满5年的。

8）因本款第四项以外的其他违反交通管理法律法规的行为发生重大交通事故构成犯罪依法被吊销机动车驾驶证未满10年的。

9）因其他情形依法被吊销机动车驾驶证未满2年的。

10）驾驶许可依法被撤销未满3年的。

11）未取得机动车驾驶证驾驶机动车，发生负同等以上责任交通事故造成人员重伤或者死亡未满10年的。

12）3年内有代替他人参加机动车驾驶人考试行为的。

13）法律、行政法规规定的其他情形。

未取得机动车驾驶证驾驶机动车，有上述第5）条至第8）条行为之一的，在规定期限内不得申请机动车驾驶证。

（二）报名手续

携带下列材料到驾校办理报名手续：
1）身份证明（身份证原件）。
2）体检证明。
3）照片（要求：白底、彩色、一寸、正面照、免冠、露出双耳、肩膀不能有突起物、平时戴眼镜的要戴眼镜拍、不要戴首饰）。
4）报名费（现金、刷卡或转账）。

有些驾校可以代办体检和拍照。

第二节 学车规程

一、学车流程

学车流程如图1-2所示。

二、考试规定

（一）考试科目

1）道路交通安全法律、法规和相关知识考试科目（简称"科目一"）。

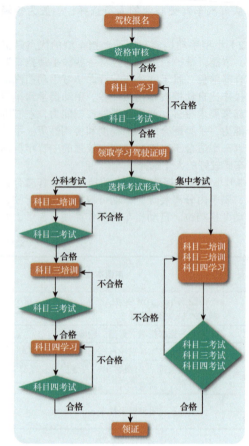

图1-2 学车流程

2）场地驾驶技能考试科目（简称"科目二"）。

3）道路驾驶技能考试科目[简称"科目三（道路驾驶技能）"，本书称为"科目三"]。

4）安全文明驾驶常识考试科目[简称"科目三（安全文明驾驶常识）"，本书称为"科目四"]。

（二）考试预约

申请人科目一考试合格后，可以预约科目二或者科目三考试。有条件的地方，申请人可以同时预约科目二、科目三考试，预约成功后可以连续进行考试。科目二、科目三考试均合格后，申请人可以当日参加科目四考试。

（三）考试要求

1）每个科目考试一次，考试不合格的，可以补考一次。不参加补考或者补考仍不合格的，本次考试终止，申请人应当重新预约考试，但科目二、科目三考试应当在十日后预约。科目四考试不合格的，已通过的道路驾驶技能考试成绩有效。

2）在学习驾驶证明有效期内，科目二和科目三考试预约考试的次数分别不得超过五次。第五次考试仍不合格的，已考试合格的其他科目成绩作废。

Chapter Two

第二章 科目一培训与考试

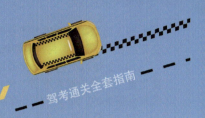
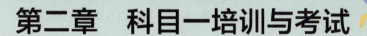
驾考通关全套指南

第一节 科目一培训

一、培训内容与方法

（一）培训内容

依据《机动车驾驶培训教学与考试大纲》，小型汽车科目一培训内容：

1. 法律、法规及道路交通信号

具体包括：机动车驾驶证申领与使用、道路交通信号、道路通行规则、驾驶行为、交通违法行为及处罚、机动车登记和使用、交通事故处理和地方性法规。

2. 机动车基本知识

具体包括：车辆结构常识、车辆主要安全装置、驾驶操纵机构的作用、车辆性能、车辆检查和维护、车辆运行材料、新能源汽车使用知识。

（二）培训方法

科目一培训采用课堂教学与学员自学相结合的方法。课堂教学不少于4学时，主要讲解科目一考试重点、难点及注意事项；学员自学主要围绕科目一考试题库进行练习。

二、重点与难点归纳

在科目一试题中，有些内容出现的较多，有些内容比较难记，还有些内容容易混淆，如时间、距离、速度等数字，以及交通标志、交警手势等。为帮助考生轻松掌握这些内容，现将其归纳如下：

（一）时间（或日期）

1）3秒：变更车道时，应在开启转向灯3秒后，才能驶入侧方车道。

2）20分钟和4小时：连续驾驶机动车超过4小时应停车休息，休息时间不少于20分钟。

3）1日：申请人因故不能按照预约时间参加考试的，应当提前1日申请取消预约。

4）10日：因饮酒后驾驶机动车被处罚，再次饮酒后驾驶机动车的，处10日以下拘留，并处1000元以上2000元以下罚款，吊销机动车驾驶证。

5）15日：造成交通事故后逃逸，尚不构成犯罪的，由公安机关交通管理部门处200元以上2000元以下罚款，可以并处15日以下拘留。

6）30日：①持有小型汽车驾驶证的驾驶人，发生交通事故造成人员死亡承担同等以上责任未被吊销机动车驾驶证的，应当在本记分周期结束后30日内到公安机关交通管理部门接受审验，同时应当申报身体条件情况；②机动车驾驶人联系电话、联系地址等信息发生变化的，应当在信息变更后30日内，向驾驶证核发地车辆管理所备案；③持有大型客车、牵引车、城市公交车、中型客车、大型货车驾驶证的驾驶人从业单位等信息发生变化的，应当在信息变更后30日内，向驾驶证核发地车辆管理所备案。

7）90日：机动车驾驶人应当于机动车驾驶证有效期满前90日内，向机动车驾驶证核发地或者核发地以外的车辆管理所申请换证。

8）6个月：饮酒后驾驶机动车的，处暂扣6个月机动车驾驶证，并处1000元以上2000元以下罚款。

9）1年（12个月）：①道路交通安全违法行为累积记分周期为12个月；②年龄在70周岁以上的机动车驾驶人，应当每年进行一次身体检查，提交有关身体条件的证明；③机动车驾驶人初次申请机动车驾驶证和增加准驾车型后的12个月为实习期；④超过机动车驾驶证有效期1年以上未换证的，车辆管理所应当注销其机动车驾驶证；⑤隐瞒有关情况或者提供虚假材料申领机动车驾驶证的，申请人在1年内不得再次申领机动车驾驶证；⑥申请人在考试过程中有贿赂、舞弊行为的，在1年内不得再次申领机动车驾驶证。

10）1至2年：超过机动车驾驶证有效期1年以上未换证被注销，但未超过2年的，机动车驾驶人应当参加道路交通安全法律、法规和相关知识考试合格后，恢复驾驶资格。

11）3年：①学习驾驶证明的有效期为3年；②驾驶人因服兵役、出国（境）等原因无法办理审验时，延期审验期限最长不超过3年；③驾驶人在实习期内驾驶机动车上高速公路行驶，应由持相应或者更高准驾车型驾驶证3年以上的驾驶人陪同；

④申请人以欺骗、贿赂等不正当手段取得机动车驾驶证的，3年内不得再次申领机动车驾驶证。

12）3年以下：违反交通运输管理法规，因而发生重大事故，致人重伤、死亡或者使公私财产遭受重大损失的，处3年以下有期徒刑或者拘役。

13）3至7年：交通运输肇事后逃逸或者有其他特别恶劣情节的，处3年以上7年以下有期徒刑。

14）7年以上：因逃逸致人死亡的，处7年以上有期徒刑。

15）6年、10年和长期：机动车驾驶证有效期分为6年、10年和长期。其含义是：初次领证的有效期为6年，6年内每年记分都未达到12分，就可换发10年有效期的驾驶证；10年内每年记分都未达到12分，可以换发长期有效的驾驶证。

16）终生：饮酒后或者醉酒驾驶机动车发生重大交通事故，构成犯罪的，依法追究刑事责任，并由公安机关交通管理部门吊销机动车驾驶证，终生不得重新取得机动车驾驶证。

（二）距离

1. 高速公路跟车距离

1）机动车在高速公路上行驶，车速超过100千米/时时，应当与同车道前车保持100米以上的距离。

2）机动车在高速公路上行驶，车速低于100千米/时时，与同车道前车距离可以适当缩短，但最小距离不得少于50米。

2. 停车距离

1）交叉路口、铁路道口、急弯路、宽度不足4米的窄路、桥梁、陡坡、隧道以及距离上述地点50米以内的路段，不得停车。

2）公交车站、急救站、加油站、消防栓或者消防队（站）门前以及距离上述地点30米以内的路段，除使用上述设施的以外，不得停车。

3. 车辆故障警告标志设置距离

1）机动车在道路（指普通公路）上发生故障或者发生交通事故，妨碍交通又难以移动的，应当在车后50～100米处设置警告标志。

2）机动车在高速公路上发生故障时，警告标志应当设置在故障车来车方向150米以外。

4. 夜间会车改用近光灯距离

夜间会车应当在距相对方向来车150米以外改用近光灯。

（三）车速

1. 一般道路车速规定

一般道路没有最低车速限制，只对最高车速进行了规定，见表2-1。

表2-1 一般道路最高车速规定

类别	运行条件（道路、气候等）	最高车速/（千米/时）
没有道路中心线的道路	城市道路	30
	公路	40
同方向只有1条机动车道的道路	城市道路	50
	公路	70
特殊情形	（1）进出非机动车道，通过铁路道口、急弯路、窄路、窄桥时 （2）掉头、转弯、下陡坡时 （3）遇雾、雨、雪、沙尘、冰雹，能见度在50米以内时 （4）在冰雪、泥泞的道路上行驶时 （5）牵引发生故障的机动车时	30

2. 高速公路车速规定

高速公路最高车速不得超过120千米/时，最低车速不得低于60千米/时，具体规定见表2-2。

表2-2 高速公路车速规定

最高车速/（千米/时）			最低车速/（千米/时）				
小型载客汽车	其他汽车	摩托车	同方向有2条车道的		同方向有3条以上车道的		
			左侧车道	右侧车道	最左侧车道	中间车道	最右侧车道
120	100	80	100	60	110	90	60

注：道路限速标志标明的车速与上述车道行驶车速的规定不一致的，按道路限速标志标明的车速行驶。

（四）容易混淆的交通标志

容易混淆的交通标志如图 2-1 所示。

标志	名称	标志	名称	标志	名称
	Y 形交叉路口		注意潮汐车道		减速丘
	注意合流		注意保持车距		驼峰桥
	无人看守铁路道口		注意危险		注意行人
	有人看守铁路道口		事故易发路段		人行横道
	禁止通行		禁止机动车驶入		禁止停车
	禁止驶入		禁止小型客车驶入		禁止长时停车
	机动车行驶		非机动车行驶		鸣喇叭
	机动车道		非机动车道		禁止鸣喇叭
	停车让行		错车道		环岛行驶
	减速让行		紧急停车带		环行交叉
	会车让行		两侧变窄		反向弯路
	会车先行		窄桥		连续弯路
	双向交通		左右绕行		易滑
	直行		最高限速		停车场预告
	直行车道		最低限速		停车区预告
	单行路（直行）		解除限制速度		服务区预告

图 2-1　容易混淆的交通标志

（五）交通警察指挥手势信号

交通警察指挥手势信号见表2-3。

表2-3　交通警察指挥手势信号

序号	种类	含义	动作要领	图示
1	停止信号	不准前方车辆通行	左臂向前上方直伸，掌心向前	
2	直行信号	准许右方直行的车辆通行	左臂向左平伸，掌心向前；右臂向右平伸，掌心向前，向左摆动	
3	左转弯信号	准许车辆左转弯，在不妨碍被放行车辆通行的情况下可以掉头	右臂向前平伸，掌心向前；左臂与手掌平直向右前方摆动，掌心向右	
4	右转弯信号	准许右方的车辆右转弯	左臂向前平伸，掌心向前；右臂与手掌平直向左前方摆动，手掌向左	
5	变道信号	车辆应当腾空指定的车道，减速慢行	右臂向前平伸，掌心向左；右臂向左水平摆动	
6	减速慢行信号	车辆应当减速慢行	右臂向右前方平伸，掌心向下；右臂与手掌平直向下方摆动	

（续）

序号	种类	含义	动作要领	图示
7	左转弯待转信号	准许左方左转弯的车辆进入路口，沿左转弯行驶方向靠近路口中心，等候左转弯信号	左臂向左下方平伸，掌心向下；左臂与手掌平直向下方摆动	
8	靠边停车信号	车辆应当靠边停车	左臂向前上方平伸，掌心向前；右臂向前下方平伸，掌心向左；右臂向左水平摆动	

三、学习与记忆技巧

（一）学习技巧

1）找到主攻目标。科目一考试试题全部来自题库，所以要把题库作为主攻目标。科目一题库中的试题有1700道，如果死记硬背，可能谁也记不住。必须搞清楚每道题为什么是这个答案，知道其中的原理，明确交规的合理性和科学性。

2）找出薄弱环节。把题库中试题全部做一遍，先不要看答案，答出后再对照答案。答对了，并知道为什么是这个答案，这题就过关了，不要再管它。答错了，做上标记，全部做完后，有标记的题便是自己的薄弱环节。然后只看做标记的题，这些题需要着重强化，这样可以节省大量的宝贵时间。

3）找到错误原因。对于有标记的题，不能看一下正确答案，然后死记硬背。要查阅法规、教材或参考书，找出错误的原因，明确为什么某个答案是正确的，真正做到理解。

按上述方法将所有章节的试题都搞懂后，在考试前将全部试题再做一遍，确保万无一失。

（二）记忆技巧

1. 归纳记忆法

归纳记忆法是指将所记忆内容按不同属性加以归纳，然后记住这些内容及其属性的记忆方法。题库中有很多试题带有数字，可对数字进行归纳，这样不仅容易记，而且记得牢。如机动车在高速公路上行驶，遇有雾、雨、雪、沙尘、冰雹等低能见度气象条件时，应当遵守下列规定：①能见度小于200米时，开启雾灯、近光灯、示廓灯和前后位灯，车速不得超过60千米/时，与同车道前车保持100米以上的距离；②能见度小于100米时，开启雾灯、近光灯、示廓灯、前后位灯和危险报警闪光灯，车速不得超过40千米/时，与同车道前车保持50米以上的距离；③能见度小于50米时，开启雾灯、近光灯、示廓灯、前后位灯和危险报警闪光灯，车速不得超过20千米/时，并从最近的出口尽快驶离高速公路。对于这3种情况，只要记住261、145、520便可。本章已对时间、距离、车速等内容进行了归纳，学习时也可按照自己的记忆方式进行归纳。

2. 分类记忆法

分类记忆法就是把考点相同、相近和相关联的试题进行集中排列，分为一类，然后分门别类地记住这些内容的记忆方法。采用分类记忆法既可方便记忆，又便于区别试题的不同点，避免相近和相关联试题出现差错。驾校发的教材中一般有理论考试题库，但这个题库一般没有对试题进行细致的分类。题库中试题很多，分类的工作量很大，为节省考生时间，本书题库已对试题进行了细分。采用本书题库进行学习，可使记忆速度成倍提高。

3. 分段记忆法

分段记忆法就是把需要记忆的内容分成若干部分，把大段化成小段，把小段再进行细化，直到那一小段能让自己记住的记忆方法。分段记忆法的好处是化整为零，能让自己在记忆的时候树立信心。本书附件中的题库已按考试内容进行了细致分段，考生可根据自己的记忆能力和时间安排逐段进行学习和记忆。

4. 理解记忆法

理解记忆法是指在积极思考、达到深刻理解的基础上记忆材料的方法。科目四题库有 1420 道试题，如果死记硬背，可能谁也记不住。只有理解了再去记，才能记得快、记得牢。为帮助考生理解，在本书题库中对难以理解的试题都加上了提示。

5. 对比记忆法

科目一题库中有许多相近的试题，容易产生混淆，这就需要拿出来进行对比，通过对比加深理解和记忆。如：交通标志中会车让行标志、会车先行标志与双向交通标志的图案都很相近，容易混淆，如图 2-2 所示。学习时，要把它们进行对比，这样才不容易出错。

会车让行　　会车先行　　双向交通

图 2-2　交通标志对比

6. 列表记忆法

列表记忆法是指将题库中试题的考点整理为表格的形式进行记忆的方法。例如，《刑法》第 133 条第 1 款：违反交通运输管理法规，因而发生重大事故，致人重伤、死亡或者使公私财产遭受重大损失的，处 3 年以下有期徒刑或者拘役；交通运输肇事后逃逸或者有其他特别恶劣情节的，处 3 年以上 7 年以下有期徒刑；因逃逸致人死亡的，处 7 年以上有期徒刑。如果把这条法规整理为表 2-4 的形式，不仅直观，而且便于记忆。

表 2-4　列表记忆法举例

肇事情形	情节	处罚
发生重大事故，致人重伤、死亡或者使公私财产遭受重大损失的	没有逃逸和恶劣情节	3 年以下有期徒刑或者拘役
	肇事后逃逸或者有其他特别恶劣情节	3 年以上 7 年以下有期徒刑
	逃逸致人死亡	7 年以上有期徒刑

第二节　科目一考试

一、考试内容与合格标准

（一）考试内容

依据《机动车驾驶人考试内容和方法》，小型汽车科目一考试内容如下：
1）驾驶证和机动车管理规定。
2）道路通行条件及通行规定。
3）道路交通安全违法行为及处罚。
4）道路交通事故处理相关规定。
5）机动车基础知识。
6）地方性法规。

（二）合格标准

科目一考试满分为 100 分，成绩达到 90 分为合格。

二、考试方法与考试流程

（一）考试方法

科目一考试是在考试员监督下，由考生使用全国统一的机动车驾驶人驾驶理论考试系统独立闭卷完成考试。考试试卷由全国统一的机动车驾驶人驾驶理论考试系统从考试题库中按照规定比例随机抽取生成。试题数量为 100 题，题型有判断题（占 40%）和单项选择题（占 60%）两种。考试时间为 45 分钟。

（二）考试流程

科目一考试流程如图 2-3 所示。

（三）考试注意事项

1）与考试有关的复习材料和书本一律不得带入考场，否则不论是否翻看，均以作弊论处。

2）遵守考场纪律，服从考试员指挥。未经允许，考生禁止随意出入考场。

3）进入考场，应关闭通信设备。禁止吸烟和吃零食，禁止大声喧哗和随意走动。

4）考试中不准冒名顶替，不准弄虚作假，不准交头接耳。

5）注意考场卫生，禁止随地吐痰，禁止乱扔纸屑，爱护公物及考试设备。

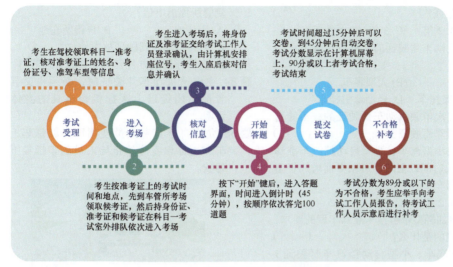

图 2-3　科目一考试流程

第三节　科目一考试题库

一、驾驶证和机动车管理规定

（一）驾驶证申领和使用

1. 机动车驾驶证申请

题1. 驾驶机动车应当依法取得哪种证件？（　　）
　　A. 工作证　　　　B. 机动车驾驶证
　　C. 身份证　　　　D. 职业资格证

题2. 准驾车型为小型汽车的，可以驾驶下列哪种车辆？（　　）
　　A. 低速载货汽车　B. 中型客车
　　C. 三轮摩托车　　D. 轮式自行机械车

题3. B1代号对应的准驾车型是什么？（　　）
　　A. 重型牵引挂车　B. 大型货车
　　C. 中型客车　　　D. 大型客车

题4. C6代号对应的准驾车型是什么？（　　）
　　A. 重型牵引挂车　B. 中型客车
　　C. 轻型牵引挂车　D. 小型自动挡汽车

题5. 准驾车型为小型自动挡汽车的，可以驾驶以下哪种车型？（　　）
　　A. 低速载货汽车
　　B. 小型汽车
　　C. 二轮摩托车
　　D. 轻型自动挡载货汽车

题6. 初次申领的机动车驾驶证的有效期为多少年？（　　）
　　A. 3年　B. 5年　C. 6年　D. 12年

题7. 申请小型汽车准驾车型驾驶证的人年龄条件是多少？（　　）
　　A. 16周岁以上　　B. 18周岁以上
　　C. 20周岁以上　　D. 22周岁以上

题8. 申请小型汽车驾驶证的，年龄应在18周岁以上，70周岁以下。（　　）

题9. 申请轻型牵引挂车准驾车型的，年龄应满多少周岁？（　　）
　　A. 18周岁　　　　B. 19周岁
　　C. 22周岁　　　　D. 20周岁

题10. 以下哪种身体条件，不可以申请机动车驾驶证？（　　）
　　A. 糖尿病　　　　B. 红绿色盲
　　C. 高血压　　　　D. 怀孕

题11. 申请人患有精神病的，可以申领机动车驾驶证，但是在发病期间不得驾驶机动车。（　　）

题12. 申请人患有癫痫病的，可以申领机动车驾驶证，但是驾驶时必须有人陪同。（　　）

题13. 3年内有下列哪种行为的人不得申请机动车驾驶证？（　　）
　　A. 吸烟成瘾　　　B. 注射毒品
　　C. 注射胰岛素　　D. 酒醉经历

题14. 造成交通事故后逃逸构成犯罪的人不能申请机动车驾驶证。（　　）

题15. 酒后驾驶发生重大交通事故被依法追究刑事责任的人不能申请机动车驾驶证。（　　）

题16. 醉酒后驾驶营运机动车依法被吊销机动车驾驶证未满10年的，不得申请机动车驾驶证。（　　）

题17. 驾驶机动车追逐竞驶、超员、超速构成犯罪依法被吊销机动车驾驶证未满3年的，不得申请机动车驾驶证。（　　）

题18. 驾驶机动车追逐竞驶、超员、超速、违反危险化学品安全管理规定运输危险化学品构成犯罪依法被吊销机动车驾驶证未满5年的，不得申请机动车驾驶证。（　　）

题19. 驾驶许可依法被撤销未满多少年的，不得申

请机动车驾驶证？ （　　）
　　A.1年　　B.2年　　C.3年　　D.5年
题20.初次申领机动车驾驶证的，可以申请下列哪种准驾车型？ （　　）
　　A.中型客车　　　　B.大型客车
　　C.普通三轮摩托车　D.轻型牵引挂车
题21.在居住地初次申领机动车驾驶证的，不能直接申领大型货车驾驶证。 （　　）
题22.已取得驾驶小型汽车、小型自动挡汽车准驾车型资格多长时间以上的，可以申请增加轻型牵引挂车准驾车型？ （　　）
　　A.1年　　B.2年　　C.3年　　D.5年
题23.关于申请增加轻型牵引挂车准驾车型的要求，以下说法正确的是什么？ （　　）
　　A.取得小型汽车、小型自动挡汽车驾驶证1年以上
　　B.取得小型自动挡汽车驾驶证3年以上
　　C.本记分周期和最近连续一个记分周期内有记满12分记录的，已参加满分教育且考试通过
　　D.本记分周期和最近连续三个以上记分周期内没有记满12分记录的
题24.已取得驾驶小型汽车准驾车型资格多少年以上，可以申请增加中型客车准驾车型？（　　）
　　A.2年　　B.5年　　C.1年　　D.3年
题25.已持有机动车驾驶证，申请增加准驾车型的，只需在本记分周期内没有记满12分记录即可。 （　　）
题26.有造成人员死亡的交通事故中承担同等以上责任记录的，不得申请下列哪种车型？（　　）
　　A.大型货车　　　　B.小型自动挡汽车
　　C.轻型牵引挂车　　D.小型汽车
题27.醉酒后驾驶机动车的，不得申请大型客车、重型牵引挂车、城市公交车、中型客车、大型货车准驾车型。 （　　）
题28.有吸食、注射毒品后驾驶机动车行为的，可以申请大型货车准驾车型。 （　　）
题29.被吊销或者撤销机动车驾驶证未满多少年的，不得申请大型客车准驾车型？ （　　）
　　A.2年　　B.3年　　C.5年　　D.10年
题30.持有境外机动车驾驶证，对入境短期停留的，可以申领有效期为3个月的临时机动车驾驶许可。 （　　）
题31.申领机动车驾驶证的人在户籍所在地居住的，应当向什么地方的车辆管所提出申请？（　　）
　　A.居住地　　　　　B.户籍所在地
　　C.所持机动车驾驶证核发地
　　D.全国任何地方公安机关交通管理部门
题32.申请机动车驾驶证的人在户籍地以外居住的，应向户籍地车辆管理所提出申请。（　　）
题33.申请增加准驾车型的，应当向什么地方的车辆管所提出申请？ （　　）
　　A.居住地　　　　　B.户籍所在地
　　C.所持机动车驾驶证核发地
　　D.全国任何地方公安机关交通管理部门
题34.在申请机动车驾驶证时，必须提交县级或者部队团级以上医疗机构出具的身体条件证明。 （　　）
题35.允许自学直考人员使用图中教练车，在学车专用标识签注的指导人员随车指导下学习驾驶。 （　　）

2. 机动车驾驶人考试

题36.已持有C2准驾车型驾驶证申请增加C1准驾车型的，应当考试科目二和科目三。（　　）
题37.C1科目二考试内容包括倒车入库、坡道定点停车和起步、侧方停车、曲线行驶、直角转弯。 （　　）
题38.科目一考试满分为100分，成绩达到90分的为合格。
题39.科目三道路驾驶技能和安全文明驾驶常识考试满分分别为100分，成绩分别达到80分和90分的为合格。
题40.申请人在申请小型汽车驾驶证期间，申请变更考试地不得超过3次。 （　　）
题41.申请人在场地和道路上学习驾驶，应当按规定取得学习驾驶证明，学习驾驶证明的有效期为5年。 （　　）
题42.未取得驾驶证的学员在道路上学习驾驶技能，下列哪种做法是正确的？ （　　）
　　A.使用所学车型的教练车由教练员随车指导
　　B.使用所学车型的教练车单独驾驶学习
　　C.使用私家车由教练员随车指导
　　D.使用所学车型的教练车由非教练员的驾驶人随车指导
题43.下列哪种标识是自学直考人员在道路上学习驾驶时，应当在车上放置的标志？（　　）
　　A.产品合格标识　　B.保持车距标识
　　C.提醒危险标识　　D.学车专用标识
题44.符合什么条件就可以驾驶图中这辆自学直考小型客车上路学习驾驶？ （　　）

A. 有随车人员指导
B. 取得学习驾驶证明
C. 符合自学直考规定
D. 没有条件限制

题45. 图中上路学习驾驶的自学直考小客车存在什么违法行为？（ ）

A. 学车专用标识粘贴的位置不符合规定
B. 搭载了除随车指导人员以外的其他人员
C. 自学人员和随车指导人员都没有系安全带
D. 没有使用教练车在道路进行训练

题46. 申请人因故不能按照预约时间参加考试的，应当提前一日申请取消预约，对申请人未按照预约考试时间参加考试的，判定该次考试不合格。（ ）

题47. 报考小型自动挡汽车准驾车型科目三考试的，在取得学习驾驶证明满多长时间后预约考试？（ ）

A. 7日　　B. 10日　　C. 20日　　D. 30日

题48. 申请人因故不能按照预约时间参加考试的，应当提前多长时间申请取消预约？（ ）

A. 1日　　B. 3日　　C. 15日　　D. 30日

题49. 在学习驾驶证明有效期内，科目二和科目三道路驾驶技能考试预约考试的次数分别不得超过多少次？（ ）

A. 3次　　B. 4次　　C. 5次　　D. 6次

题50. 科目三安全文明驾驶常识考试不合格的，已通过的道路驾驶技能考试成绩无效。（ ）

3. 发证、换证和补证

题51. 申请人考试合格后，应当接受不少于多长时间的交通安全文明驾驶常识和交通事故案例警示教育？（ ）

A. 5分钟　　　　B. 10分钟
C. 15分钟　　　D. 30分钟

题52. 机动车驾驶人可以通过互联网交通安全综合服务管理平台申请机动车驾驶证电子版。（ ）

题53. 机动车驾驶证电子版与纸质版具有同等效力。（ ）

题54. 驾驶人在机动车驾驶证的6年有效期内，每个记分周期均未达到12分的，换发长期的机动车驾驶证。（ ）

题55. 在机动车驾驶证的10年有效期内，每个记分周期均未记满12分的，换发长期有效的机动车驾驶证。（ ）

题56. 驾驶人在驾驶证有效期满前多长时间申请换证？（ ）

A. 30日内　　　B. 60日内
C. 90日内　　　D. 6个月内

题57. 机动车驾驶人驾驶证有效期满换领驾驶证时，必须提交县级以上医疗机构出具的身体条件证明。（ ）

题58. 驾驶人户籍迁出原车辆管理所需要向什么地方的车辆管理所提出申请？（ ）

A. 迁出地　　　B. 居住地
C. 所在地　　　D. 迁入地

题59. 驾驶人在驾驶证核发地车辆管理所管辖区以外居住的，应向驾驶证核发地车辆管理所申请换证。（ ）

题60. 驾驶人在驾驶证核发地车辆管理所管辖区以外地方居住的，可以向政务大厅申请换证。（ ）

题61. 自愿降级的驾驶人需要到车辆管理所申请换领驾驶证。（ ）

题62. 驾驶证记载的驾驶人信息发生变化的要在多长时间内申请换证？（ ）

A. 60日　B. 50日　C. 40日　D. 30日

题63. 机动车驾驶证损毁无法辨认的，机动车驾驶人应当在60日内申请换证。（ ）

题64. 机动车驾驶证遗失、损毁无法辨认时，机动车驾驶人可以向机动车驾驶证核发地车辆管理所申请补发。（ ）

题65. 机动车驾驶证补领后，以下说法正确的是什么？（ ）

A. 原驾驶证继续使用
B. 原驾驶证作废，不得继续使用
C. 原驾驶证特殊情况下使用
D. 替换使用

题66. 机动车驾驶人补领机动车驾驶证后，原机动车驾驶证作废，不得继续使用。（ ）

题67. 机动车驾驶证遗失的，机动车驾驶人应当向哪里的车辆管理所申请补发？（ ）

A. 核发地　　　B. 户籍地
C. 居住地　　　D. 以上均可

题68. 机动车驾驶证被依法扣押、扣留、暂扣期间能否申请补发？（ ）

A. 可以申请
B. 扣留期间可以临时申请
C. 暂扣期间可以临时申请
D. 不得申请补发

题69. 下列哪种情况可以向机动车驾驶证核发地车辆管理所申请补发？（ ）

A. 驾驶证被扣押　　B. 驾驶证被扣留
C. 驾驶证遗失　　　D. 驾驶证被暂扣

4. 机动车驾驶人管理

题70. 道路交通安全违法行为累积记分的周期是多长时间？　　　　　　　　（　　）
A. 3个月　　　　　B. 6个月
C. 12个月　　　　 D. 24个月

题71. 道路交通安全违法行为累积记分一个周期满分为12分。（　　）

题72. 持有大型客车、重型牵引挂车、城市公交车、中型客车、大型货车驾驶证的驾驶人，应当在每个记分周期结束后30日内到公安机关交通管理部门接受审验。但在一个记分周期内没有记分记录的，免予本记分周期审验。（　　）

题73. 小型汽车驾驶人发生交通事故造成人员死亡，承担同等以上责任未被吊销驾驶证的，应当在记分周期结束后30日内接受审验。（　　）

题74. 持有小型汽车驾驶证的驾驶人，发生交通事故造成人员死亡承担同等以上责任未被吊销机动车驾驶证的，应当在本记分周期结束后30日内到公安机关交通管理部门接受审验，同时应当申报身体条件情况。（　　）

题75. 持有大型客车、重型牵引挂车、城市公交车、中型客车、大型货车驾驶证的驾驶人，记分周期内有记分的，应当在记分周期结束后30日内到公安机关交通管理部门接受审验，同时还应当申报身体条件情况。（　　）

题76. 驾驶证审验内容不包括以下哪一项？（　　）
A. 道路交通安全违法行为、交通事故处理情况
B. 身体条件情况
C. 道路交通安全违法行为记分及记满12分后参加学习和考试情况
D. 机动车检验情况

题77. 以下不属于机动车驾驶证审验内容的是什么？（　　）
A. 道路交通安全违法行为、交通事故处理情况
B. 驾驶人身体条件
C. 记满12分后参加学习和考试情况
D. 驾驶车辆累计行驶里程

题78. 年龄在70周岁以上的机动车驾驶人审验时应当按照规定进行记忆力、判断力、反应力等能力测试。（　　）

题79. 年龄在70周岁以上的驾驶人多长时间提交一次身体条件证明？（　　）
A. 每3年　　　　　B. 每2年
C. 每1年　　　　　D. 每6个月

题80. 年龄在70周岁以上的机动车驾驶人，应当每年进行一次身体检查的目的是什么？（　　）
A. 体现对老年人的关心
B. 例行程序仅供参考
C. 检查是否患有老年常见病
D. 检查是否患有妨碍安全驾驶的疾病

题81. 年龄在50周岁以上的机动车驾驶人，应当每年进行一次身体检查，并向公安机关交通管理部门申报身体条件情况。（　　）

题82. 驾驶人因服兵役、出国（境）等原因无法办理审验时，延期审验期限最长不超过多长时间？（　　）
A. 1年　　B. 2年　　C. 3年　　D. 5年

题83. 驾驶人因服兵役、出国（境）等原因延期审验期间不得驾驶机动车。（　　）

题84. 机动车驾驶人初次申领驾驶证后的实习期是多长时间？（　　）
A. 6个月　　　　　B. 12个月
C. 16个月　　　　 D. 18个月

题85. 机动车驾驶人初次取得汽车类准驾车型或者初次取得摩托车类准驾车型后的多长时间为实习期？（　　）
A. 6个月　　　　　B. 12个月
C. 3个月　　　　　D. 2年

题86. 机动车驾驶人由摩托车类准驾车型增加汽车类准驾车型后的多长时间为实习期？（　　）
A. 6个月　　　　　B. 12个月
C. 18个月　　　　 D. 24个月

题87. 在实习期内驾驶机动车的，应当在车身后部粘贴或者悬挂哪种标志？（　　）
A. 注意新手标志
B. 注意避让标志
C. 统一式样的实习标志
D. 注意车距标志

题88. 驾驶人在实习期内驾驶机动车时，应当在车身后部粘贴或者悬挂统一式样的实习标志。（　　）

题89. 初次申领驾驶证的驾驶人在实习期内可以单独驾驶机动车上高速公路行驶。（　　）

题90. 驾驶人在实习期内，任何情况下都不得上高速公路行驶。（　　）

题91. 实习期驾驶人驾驶机动车上高速公路行驶，以下做法正确的是什么？（　　）
A. 任何情况下都不允许上高速
B. 不需要其他人员陪同
C. 需要持有相应或者包含其准驾车型驾驶证3年以上的驾驶人陪同
D. 需要持有相应或者包含其准驾车型驾驶证、同在实习期内的驾驶人陪同

题92. 驾驶人在实习期内驾驶机动车上高速公路行驶，应由持相应或者包含其准驾车型驾驶证1年以上的驾驶人陪同。（　　）

题93. 如图所示，驾驶人在实习期内可以独立驾驶这辆小型客车进入高速公路行驶。（　　）

题94. 驾驶人在实习期内不得单独驾驶机动车上高速，在增加准驾车型后的实习期内，驾驶原准驾车型的机动车时不受上述限制。（　　）

题95. 如图所示，驾驶这辆小型客车能否进入高速公路行驶？（　　）

A. 由取得该车型驾驶证的驾驶人随车指导可以进入
B. 由持该车型驾驶证3年以上驾驶人陪同允许进入
C. 取得准驾该车型驾驶证的驾驶人可以独立驾驶进入
D. 在高速公路收费人员许可的前提下通过收费口进入

题96. 有视力矫正的机动车驾驶人驾驶机动车时，无须佩戴眼镜。（　　）

题97. 有吸食、注射毒品后驾驶车辆行为的机动车驾驶人，不会被注销驾驶证。（　　）

题98. 驾驶人正在执行社区戒毒、强制隔离戒毒、社区康复措施的，车辆管理所将注销其驾驶证。（　　）

题99. 驾驶人吸食或注射毒品后驾驶机动车的，一经查获，其驾驶证将被注销。（　　）

题100. 机动车驾驶人代替他人参加机动车驾驶人考试的，车辆管理所应当注销其机动车驾驶证。（　　）

题101. 超过机动车驾驶证有效期1年以上未换证被注销，但未超过2年的，机动车驾驶人应当如何恢复驾驶资格？（　　）
A. 参加道路交通安全法律、法规和相关知识考试合格后
B. 参加场地考试合格后
C. 参加道路驾驶技能考试合格后
D. 参加安全文明驾驶常识考试合格后

题102. 机动车驾驶证有效期超过1年以上未换证的，驾驶证将被注销。（　　）

题103. 年龄在70周岁以上，在一个记分周期结束后1年内未提交身体条件证明的，其机动车驾驶证将会被车辆管理所注销。（　　）

题104. 年龄在70周岁以上，所持机动车驾驶证只具有低速载货汽车、三轮汽车准驾车型的，其机动车驾驶证将会被车辆管理所注销。（　　）

题105. 机动车驾驶证依法被吊销或者驾驶许可依法被撤销的，车辆管理所应当对机动车驾驶人处以何种处罚？（　　）
A. 注销其行驶证　　B. 注销其驾驶证
C. 扣留机动车　　　D. 罚款

题106. 机动车驾驶人在实习期内有记满12分记录的，注销其实习的准驾车型驾驶资格。（　　）

题107. 持有大型客车、重型牵引挂车、城市公交车、中型客车、大型货车驾驶证的驾驶人从业单位等信息发生变化的，应当在信息变更后30日内，向从业单位所在地车辆管理所备案。（　　）

题108. 机动车驾驶人联系电话、联系地址等信息发生变化，应当在信息变更后30日内，向驾驶证核发地车辆管理所备案。（　　）

题109. 发现以下哪种情形，车辆管理所在办理驾驶证业务时应及时开展调查？（　　）
A. 申请换领驾驶证的
B. 向公安机关交通管理部门备案的
C. 参加机动车驾驶证审验的
D. 涉嫌提交虚假申请材料的

题110. 车辆管理所在办理驾驶证核发及相关业务过程中发现存在涉嫌在考试过程中有贿赂、舞弊行为的，应当及时开展调查。（　　）

题111. 发现以下哪种情形，车辆管理所在办理驾驶证业务时不需要开展调查？（　　）
A. 涉嫌以欺骗、贿赂等不正当手段取得机动车驾驶证的
B. 涉嫌使用伪造、变造的机动车驾驶证的
C. 参加机动车驾驶证审验的
D. 存在短期内频繁补换领、转出转入驾驶证等异常情形的

题112. 办理机动车驾驶证业务时提交的身体条件证明，自出具之日起多长时间内有效？（　　）
A. 3个月　　　　　B. 6个月
C. 1年　　　　　　D. 3年

题113. 医疗机构出具虚假身体条件证明的，公安机关交通管理部门有权停止认可该医疗机构出具的证明，并通报卫生健康行政部门。（　　）

5. 法律责任

题114. 提供虚假材料申领驾驶证的申请人会承担下列哪种法律责任？（　　）
A. 处20元以上200元以下罚款
B. 取消申领驾驶证资格
C. 1年内不得再次申领驾驶证
D. 2年内不能再次申领驾驶证

题115. 隐瞒有关情况或者提供虚假材料申请机动车驾驶证，申请人在多少年内不得再次申领机动车驾驶证？（　　）
A. 1年　　B. 2年　　C. 3年　　D. 4年

题116. 隐瞒有关情况或者提供虚假材料申领机动

驾驶证的，申请人在1年内不得再次申领机动车驾驶证。（　　）

题117. 申请人隐瞒有关情况或者提供虚假材料申领机动车驾驶证的，会受到什么处罚？（　　）
A. 处2000元以下罚款，申请人在1年内不得再次申领机动车驾驶证
B. 处500元以下罚款，申请人在1年内不得再次申领机动车驾驶证
C. 处500元以上2000元以下罚款，申请人终生不得再次申领机动车驾驶证
D. 申请人终身不得再次申领机动车驾驶证

题118. 申请人在考试过程中有贿赂、舞弊行为的，取消考试资格，已经通过考试的其他科目成绩无效。（　　）

题119. 存在以下哪种行为的申请人在1年内不得再次申领机动车驾驶证？（　　）
A. 在考试过程中出现身体不适
B. 在考试过程中有舞弊行为
C. 不能按照教学大纲认真练习驾驶技能
D. 未参加理论培训

题120. 申请人在考试过程中有贿赂、舞弊行为的，申请人在多少年内不得再次申领机动车驾驶证？（　　）
A. 1年　B. 2年　C. 3年　D. 4年

题121. 申请人以欺骗、贿赂等不正当手段取得机动车驾驶证的（被撤销），申请人在多长时间内不得再次申领机动车驾驶证？（　　）
A. 6个月　B. 1年　C. 2年　D. 3年

题122. 申请人以欺骗、贿赂等不正当手段取得驾驶证被依法撤销驾驶许可的，申请人在1年内不得再次申领机动车驾驶证。（　　）

题123. 申请人有下列哪种行为，3年内不得再次申领机动车驾驶证？（　　）
A. 实习期记满12分，注销驾驶证的
B. 申请人在考试过程中有舞弊行为的
C. 申请人以欺骗、贿赂等不正当手段取得机动车驾驶证的
D. 申请人未能在培训过程中认真练习的

题124. 申请人以欺骗、贿赂等不正当手段取得机动车驾驶证的，公安机关交通管理部门收缴机动车驾驶证，撤销机动车驾驶许可，处多少元以下罚款，申请人在多长时间内不得再次申领机动车驾驶证？（　　）
A. 500元，1年　B. 500元，3年
C. 2000元，1年　D. 2000元，3年

题125. 组织、参与实施以欺骗、贿赂等不正当手段取得机动车驾驶证并牟取经济利益的，由公安机关交通管理部门处违法所得3倍以上5倍以下罚款，但最高不超过10万元。（　　）

题126. 申请人隐瞒有关情况或者提供虚假材料申请校车驾驶资格的，公安机关交通管理部门不予受理或者不予办理，处500元以下罚款。（　　）

题127. 申请人以欺骗、贿赂等不正当手段取得校车驾驶资格，处2000元以下罚款，申请人在3年内不得再次申请校车驾驶资格。（　　）

题128. 学员在符合规定的学习驾驶过程中有违反道路交通安全法的行为或者造成交通事故的，由教练员或者随车指导人员承担责任。（　　）

题129. 申请人在道路学习驾驶时，未按照公安机关交通管理部门指定的路线、时间进行的，公安机关交通管理部门对申请人处以20元以上200元以下罚款。（　　）

题130. 自学直考人员在道路上学习驾驶时，未在自学用车上按规定放置、粘贴学车专用标识的，由公安机关交通管理部门对教练员或者随车指导人员处多少元罚款？（　　）
A. 20元以上200元以下
B. 200元以上500元以下
C. 1000元以上2000元以下
D. 200元以上1000元以下

题131. 申请人在道路上学习驾驶时未使用符合规定的机动车的，由公安机关交通管理部门对教练员或者随车指导人员处多少元罚款？（　　）
A. 20元以上200元以下
B. 200元以上500元以下
C. 1000元以上2000元以下
D. 200元以上1000元以下

题132. 申请人在道路上学习驾驶时，自学用车搭载随车指导人员以外的其他人员的，由公安机关交通管理部门对教练员或者随车指导人员处200元以上500元以下罚款。（　　）

题133. 申请人在道路上学习驾驶时，未取得学习驾驶证明的，由公安机关交通管理部门处多少元罚款？（　　）
A. 20元以上200元以下
B. 200元以上2000元以下
C. 1000元以上2000元以下
D. 2000元以上5000元以下

题134. 申请人在道路上学习驾驶时，没有教练员或者随车指导人员的，由公安机关交通管理部门处多少元罚款？（　　）
A. 20元以上200元以下
B. 200元以上2000元以下
C. 1000元以上2000元以下
D. 2000元以上5000元以下

题135. 机动车驾驶人补换领机动车驾驶证后，使用原机动车驾驶证驾驶的，除由公安机关交通管理部门收回原机动车驾驶证外，还应当处多少罚款？（　　）
A. 20元以上200元以下
B. 200元以上500元以下

C. 1000 元以上 2000 元以下
D. 200 元以上 1000 元以下

题 136. 机动车驾驶人补领机动车驾驶证后，使用原机动车驾驶证驾驶的，除由公安机关交通管理部门收回原机动车驾驶证外，还应当受到何种处罚？（　　）
A. 吊销驾驶证　　B. 拘留驾驶人
C. 警告　　　　　D. 罚款

题 137. 机动车驾驶人在实习期内驾驶机动车牵引挂车的，由公安机关交通管理部门处多少元罚款？（　　）
A. 20 元以上 200 元以下
B. 200 元以上 2000 元以下
C. 1000 元以上 2000 元以下
D. 2000 元以上 5000 元以下

题 138. 持有大型客车、重型牵引挂车、城市公交车、中型客车、大型货车驾驶证的驾驶人联系电话、从业单位等信息发生变化未及时申报变更信息的，公安机关交通管理部门处 20 元以上 200 元以下罚款。（　　）

题 139. 机动车驾驶证被依法扣押、扣留或者暂扣期间，采用隐瞒、欺骗手段补领机动车驾驶证的，会收到下列哪种处罚？（　　）
A. 处 20 元以上 200 元以下罚款
B. 处 200 元以上 500 元以下罚款
C. 吊销驾驶证
D. 吊销行驶证

题 140. 机动车驾驶人身体条件发生变化不适合驾驶机动车，依旧驾驶机动车的，由公安机关交通管理部门收回机动车驾驶证，还会受到什么处罚？（　　）
A. 警告　　　　　B. 吊销驾驶证
C. 罚款　　　　　D. 拘留驾驶人

题 141. 机动车驾驶人逾期不参加审验仍驾驶机动车的，会受到什么处罚？（　　）
A. 20 元以上 200 元以下
B. 200 元以上 500 元以下
C. 1000 元以上 2000 元以下
D. 吊销驾驶证

题 142. 关于机动车驾驶人参加审验教育时在签注学习记录、学习过程中弄虚作假的会受到的处罚，以下说法错误的是什么？（　　）
A. 处 1000 元以下罚款
B. 相应学习记录无效
C. 暂扣机动车驾驶证
D. 重新参加审验学习

题 143. 代替实际机动车驾驶人参加审验教育的，由公安机关交通管理部门处 2000 元以下罚款。（　　）

题 144. 组织他人代替实际机动车驾驶人参加审验教育的，有违法所得的，由公安机关交通管理部门处违法所得三倍以下罚款，但最高不超过 2 万元。（　　）

题 145. 组织他人参加审验教育时在签注学习记录、学习过程中弄虚作假的，没有违法所得的，由公安机关交通管理部门处 2 万元以下罚款。（　　）

（二）交通违法行为记分管理

1. 记分分值

题 146. 记分周期自机动车驾驶人初次领取机动车驾驶证之日起连续计算，或者自初次取得临时机动车驾驶许可之日起累积计算。（　　）

题 147. 根据交通违法行为的严重程度，一次记分的分值为？（　　）
A. 12 分、9 分、2 分、1 分
B. 12 分、6 分、2 分、1 分
C. 12 分、9 分、6 分、3 分、1 分
D. 12 分、9 分、6 分、2 分、1 分

题 148. 饮酒后驾驶机动车一次记几分？（　　）
A. 3 分　B. 6 分　C. 9 分　D. 12 分

题 149. 关于醉酒驾驶机动车的处罚，以下说法错误的是什么？（　　）
A. 公安机关交通管理部门约束至酒醒
B. 吊销驾驶证
C. 五年内不得重新取得机动车驾驶证
D. 记 6 分

题 150. 饮酒后驾驶机动车的一次记 12 分。（　　）

题 151. 如图所示，驾驶人的这种违法行为会被记多少分？（　　）

A. 3 分　B. 6 分　C. 12 分　D. 24 分

题 152. 造成致人轻伤以上或者死亡的交通事故后逃逸，尚不构成犯罪的一次记几分？（　　）
A. 12 分　B. 9 分　C. 6 分　D. 3 分

题 153. 图中机动车驾驶人造成事故后逃逸，尚不构成犯罪的违法行为，会被记 12 分。（　　）

题 154. 驾驶人有下列哪种违法行为一次记 12 分？（　　）

A. 不按交通信号灯指示通行的
B. 使用伪造机动车号牌
C. 违反禁令标志指示
D. 拨打、接听手机的

题155. 使用伪造、变造的机动车号牌一次记几分？（　　）
A. 9分　B. 3分　C. 6分　D. 12分

题156. 机动车驾驶人使用伪造、变造的行驶证的，一次记9分。

题157. 使用伪造、变造的行驶证一次记几分？（　　）
A. 12分　B. 6分　C. 3分　D. 9分

题158. 使用伪造、变造的驾驶证一次记12分。

题159. 使用其他机动车号牌、行驶证的一次记3分。（　　）

题160. 驾驶小型载客汽车载人超过核定人数100%以上的，一次记多少分？（　　）
A. 3　B. 6　C. 9　D. 12

题161. 驾驶校车、公路客运汽车、旅游客运汽车载人超过核定人数多少以上的，一次记12分？（　　）
A. 5%　B. 15%　C. 20%　D. 10%

题162. 有下列哪种违法行为的机动车驾驶人将被一次记12分？（　　）
A. 驾驶小型汽车在高速路行驶超速50%以上
B. 驾驶故意污损号牌的机动车上道路行驶
C. 机动车驾驶证被暂扣期间驾驶机动车的
D. 驾驶机动车不按规定避让校车的

题163. 驾驶小型汽车在高速公路行驶，车速超过规定时速50%以上的一次记12分。（　　）

题164. 驾驶机动车在高速公路上倒车、逆行、穿越中央分隔带掉头的一次记6分。（　　）

题165. 下列交通违法行为，一次记12分的是什么？（　　）
A. 连续驾驶中型以上载客汽车、危险物品运输车超过4小时未停车休息的
B. 驾驶机动车在城市快速路上违法占用应急车道行驶的
C. 机动车驾驶证被暂扣或者扣留期间驾驶机动车
D. 驾驶机动车在高速公路或者城市快速路上倒车的

题166. 如图所示，黄色小型客车驾驶人在高速公路逆向行驶是违法行为，会被记6分。（　　）

题167. 代替实际机动车驾驶人接受交通违法行为处罚和记分牟取经济利益的，一次记多少分？（　　）
A. 3分　B. 6分　C. 9分　D. 12分

题168. 代替实际机动车驾驶人接受交通违法行为处罚和记分牟取经济利益的，一次记12分。（　　）

题169. 下列交通违法行为，一次记12分的是什么？（　　）
A. 驾驶机动车运载超限的不可解体的物品，未按指定的时间、路线行驶的
B. 代替实际机动车驾驶人接受交通违法行为处罚和记分牟取经济利益的
C. 驾驶货车载运爆炸物品，未按指定的时间、路线行驶的
D. 驾驶小型客车在高速公路上行驶超过规定时速20%以上未达到50%的

题170. 驾驶7座以上载客汽车载人超过核定人数50%以上未达到100%的，一次记多少分？（　　）
A. 12　B. 9　C. 6　D. 3

题171. 驾驶校车、中型以上载客载货汽车、危险物品运输车辆在高速公路、城市快速路以外的道路上行驶超过规定时速50%以上的，一次记多少分？（　　）
A. 12分　B. 9分　C. 6分　D. 3分

题172. 驾驶人有下列哪种违法行为一次记9分？（　　）
A. 驾驶机动车在高速公路上逆行的
B. 使用其他机动车号牌、行驶证的
C. 驾驶机动车在城市快速路上违法停车的
D. 驾驶机动车在高速公路上穿越中央分隔带掉头的

题173. 驾驶机动车在高速公路上违法停车的，一次记12分。（　　）

题174. 有下列哪种违法行为的机动车驾驶人将被一次记9分？（　　）
A. 使用伪造机动车号牌上道路行驶
B. 机动车驾驶证被暂扣期间驾驶机动车的
C. 驾驶故意污损号牌的机动车上道路行驶
D. 驾驶机动车行经人行横道不按规定避让行人的

题175. 驾驶未悬挂机动车号牌的机动车上道路行驶的，一次记12分。（　　）

题176. 上道路行驶的机动车未悬挂机动车号牌的一次记多少分？（　　）
A. 12分　B. 3分　C. 6分　D. 9分

题177. 上道路行驶的机动车故意遮挡、污损机动车号牌的一次记多少分？（　　）
A. 9分　B. 6分　C. 3分　D. 12分

题178. 如图所示，驾驶人的这种违法行为是非常

严重的，会被记9分。 （ ）

题179. 如图所示，驾驶人的这种违法行为会被记多少分？ （ ）

A. 记12分　　　　B. 记3分
C. 记6分　　　　D. 记9分

题180. 下列交通违法行为，一次记9分的是什么？ （ ）
A. 造成致人轻伤或者财产失的交通事故后逃逸，尚不构成犯罪的
B. 驾驶机动车不按交通信号灯指示通行
C. 驾驶故意遮挡、污损机动车号牌的机动车上道路行驶的
D. 机动车驾驶证被暂扣或者扣留期间驾驶机动车的

题181. 驾驶与准驾车型不符的机动车一次记多少分？ （ ）
A. 9分　B. 6分　C. 3分　D. 1分

题182. 未取得校车驾驶资格驾驶校车的，一次记多少分？ （ ）
A. 6分　B. 3分　C. 9分　D. 12分

题183. 有下列哪种违法行为的机动车驾驶人将被一次记9分？ （ ）
A. 使用伪造机动车号牌上道路行驶的
B. 饮酒后驾驶机动车的
C. 驾驶机动车不按交通信号灯指示通行的
D. 未取得校车驾驶资格驾驶校车的

题184. 连续驾驶中型以上载客汽车、危险物品运输车辆超过4小时未停车休息或者停车休息时间少于20分钟的，一次记9分。 （ ）

题185. 驾驶校车、公路客运汽车、旅游客运汽车、7座以上载客汽车以外的其他载客汽车载人超过核定人数50%以上未达到100%的，一次记9分。 （ ）

题186. 驾驶校车、公路客运汽车、旅游客运汽车、7座以上载客汽车以外的其他载客汽车载人超过核定人数60%的，一次记6分。 （ ）

题187. 驾驶校车、公路客运汽车、旅游客运汽车载人超过核定人数未达到20%的，一次记多少分？ （ ）
A. 9分　B. 6分　C. 3分　D. 12分

题188. 驾驶校车、中型以上载客载货汽车、危险物品运输车辆以外的机动车在高速公路、城市快速路以外的道路上行驶超过规定时速50%以上的，一次记几分？ （ ）
A. 9分　B. 6分　C. 3分　D. 1分

题189. 驾驶校车、中型以上载客载货汽车、危险物品运输车辆以外的机动车在高速公路、城市快速路以外的道路上行驶超过规定时速50%以上的，一次记6分。 （ ）

题190. 驾驶机动车在高速公路行驶，超过规定时速20%以上未达50%的，一次记多少分？ （ ）
A. 3分　B. 6分　C. 9分　D. 12分

题191. 驾驶载货汽车载物超过最大允许总质量50%以上的，一次记多少分？ （ ）
A. 9分　B. 12分　C. 3分　D. 6分

题192. 驾驶机动车载运危险物品，未按指定的时间、路线、速度行驶的，一次记多少分？ （ ）
A. 12分　B. 9分　C. 6分　D. 3分

题193. 驾驶机动车载运爆炸物品，未悬挂警示标志并采取必要的安全措施的，一次记12分。 （ ）

题194. 驾驶机动车运输危险化学品，未经批准进入危险化学品运输车辆限制通行的区域的，一次记9分。 （ ）

题195. 驾驶人驾驶机动车不按交通信号灯指示通行的，一次记多少分？ （ ）
A. 1分　B. 3分　C. 6分　D. 12分

题196. 有下列哪种违法行为的机动车驾驶人将被一次记6分？ （ ）
A. 驾驶与准驾车型不符的机动车
B. 饮酒后驾驶机动车
C. 驾驶机动车不按交通信号灯指示通行
D. 未取得校车驾驶资格驾驶校车

题197. 驾驶机动车不按交通信号灯指示通行的，一次记3分。 （ ）

题198. 机动车驾驶证被暂扣或者扣留期间驾驶机动车的，一次记多少分？ （ ）
A. 3分　B. 6分　C. 9分　D. 12分

题199. 机动车驾驶证被暂扣或者扣留期间驾驶机动车的，将会被一次记9分。 （ ）

题200. 关于交通违法行为，以下说法错误的是什么？ （ ）
A. 造成致人轻微伤或者财产损失的交通事故后逃逸，尚不构成犯罪的，一次记9分
B. 驾驶机动车在高速公路或者城市快速路上违法占用应急车道行驶的，一次记6分
C. 驾驶机动车在高速公路或者城市快速路上

违法停车的，一次记 9 分

D. 机动车驾驶证被暂扣或者扣留期间驾驶机动车的，一次记 6 分

题 201. 驾驶人有下列哪种违法行为一次记 6 分？（　　）

A. 饮酒后驾驶机动车
B. 使用其他车辆行驶证
C. 使用伪造、变造驾驶证
D. 违法占用应急车道行驶

题 202. 如图所示，绿色机动车驾驶人违法占用高速公路应急车道行驶，会被记 3 分。（　　）

题 203. 驾驶校车、公路客运汽车、旅游客运汽车、7 座以上载客汽车以外的其他载客汽车载人超过核定人数 20% 以上未达到 50% 的，一次记多少分？（　　）

A. 3 分　B. 6 分　C. 9 分　D. 12 分

题 204. 驾驶小型汽车在高速公路、城市快速路以外的道路上行驶，超过规定时速 20% 以上未达 50% 的，一次记多少分？（　　）

A. 12 分　B. 9 分　C. 6 分　D. 3 分

题 205. 驾驶小型汽车在普通道路上行驶，超过规定时速 20% 以上未达 50% 的，一次记 6 分。（　　）

题 206. 驾驶机动车在高速公路或者城市快速路上不按规定车道行驶的，将被一次记多少分？（　　）

A. 6 分　B. 3 分　C. 9 分　D. 12 分

题 207. 如图所示，驾驶人的这种违法行为会被记多少分？（　　）

A. 1 分　B. 3 分　C. 6 分　D. 9 分

题 208. 如图所示，驾驶人的这种违法行为会被记多少分？（　　）

A. 1 分　B. 3 分　C. 6 分　D. 12 分

题 209. 驾驶机动车不按规定超车、让行的，将被一次记多少分？（　　）

A. 1 分　B. 3 分　C. 6 分　D. 12 分

题 210. 驾驶机动车在高速公路以外的道路上逆行的，将被一次记多少分？（　　）

A. 12 分　B. 6 分　C. 3 分　D. 1 分

题 211. 驾驶机动车遇前方机动车停车排队或者缓慢行驶时，借道超车或者占用对面车道、穿插等候车辆的，将被一次记多少分？（　　）

A. 3 分　B. 6 分　C. 9 分　D. 12 分

题 212. 驾驶机动车有拨打、接听手持电话等妨碍安全驾驶的行为，一次记多少分？（　　）

A. 9 分　B. 6 分　C. 3 分　D. 1 分

题 213. 如图所示，驾驶人的这种违法行为会被记多少分？（　　）

A. 3 分　B. 6 分　C. 9 分　D. 12 分

题 214. 驾驶机动车行经人行横道，不按规定减速、停车避让行人的，一次记多少分？（　　）

A. 9 分　B. 6 分　C. 3 分　D. 1 分

题 215. 驾驶机动车不按规定避让校车的，一次记 3 分。（　　）

题 216. 驾驶载货汽车载物超过最大允许总质量 30% 以上未达到 50% 的，或者违反规定载客的，一次记 3 分。（　　）

题 217. 上道路行驶的机动车不按规定安装机动车号牌的，一次记多少分？（　　）

A. 12 分　B. 9 分　C. 6 分　D. 3 分

题 218. 机动车驾驶人存在下列哪种交通违法行为的，一次记 3 分？（　　）

A. 使用伪造、变造的机动车号牌、行驶证、驾驶证、校车标牌或者使用其他机动车号牌、行驶证的
B. 驾驶不按规定安装机动车号牌的机动车上道路行驶的
C. 驾驶未悬挂机动车号牌的机动车上道路行驶的
D. 驾驶故意遮挡、污损机动车号牌的机动车上道路行驶的

题 219. 这辆在路边临时停放的故障车，未开启危险报警闪光灯的行为，会被记多少分？（　　）

A. 9分　B. 6分　C. 3分　D. 1分

题220. 驾驶机动车在道路上车辆发生故障、事故停车后，不按规定使用灯光或者设置警告标志的，一次记3分。（　　）

题221. 驾驶未按规定定期进行安全技术检验的公路客运汽车、旅游客运汽车、危险物品运输车辆上道路行驶的，一次记6分。（　　）

题222. 驾驶校车上道路行驶前，未对校车车况是否符合安全技术要求进行检查的，一次记6分。（　　）

题223. 驾驶存在安全隐患的校车上道路行驶的，一次记多少分？（　　）

A. 12分　B. 9分　C. 6分　D. 3分

题224. 连续驾驶载货汽车超过4小时未停车休息或者停车休息时间少于20分钟的，一次记6分。（　　）

题225. 驾驶机动车在高速公路上行驶低于规定最低时速的，一次记多少分？（　　）

A. 12分　B. 9分　C. 6分　D. 3分

题226. 驾驶机动车在高速公路上行驶低于规定最低时速的，一次记3分。（　　）

题227. 驾驶校车、中型以上载客载货汽车、危险物品运输车辆在高速公路、城市快速路以外的道路上行驶超过规定时速10%以上未达到20%的，一次记多少分？（　　）

A. 1分　B. 3分　C. 6分　D. 9分

题228. 驾驶机动车不按规定会车的，一次记多少分？（　　）

A. 1分　B. 3分　C. 6分　D. 9分

题229. 驾驶机动车不按规定会车，或者在高速公路、城市快速路以外的道路上不按规定倒车、掉头的，一次记3分。（　　）

题230. 驾驶机动车不按规定使用灯光的，一次记多少分？（　　）

A. 1分　B. 3分　C. 6分　D. 9分

题231. 下列交通违法行为，一次记1分的是什么？（　　）

A. 驾驶校车在高速公路、城市快速路以外的道路上行驶超过规定时速20%以上未达到50%的
B. 驾驶机动车在高速公路或者城市快速路上违法停车的
C. 驾驶机动车不按规定超车让行的
D. 驾驶机动车不按规定使用灯光的

题232. 驾驶机动车违反禁令标志、禁止标线指示的，一次记1分。（　　）

题233. 在图中位置停车会被记多少分？（　　）

A. 1分　　　　B. 不记分
C. 12分　　　D. 3分

题234. 驾驶机动车载货长度、宽度、高度超过规定的，一次记1分。（　　）

题235. 驾驶载货汽车载物超过最大允许总质量未达到30%的，一次记3分。（　　）

题236. 上道路行驶的机动车未按规定定期进行安全技术检验的，一次记6分。（　　）

题237. 驾驶擅自改变已登记的结构、构造或者特征的载货汽车上道路行驶的，一次记多少分？（　　）

A. 1分　B. 3分　C. 6分　D. 9分

题238. 驾驶机动车在高速公路上行驶时，机动车驾驶人未按规定系安全带的一次记3分。（　　）

题239. 下列交通违法行为，一次记1分的是什么？（　　）

A. 驾驶与准驾车型不符的机动车的
B. 驾驶机动车在道路上行驶时，机动车驾驶人未按规定系安全带的
C. 驾驶机动车不按交通信号灯指示通行的
D. 驾驶载货汽车载物超过最大允许总质量50%以上的

题240. 图中驾驶人的违法行为会被记多少分？（　　）

A. 1分　　　　B. 4分
C. 3分　　　　D. 9分

2. 记分执行

题241. 机动车驾驶人一次有2个以上违法行为记分的，应当分别计算累加分值。（　　）

题242. 交通违法行为累积记分未满12分的，可以处理其驾驶的其他机动车的交通违法行为记录。（　　）

题243. 机动车驾驶人有2起以上交通违法行为应当予以记分的，记分分值不累积计算。（　　）

题244. 机动车驾驶人可以一次性处理完毕同一辆机动车的多起交通违法行为记录，记分分值累积计算。（　　）

题245. 驾驶人记分没有达到满分，有罚款尚未缴纳的，记分转入下一记分周期。（　　）

题246. 行政处罚决定被依法变更或者撤销的，相应记分不会变更或撤销。（　　）

3. 满分处理

题247. 机动车驾驶人在一个记分周期内累积记分满多少分的，公安机关交通管理部门应当扣留其机动车驾驶证，开具强制措施凭证，并送达满分教育通知书，通知机动车驾驶人参加满分学习、考试？
A. 12分　B. 18分　C. 24分　D. 36分

题248. 公安机关交通管理部门对累积记分达到规定分值的驾驶人怎样处理？
A. 依法追究刑事责任
B. 处15日以下拘留
C. 终生禁驾
D. 进行法律法规教育，重新考试

题249. 临时入境的机动车驾驶人在一个记分周期内累积记分满12分的，公安机关交通管理部门应当注销其临时机动车驾驶许可，并送达满分教育通知书。（　　）

题250. 小型汽车驾驶人在一个记分周期内累积记分满12分的，应当参加为期几天的道路交通安全法律、法规和相关知识学习？
A. 3天　B. 7天　C. 15天　D. 30天

题251. 小型载客汽车驾驶人在一个记分周期内参加满分教育的次数每增加一次或者累积记分每增加12分，道路交通安全法律、法规和相关知识的学习时间增加7天，每次满分学习的天数最多60天。（　　）

题252. 机动车驾驶人参加满分教育现场学习、网络学习的天数累计不得少于5天，其中，现场学习的天数不得少于1天。（　　）

题253. 机动车驾驶人可以在机动车驾驶证核发地或交通违法行为发生地、处理地参加公安机关交通管理部门组织的道路交通法律、法规和相关知识学习，并在学习地参加考试。（　　）

题254. 小型自动挡汽车驾驶人在一个记分周期内2次累积记分满12分的，应当在科目一考试合格后，在取得学习驾驶证明多长时间后预约参加科目三考试？
A. 7日　B. 10日　C. 20日　D. 30日

题255. 机动车驾驶人在一个记分周期内累积记满36分的，应当在道路交通安全法律、法规和相关知识考试合格后，按规定预约参加场地驾驶技能和道路驾驶技能考试。（　　）

题256. 机动车驾驶人经满分学习、考试合格且罚款已缴纳的，记分予以清除，发还机动车驾驶证。（　　）

题257. 机动车驾驶人被处以暂扣机动车驾驶证的，经满分学习、考试合格且罚款已缴纳的，记分予以清除，无须等暂扣期限届满，就可以发还机动车驾驶证。（　　）

4. 记分减免

题258. 符合记分减免条件的，在一个记分周期内累计最高可扣减多少分？
A. 3分　B. 6分　C. 9分　D. 12分

题259. 在本记分周期内或者上一个记分周期内，机动车驾驶人有2次以上参加满分教育记录的，不得参加学法减分。（　　）

题260. 机动车驾驶人饮酒后驾驶机动车受到过处罚的，在最近几个记分周期内，不得通过接受交通安全教育扣减交通违法行为记分？（　　）
A. 2　B. 4　C. 1　D. 3

题261. 机动车驾驶证在实习期内，驾驶人不得通过接受交通安全教育扣减交通违法行为记分。（　　）

题262. 机动车驾驶人申请学法减分时，参加道路交通安全法律、法规和相关知识现场学习满1小时且考试合格的，一次可扣减几分？（　　）
A. 1分　B. 2分　C. 3分　D. 6分

题263. 参加公安机关交通管理部门组织的道路交通安全法律、法规和相关知识现场学习满一小时且考试合格的，一次扣减12分。（　　）

题264. 参加公安机关交通管理部门组织的道路交通安全法律、法规和相关知识网上学习3日内累计满30分钟且考试合格的，一次扣减1分交通违法行为记分。（　　）

题265. 参加公安机关交通管理部门组织的交通安全公益活动的，满几小时为一次？一次扣减几分？
A. 2小时，2分　　B. 1小时，1分
C. 2小时，1分　　D. 1小时，2分

5. 法律责任

题266. 机动车驾驶人在一个记分周期内累积记分满12分的，拒不参加满分学习、考试的，由公安机关交通管理部门处以何种处罚？（　　）
A. 吊销其驾驶证　　B. 撤销其驾驶证
C. 注销其驾驶证
D. 公告其驾驶证停止使用

题267. 记分满12分的驾驶人拒不参加学习和考试的将被公告驾驶证停止使用。（　　）

题268. 机动车驾驶人请他人代为接受交通违法行为处罚和记分并支付经济利益的，由公安机关交通管理部门处所支付经济利益多少倍以下罚款，但最高不超过多少万元？（　　）
A. 2倍，5万　　B. 3倍，5万
C. 2倍，2万　　D. 3倍，3万

题269. 代替实际机动车驾驶人接受交通违法行为处罚和记分牟取经济利益的，由公安机关交通

管理部门处违法所得多少倍以下罚款,但最高不超过多少元?　　　　　　　　(　　)
　A. 3倍,5万　　　B. 3倍,10万
　C. 5倍,5万　　　D. 5倍,10万

题270. 机动车驾驶人在满分学习考试中弄虚作假的,相应考试成绩无效,并会被处以多少罚款?　　　　　　　　　　(　　)
　A. 1000元以下　　B. 2000元以下
　C. 3000元以下　　D. 5000元以下

题271. 机动车驾驶人在参加接受交通安全教育扣减交通违法行为记分中弄虚作假的,由公安机关交通管理部门撤销相应的记分扣减记录,恢复相应记分,处多少元以下罚款?(　　)
　A. 500元以下　　　B. 1000元以下
　C. 2000元以下　　D. 3000元以下

题272. 代替实际机动车驾驶人参加满分教育签注学习记录、满分学习考试或者接受交通安全教育扣减交通违法行为记分的,由公安机关交通管理部门处以多少罚款。(　　)
　A. 1000元以下　　B. 2000元以下
　C. 3000元以下　　D. 5000元以下

(三) 机动车登记和使用

1. 机动车登记

题273. 机动车登记分为注册登记、变更登记、转移登记、抵押登记和注销登记。(　　)

题274. 申请人办理机动车登记提交的证明、凭证齐全、有效的,公安机关交通管理部门应当(　　)办理登记手续。
　A. 1个月内　　　B. 1周内
　C. 隔天　　　　D. 当场

题275. 对实现信息共享、网上核查的,申请人必须要提交相关证明凭证。(　　)

题276. 初次申领机动车号牌、行驶证的,应当向哪个车辆管理所申请?　　　(　　)
　A. 登记地车辆管理所
　B. 户籍地车辆管理所
　C. 住所地车辆管理所
　D. 驾驶证核发地车辆管理所

题277. 免予安全技术检验的机动车,在申请注册登记前发生了交通事故,也应进行安全技术检验。　　　　　　　　　　(　　)

题278. 申请机动车登记,只需提交车辆购置税的完税证明或者免税凭证,与机动车所有人的身份无关。　　　　　　　　　　(　　)

题279. 申请机动车注册登记时,以下哪项材料不需要提交?　　　　　　　　　(　　)
　A. 购车发票　　　B. 行驶证
　C. 身份证明　　　D. 交强险证明

题280. 申请机动车注册登记的,机动车所有人必须提交机动车交通事故责任强制保险凭证。(　　)

题281. 申请危险货物运输车登记的,机动车所有人应当为个人。(　　)

题282. 机动车达到国家规定的强制报废标准的不能办理注册登记。(　　)

题283. 机动车被监察机关、人民法院、人民检察院、行政执法部门依法查封、扣押的,不予办理注册登记。(　　)

题284. 机动车属于被盗抢骗的,不予办理注册登记。(　　)

题285. 已注册登记的机动车,改变机动车车身颜色的,机动车所有人应到登记地车辆管理所申请变更登记。(　　)

题286. 已注册登记的机动车,改变车身颜色,机动车所有人不需要向登记地车辆管理所申请变更登记。(　　)

题287. 已注册登记的小型载客汽车有下列哪种情形,所有人不需要办理变更登记?(　　)
　A. 机动车更换发动机
　B. 加装前后防撞装置
　C. 改变车身颜色　D. 更换车身或者车架

题288. 机动车所有人的住所迁出、迁入车辆管理所管辖区域的,应当向登记地车辆管理所申请什么登记?(　　)
　A. 注销　B. 变更　C. 注册　D. 转移

题289. 小型、微型载客汽车因改变车身颜色申请变更登记,车辆不在登记地的,可以向车辆所在地车辆管理所提出申请。(　　)

题290. 现机动车所有人住所不在车辆管理所管辖区域内的,转出地车辆管理所应当自受理之日起多少日内,查验机动车?(　　)
　A. 1日　B. 5日　C. 10日　D. 3日

题291. 下列关于同一机动车所有人名下两辆机动车的号牌号码互换,以下说法正确的是什么?(　　)
　A. 同一机动车1年内可以多次互换变更
　B. 两辆机动车使用性质为营运可以申请互换
　C. 申请前两车无未处理的道路交通安全违法行为和交通事故记录
　D. 两辆机动车在不同辖区车辆管理所登记可以申请互换

题292. 改变机动车的品牌、型号和发动机型号的,经国务院机动车产品主管部门许可选装的发动机除外,不予办理变更登记。(　　)

题293. 以下哪种情况不需要办理变更登记?(　　)
　A. 更换发动机
　B. 机动车登记的使用性质改变
　C. 改变车身颜色
　D. 增加机动车内饰

题294. 已注册登记的机动车，机动车所有人住所在车辆管理所管辖区域内迁移或者机动车所有人姓名（单位名称）、联系方式变更的，应当向登记地车辆管理所备案。（ ）

题295. 已注册登记的机动车，以下哪种情况应向登记地车辆管理所申请备案？（ ）
A. 小型汽车加装出入口踏步件
B. 增加车内装饰
C. 车辆部件发生损坏的
D. 所有人电话号码变更的

题296. 车辆识别代号因磨损、锈蚀、事故等原因辨认不清或者损坏的，可以向登记地车辆管理所申请备案。（ ）

题297. 小型、微型自动挡载客汽车加装、拆除、更换肢体残疾人操纵辅助装置的，机动车所有人应在信息或事项变更后40日内，向登记地车辆管理所申请变更备案。（ ）

题298. 已注册登记的机动车所有权发生转让的，现机动车所有人应当自交付之日起多少日内申请登记？（ ）
A. 40日   B. 10日
C. 20日   D. 30日

题299. 机动车所有人申请转让登记前，应当将涉及该车的道路交通安全违法行为和交通事故处理完毕。（ ）

题300. 申请转让登记的，以下哪种资料不需要提供？（ ）
A. 行驶证   B. 身份证明
C. 驾驶证   D. 机动车登记证书

题301. 机动车在抵押登记、质押备案期间不可以办理转让登记。（ ）

题302. 机动车所有人将机动车作为抵押物抵押的，机动车所有人应当向居住地车辆管理所申请抵押登记。（ ）

题303. 已注册登记的机动车达到国家规定的强制报废标准的，应当向登记地车辆管理所申请注销登记。（ ）

题304. 机动车未达到国家强制报废标准，所有人自愿报废的，机动车所有人应当向哪个车辆管理所申请注销登记？（ ）
A. 暂住地   B. 居住地
C. 登记地   D. 户籍地

题305. 机动车因质量问题退车的，机动车所有人应当向户籍所在地车辆管理所提出注销登记。（ ）

题306. 机动车已达到国家强制报废标准的，申请注销登记时应将机动车怎样处理？（ ）
A. 交给车辆管理所
B. 交售给报废机动车回收企业
C. 卖给废品收购站
D. 交给安全技术检验机构

题307. 驾驶达到报废标准的机动车上道路行驶的，公安交通管理部门将会予以收缴，以下说法错误的是什么？（ ）
A. 驾驶报废车影响驾驶人行车安全
B. 报废车机械老化、容易发生交通事故
C. 车辆不符合安全技术标准，需要强制报废
D. 不美观，影响城市形象

题308. 以下哪种情形已注册登记的机动车会被车辆管理所注销？（ ）
A. 距离达到国家强制报废标准1年以内
B. 机动车属于被盗抢骗的
C. 机动车登记的使用性质改变的
D. 机动车登记被依法撤销的

题309. 机动车在抵押登记、质押备案期间不可以办理注销登记。（ ）

题310. 夫妻双方共同所有的机动车将其所有人姓名变更为另一方姓名，婚姻关系存续期满1年且经夫妻双方共同申请的，不可以使用原机动车号牌号码。（ ）

题311. 经购买、调拨、赠予等方式获得机动车后尚未注册登记的，向车辆管理所申领临时行驶车号牌后，方可临时上道路行驶。（ ）

题312. 机动车购买后尚未注册登记，需要临时上道路行驶的，可以凭什么临时上道路行驶？（ ）
A. 合法来源凭证   B. 临时行驶车号牌
C. 借用的机动车号牌
D. 法人单位证明

题313. 申领临时行驶车号牌，应先办理机动车交通事故责任强制保险凭证。（ ）

题314. 机动车所有人收到机动车号牌之日起多少日后，临时行驶车号牌作废，不得继续使用？（ ）
A. 5日   B. 3日   C. 1日   D. 2日

题315. 机动车号牌损毁，机动车所有人要向登记地车辆管理所申请补领、换领。（ ）

题316. 车辆管理所收到机动车所有人补领、换领机动车号牌的申请后，自受理之日起多少日内补发、换发号牌？（ ）
A. 5日   B. 10日
C. 3日   D. 15日

题317. 补发、换发号牌期间，申请人可以申领有效期不超过多少日的临时行驶车号牌？（ ）
A. 3日   B. 15日
C. 5日   D. 10日

题318. 机动车登记证书、号牌、行驶证灭失、丢失或者损毁的，机动车所有人应当向哪个部门申请补领、换领。（ ）
A. 住地交警支队车辆管理所
B. 驾驶证核发地车辆管理所
C. 登记地车辆管理所

D. 当地公安局

题319. 机动车登记证书、号牌、行驶证灭失、丢失或者损毁的，机动车所有人应当向居住地车辆管理所申请补领、换领。（　　）

题320. 关于机动车号牌灭失、丢失或者损毁的，以下说法错误的是什么？（　　）
A. 补领、换领机动车号牌的，原机动车号牌可以继续使用
B. 补发、换发号牌期间，可申领有效期不超过十五日的临时号牌
C. 车辆管理所补发、换发号牌，原机动车号码不变
D. 向登记地车辆管理所申请补领、换领

题321. 机动车行驶证灭失、丢失，机动车所有人要向登记地车辆管理所申请补领、换领。（　　）

题322. 机动车登记证书丢失后应及时补办，避免被不法分子利用。（　　）

题323. 机动车涉嫌走私、被盗抢骗、非法生产销售、拼（组）装、非法改装的，不需进行调查。（　　）

题324. 重型、中型载货汽车的车厢后部未按照规定喷涂放大的牌号或者放大的牌号不清晰的，由公安机关交通管理部门处警告或者多少元以下罚款？（　　）
A. 200元　　　　B. 500元
C. 1000元　　　D. 2000元

题325. 以下哪种情形会被公安机关交通管理部门处警告或者200元以下罚款？（　　）
A. 提供虚假材料申请机动车登记的
B. 机动车喷涂、粘贴标识或者车身广告，影响安全驾驶的
C. 隐瞒有关情况申请机动车登记的
D. 以欺骗、贿赂等不正当手段取得机动车登记的

题326. 改变车身颜色、更换发动机、车身或车架，未在规定时限内办理变更登记的，由公安机关交通管理部门处警告或者200元以下罚款。（　　）

题327. 已注册登记的机动车所有权转让后，现机动车所有人未按照规定的时限办理转让登记的，由公安机关交通管理部门处警告或者1000元以下罚款。（　　）

2. 机动车使用

题328. 驾驶机动车在道路上违反道路交通安全法的行为，属于什么行为？（　　）
A. 违章行为　　　B. 违法行为
C. 过失行为　　　D. 违规行为

题329. 驾驶机动车违反道路交通安全法律法规发生交通事故属于交通违章行为。（　　）

题330. 驾驶机动车跨越双实线行驶属于什么行为？（　　）
A. 违章行为　　　B. 违法行为
C. 过失行为　　　D. 违规行为

题331. 下列哪种证件是驾驶机动车上路行驶应当随车携带？（　　）
A. 机动车保险单　B. 机动车行驶证
C. 出厂合格证明　D. 机动车登记证

题332. 驾驶机动车上路行驶应当按规定悬挂号牌。（　　）

题333. 驾驶这种机动车上路行驶属于什么行为？（　　）

A. 违章行为　　　B. 违规行为
C. 违法行为　　　D. 犯罪行为

题334. 驾驶这种机动车上路行驶没有违法行为。（　　）

题335. 机动车参加安全技术检验的主要目的是检查车辆各项性能系数，及时消除车辆安全隐患，减少事故发生。（　　）

题336. 已达到报废标准的机动车，（　　）上道路行驶。
A. 经维修后可以　B. 缴管理费后可以
C. 允许临时　　　D. 不得

题337. 已经达到报废标准的机动车经大修后可以上路行驶。（　　）

题338. 拼装的机动车只要认为安全就可以上路行驶。（　　）

题339. 驾驶机动车应当随身携带哪种证件？（　　）
A. 职业资格证　　B. 身份证
C. 驾驶证　　　　D. 工作证

题340. 驾驶人要按照驾驶证载明的准驾车型驾驶车辆。（　　）

题341. 驾驶机动车上路前应当检查车辆安全技术性能。（　　）

题342. 不得驾驶具有安全隐患的机动车上道路行驶。（　　）

题343. 机动车驾驶人（　　）车辆。
A. 可按照自己的习惯驾驶
B. 在没有交通警察时可随意驾驶
C. 应当依法、安全和文明驾驶

D. 在没有交通信号时可以任意驾驶

题344. 服用国家管制的精神药品可以短途驾驶机动车。（　　）

题345. 饮酒后只要不影响驾驶操作可以短距离驾驶机动车。（　　）

题346. 驾驶人在下列何种情形下，可以驾驶机动车？（　　）
A. 饮酒后　　　　B. 饮茶后
C. 过度疲劳时
D. 患有妨碍安全驾驶的疾病

题347. 驾驶人在下列哪种情况下不能驾驶机动车？（　　）
A. 饮酒后　　　　B. 喝茶后
C. 喝咖啡后　　　D. 喝牛奶后

题348. 机动车驾驶人在实习期内驾驶机动车不得牵引挂车。（　　）

题349. 公安交通管理部门对驾驶人的交通违法行为除依法给予行政处罚外，实行下列哪种制度？（　　）
A. 违法登记制度　　B. 奖励里程制度
C. 强制报废制度　　D. 累积记分制度

题350. 持小型汽车驾驶证的驾驶人在下列哪种情况下需要接受审验？（　　）
A. 一个记分周期末
B. 有效期满换发驾驶证时
C. 记分周期未满分　D. 记分周期满12分

题351. 驾驶人出现下列哪种情况，不得驾驶机动车？（　　）
A. 记分达到10分　　B. 记分达到6分
C. 驾驶证丢失、损毁
D. 驾驶证接近有效期

题352. 驾驶人在驾驶证丢失后3个月内还可以驾驶机动车。（　　）

题353. 驾驶人的驾驶证损毁后不得驾驶机动车。（　　）

题354. 驾驶人持超过有效期的驾驶证可以在1年内驾驶机动车。（　　）

题355. 驾驶人的机动车驾驶证被依法扣留、暂扣的情况下不得驾驶机动车。（　　）

题356. 道路交通事故的损失是由受害人故意造成的，保险公司是否予以赔偿？（　　）
A. 应当赔偿　　　　B. 不予赔偿
C. 应当补偿　　　　D. 可以赔偿

题357. 非营运小微型载客汽车自注册登记之日起，超过几年的每年检验一次？（　　）
A. 8年　　B. 1年　　C. 5年　　D. 10年

题358. 非营运小微型载客汽车自注册登记之日起超过10年的，每年检验一次，并向公安机关申领检验标志。（　　）

题359. 非营运小微型载客汽车自注册登记之日起10年内，每多长时间向公安交管部门申领一次检验标志？（　　）
A. 2年　　B. 1年　　C. 5年　　D. 10年

二、道路通行条件及通行规定

（一）道路交通信号

1. 道路交通信号规定

题360. 交通信号包括交通信号灯、交通标志、交通标线和交通警察的指挥。（　　）

题361. 交通标志和交通标线不属于交通信号。（　　）

题362. 交通信号灯由红灯、绿灯和黄灯组成。（　　）

题363. 道路交通标线分为指示标线、警告标线、禁止标线。（　　）

题364. 在路口遇有交通信号灯和交通警察指挥不一致时，按照交通信号灯通行。（　　）

题365. 驾驶机动车在路口遇到这种情况如何行驶？（　　）

A. 可以向右转弯　　　B. 靠右侧直行
C. 遵守交通信号灯
D. 停车等待

题366. 机动车在没有交通标志、标线的道路上，应当怎样行驶？（　　）
A. 随意行驶
B. 加速行驶
C. 停车观察周围情况后行驶
D. 在确保安全、畅通的原则下通行

2. 道路交通信号灯及其含义

（1）机动车信号灯

题367. 前方路口这种信号灯亮表示什么意思？（　　）

A. 准许通行　　　　B. 提醒注意
C. 路口警示　　　　D. 禁止通行

题368. 前方路口这种信号灯亮表示什么意思？（　　）

A. 加速左转　　　　B. 禁止右转
C. 路口警示　　　　D. 加速直行

题369. 前方路口这种信号灯亮表示什么意思？
（　　）

A. 路口警示　　　　B. 禁止通行
C. 提醒注意　　　　D. 准许通行

题370. 在路口看到这种信号灯不断闪烁时，要减速或停车瞭望，确认安全后通过。（　　）

题371. 驾驶机动车在路口遇到这种信号灯表示什么意思？（　　）

A. 禁止右转　　　　B. 路口警示
C. 准许直行　　　　D. 加速通过

题372. 驾驶机动车在路口遇到这种信号灯，应禁止通行。（　　）

题373. 驾驶机动车在路口直行遇到这种信号灯应该怎样行驶？（　　）

A. 进入路口等待　　B. 左转弯行驶
C. 加速直行通过　　D. 不得越过停止线

题374. 在路口看到这种信号灯亮时，应该怎样做才正确？（　　）

A. 在不妨碍被放行车辆、行人的情况下，可以通行
B. 在不妨碍被放行车辆、行人的情况下，可以直行
C. 在不妨碍被放行车辆、行人的情况下，可以左转
D. 在不妨碍被放行车辆、行人的情况下，可以右转

题375. 驾驶机动车行驶到这个位置时，如果车前轮已越过停止线可以继续通过。（　　）

题376. 遇到这种情况，要在停止线以外停车等待绿灯亮后再向右转弯。（　　）

题377. 驾驶机动车在这种信号灯亮的路口，可以右转弯。（　　）

题378. 驾驶机动车在路口遇到这种信号灯亮时，要在停止线前停车瞭望。（　　）

题379.驾驶机动车在路口遇到这种信号灯亮时,不能右转弯。（　　）

题380.驾驶机动车遇到这种信号灯亮时,可在对面直行车前直接向左转弯。（　　）

题381.驾驶机动车在路口遇到这种信号灯亮时,要加速通过。（　　）

题382.驾驶机动车在前方路口不能右转弯。（　　）

题383.驾驶机动车遇到这种信号灯亮时,如果已越过停止线,可以继续通行。（　　）

题384.在路口遇到这种信号灯亮时,怎样做才正确？（　　）

A.在确保通行安全的情况下加速通过路口
B.停在路口停车线以外等待下一个绿灯信号
C.不妨碍被放行车辆、行人通行也不能右转弯
D.不妨碍被放行车辆、行人通行可以直行通过

题385.在路口遇到黄灯不断闪烁,说明是什么情况？（　　）

A.路口禁止一切车辆通行
B.路口发生道路交通事故
C.路口交通管制需要清空
D.路口交通信号暂时解除

题386.在这种情况下,可加速通过交叉路口。（　　）

题387.在这种情况下,B车可加速通过。（　　）

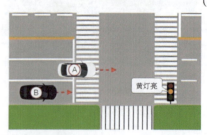

（2）车道信号灯

题388.驾驶机动车要选择绿色箭头灯亮的车道行驶。（　　）

题389.遇到这种情况时,应该怎样行驶? （　　）

A. 加速进入两侧车道行驶
B. 进入右侧车道行驶
C. 减速进入两侧车道行驶
D. 禁止车辆在两侧车道通行

题390.遇到这种情况时,中间车道不允许车辆通行。（　　）

题391.这辆红色轿车可以在该车道行驶。（　　）

题392.遇到这种有车道信号灯的路段时,应该选择右侧或者左侧车道行驶。（　　）

题393.图中这辆红色机动车选择的行车道是正确的。（　　）

题394.在有车道信号灯的路段,图中哪辆机动车行驶的车道是正确的?（　　）

A. 红色小型客车E行驶的车道是正确的
B. 灰色小型客车A行驶的车道是正确的
C. 黄色小型客车B行驶的车道是正确的
D. 蓝色小型客车C行驶的车道是正确的

题395.遇到这种有信号灯的路段,选择哪条车道行驶才正确?（　　）

A. 选择左侧车道行驶
B. 选择中间车道行驶
C. 选择右侧车道行驶
D. 选择任一车道行驶

题396.驾驶机动车不能进入红色叉形灯或者红色箭头灯亮的车道。（　　）

（3）方向指示信号灯

题397.这个路口允许车辆怎样行驶?（　　）

A. 向右转弯　　　B. 停车等待
C. 向左转弯　　　D. 直行通过

题398.这个路口允许车辆怎样行驶?（　　）

A. 直行或向右转弯
B. 向左转弯
C. 直行或向左转弯
D. 向左、向右转弯

题399.这个路口允许车辆怎样行驶?（　　）

A. 直行或向右转弯
B. 向右转弯
C. 向左转弯　　　D. 直行

题400.这个路口允许车辆怎样行驶？（   ）

A. 直行　　　　　　B. 向右转弯
C. 向左转弯　　　　D. 直行或向左转弯

题401.遇到这种情况时，应该如何驾驶？（   ）

A. 直行通过路口　　B. 向左转弯通过路口
C. 向右转弯通过路口
D. 在路口掉头行驶

题402.驾驶机动车在这种情况下不能左转弯。（   ）

题403.在路口直行遇到这种情况时，要在停止线外停车等待对面直行车通过后再起步。（   ）

题404.驾驶机动车在这种情况下可以右转弯。（   ）

题405.驾驶机动车在这种情况下不能直行和左转弯。（   ）

（4）闪光警告信号灯

题406.驾驶机动车遇到这种信号灯不断闪烁时怎样行驶？（   ）

A. 尽快加速通过　　B. 靠边停车等待
C. 注意瞭望安全通过
D. 紧急制动

题407.遇到这种情况时，应怎样通过？（   ）

A. 确认安全后通过
B. 右转弯加速通过
C. 加速直行通过
D. 左转弯加速通过

题408.看到路边有一个黄灯在闪烁时，正确的做法是什么？（   ）

A. 只要没有行人横过，就可以加速通过
B. 提前减速观察，确认是否能安全通过
C. 鸣喇叭，告知两边的行人和非机动车
D. 如果来不及减速，就直接按常速通过

题409.路口黄灯持续闪烁，警示驾驶人要注意瞭望，确认安全通过。（   ）

题410.闪光警告信号灯为持续闪烁的黄灯，其作用是提示车辆、行人需要快速通过。（   ）

题411.黄灯持续闪烁，表示机动车可以加速通过。（   ）

（5）道路与铁路平面交叉道口信号灯

题412.驾驶机动车在铁路道口看到这种信号灯时，应该怎样行驶？（   ）

A. 在火车到来前通过
B. 不得越过停止线
C. 边观察边缓慢通过
D. 不换挡加速通过

题413. 在铁路道口遇到两个红灯交替闪烁时要停车等待。（   ）

题414. 在铁路道口遇到一个红灯亮时要尽快通过道口。（   ）

3. 道路交通标志及其含义
（1）警告标志

题415. 这属于哪一种标志？　　　　　（   ）

A. 警告标志
B. 指路标志
C. 指示标志
D. 禁令标志

题416. 这个标志是何含义？　　　　　（   ）

A. 十字交叉路口
B. 环行交叉路口
C. T型交叉路口
D. Y型交叉路口

题417. 这个标志是何含义？　　　　　（   ）

A. Y型交叉路口
B. T型交叉路口
C. 十字交叉路口
D. 环行交叉路口

题418. 这个标志是何含义？　　　　　（   ）

A. 向右急转弯
B. 向右绕行
C. 连续弯路
D. 向左急转弯

题419. 这个标志是何含义？　　　　　（   ）

A. 向左绕行
B. 连续弯路
C. 向左急转弯
D. 向右急转弯

题420. 这个标志是何含义？　　　　　（   ）

A. 下陡坡
B. 连续上坡
C. 上陡坡
D. 堤坝路

题421. 这个标志是何含义？　　　　　（   ）

A. 堤坝路
B. 上陡坡
C. 连续上坡
D. 下陡坡

题422. 这个标志是何含义？　　　　　（   ）

A. 连续下坡
B. 下陡坡
C. 上陡坡
D. 连续上坡

题423. 这个标志是何含义？　　　　　（   ）

A. 左侧变窄
B. 窄桥
C. 窄路
D. 右侧变窄

题424. 这个标志是何含义？　　　　　（   ）

A. 减速让行
B. 潮汐车道
C. 分离式道路
D. 双向交通

题425. 这个标志是何含义？　　　　　（   ）

A. 注意行人　　　B. 注意儿童
C. 学校区域　　　D. 人行横道

题426. 这个标志是何含义？　　　　　（   ）

A. 学校区域　　　B. 注意儿童
C. 人行横道　　　D. 注意行人

题427. 这个标志是何含义？　　　　　（   ）

A. 注意牲畜
B. 注意野生动物
C. 野生动物保护区
D. 大型畜牧场

题428. 这个标志是何含义？　　　　　（   ）

A. 注意野生动物
B. 注意牲畜
C. 动物公园
D. 开放的牧区

题 429. 这个标志是何含义?　　　　(　　)
A. 人行横道灯
B. 注意行人
C. 注意信号灯
D. 交叉路口

题 430. 这个标志是何含义?　　　　(　　)
A. 傍山险路
B. 悬崖路段
C. 注意落石
D. 危险路段

题 431. 这个标志是何含义?　　　　(　　)
A. 隧道入口
B. 气象台
C. 注意横风
D. 风向标

题 432. 这个标志是何含义?　　　　(　　)
A. 易滑路段
B. 急转弯路
C. 试车路段
D. 曲线路段

题 433. 这个标志是何含义?　　　　(　　)
A. 堤坝路
B. 傍山险路
C. 落石路
D. 临崖路

题 434. 这个标志是何含义?　　　　(　　)
A. 堤坝路
B. 临崖路
C. 傍水路
D. 易滑路

题 435. 这个标志是何含义?　　　　(　　)
A. 注意行人
B. 有人行横道
C. 村庄或集镇
D. 有小学校

题 436. 这个标志是何含义?　　　　(　　)
A. 水渠
B. 桥梁
C. 隧道
D. 涵洞

题 437. 这个标志是何含义?　　　　(　　)
A. 驼峰桥
B. 路面高突
C. 路面低洼
D. 不平路面

题 438. 这个标志是何含义?　　　　(　　)
A. 路面低洼
B. 驼峰桥
C. 路面不平
D. 路面高突

题 439. 这个标志是何含义?　　　　(　　)
A. 路面不平
B. 减速丘
C. 路面低洼
D. 驼峰桥

题 440. 这个标志是何含义?　　　　(　　)
A. 泥泞道路
B. 低洼路面
C. 过水路面
D. 渡口

题 441. 这个标志是何含义?　　　　(　　)
A. 有人看守铁路道口
B. 多股铁路与道路相交
C. 立交式的铁路道口
D. 无人看守铁路道口

题 442. 这个标志是何含义?　　　　(　　)
A. 注意长时鸣喇叭
B. 无人看守铁路道口
C. 有人看守铁路道口
D. 多股铁路与道路相交

题 443. 这个标志是何含义?　　　　(　　)
A. 有人看守铁路道口
B. 无人看守铁路道口
C. 多股铁路与道路相交
D. 注意避让火车

题 444. 这个标志是何含义?　　　　(　　)
A. 距无人看守铁路道口 100 米
B. 距有人看守铁路道口 100 米
C. 距无人看守铁路道口 50 米
D. 距有人看守铁路道口 50 米

题 445. 这个标志是何含义?　　　　(　　)
A. 距有人看守铁路道口 50 米
B. 距无人看守铁路道口 100 米
C. 距有人看守铁路道口 100 米
D. 距无人看守铁路道口 50 米

题 446. 这个标志是何含义?　　　　(　　)

A. 距无人看守铁路道口 150 米
B. 距无人看守铁路道口 100 米
C. 距有人看守铁路道口 100 米
D. 距有人看守铁路道口 150 米

题 447. 这个标志是何含义？（   ）
A. 非机动车道
B. 避让非机动车
C. 禁止非机动车通行
D. 注意非机动车

题 448. 这个标志是何含义？（   ）
A. 禁止非机动车通行
B. 注意电动自行车
C. 电动自行车车道
D. 注意非机动车

题 449. 下列标志是何含义？（   ）
A. 残疾人出入口
B. 注意残疾人
C. 残疾人休息处
D. 残疾人专用通道

题 450. 这个标志是何含义？（   ）
A. 事故易发路段
B. 施工路段
C. 减速慢行路段
D. 拥堵路段

题 451. 这个标志是何含义？（   ）
A. 施工路段绕行
B. 双向交通
C. 左右绕行
D. 注意危险

题 452. 这个标志是何含义？（   ）
A. 注意危险
B. 右侧绕行
C. 左侧绕行
D. 单向通行

题 453. 这个标志是何含义？（   ）
A. 右侧绕行
B. 单向通行
C. 注意危险
D. 左侧绕行

题 454. 这个标志是何含义？（   ）
A. 减速慢行
B. 注意危险
C. 拥堵路段
D. 事故多发路段

题 455. 这个标志是何含义？（   ）
A. 塌方路段
B. 施工路段
C. 前方工厂

D. 道路堵塞

题 456. 这个标志是何含义？（   ）
A. 最高速度
B. 限制速度
C. 建议速度
D. 最低速度

题 457. 这个标志是何含义？（   ）
A. 注意双向行驶
B. 靠两侧行驶
C. 注意潮汐车道
D. 可变车道

题 458. 这个标志是何含义？（   ）
A. 两侧变窄路段
B. 车速测试路段
C. 车距确认路段
D. 注意保持车距

题 459. 这个标志是何含义？（   ）
A. Y 型交叉口
B. 主路让行
C. 注意分流
D. 注意合流

题 460. 这个标志是何含义？（   ）
A. 避险车道
B. 应急车道
C. 路肩
D. 急弯道

题 461. 这个标志是何含义？（   ）
A. 注意危险
B. 交通事故管理
C. 事故易发路段
D. 施工路段

题 462. 这个标志是何含义？（   ）
A. 应急车道
B. 注意车道数变少
C. 合流处
D. 向左变道

题 463. 这个标志是何含义？（   ）
A. 分流诱导标志
B. 合流诱导标志
C. 线形诱导标志
D. 转弯诱导标志

题 464. 这个标志是何含义？（   ）
A. 不准通行
B. 两侧通行
C. 左侧通行
D. 右侧通行

题 465. 这个标志是何含义？（   ）
A. 两侧通行
B. 不准通行
C. 左侧通行
D. 右侧通行

题 466. 这个标志是何含义？　　　　（　）
A. 左侧通行
B. 右侧通行
C. 两侧通行
D. 不准通行

题 467. 这个标志是何含义？　　　　（　）
A. 限制高度
B. 注意积水
C. 限制轴重
D. 限制宽度

题 468. 这个标志是何含义？　　　　（　）
A. 两侧变窄
B. 右侧变窄
C. 左侧变窄
D. 桥面变窄

题 469. 这个标志是何含义？　　　　（　）
A. 两侧变窄
B. 右侧变窄
C. 左侧变窄
D. 桥面变窄

题 470. 这个标志是何含义？　　　　（　）
A. 两侧变窄
B. 右侧变窄
C. 左侧变窄
D. 桥面变窄

题 471. 这个标志是何含义？　　　　（　）
A. 易滑路段
B. 急转弯路
C. 反向弯路
D. 连续弯路

题 472. 这个标志的含义是告示前方是塌方路段，车辆应绕道行驶。　　　　（　）

题 473. 这个标志的含义是告示前方道路是单向通行路段。　　　　（　）

题 474. 这个标志的含义是告示前方道路有障碍物，车辆左侧绕行。　　　　（　）

题 475. 这个标志的含义是告示前方道路施工，车辆左右绕行。　　　　（　）

题 476. 这个标志的含义是告示前方是拥堵路段，注意减速慢行。　　　　（　）

题 477. 这个标志的含义是提醒车辆驾驶人前方是非机动车道。　　　　（　）

题 478. 这个标志的含义是提醒车辆驾驶人谨慎驾驶，注意电动自行车。　　　　（　）

题 479. 这个标志的含义是提醒车辆驾驶人前方是无人看守铁路道口。　　　　（　）

题 480. 这个标志的含义是提醒车辆驾驶人前方是无人看守铁路道口。　　　　（　）

题 481. 这个标志的含义是提醒车辆驾驶人前方是过水路面或漫水桥路段。　　　　（　）

题 482. 这个标志的含义是提醒车辆驾驶人前方路面颠簸或有桥头跳车现象。　　　　（　）

题 483. 这个标志的含义是提醒车辆驾驶人前方是桥头跳车较严重的路段。　　　　（　）

题 484. 这个标志的含义是提醒车辆驾驶人前方是单向行驶并且照明不好的涵洞。　　　　（　）

题 485. 这个标志的含义是提醒车辆驾驶人前方路段通过村庄或集镇。　　　　（　）

题486. 这个标志的含义是提醒车辆驾驶人前方是堤坝路段。（　　）

题487. 这个标志的含义是提醒车辆驾驶人前方是急转弯路段。（　　）

题488. 这个标志的含义是提醒车辆驾驶人前方有很强的侧向风。（　　）

题489. 这个标志的含义是提醒车辆驾驶人前方是傍山险路路段。（　　）

题490. 这个标志的含义是警告车辆驾驶人注意前方设有信号灯。（　　）

题491. 下列标志的含义是警告车辆驾驶人前方是学校区域。（　　）

题492. 下列标志的含义是警告车辆驾驶人前方是人行横道。（　　）

题493. 这个标志的含义是提醒前方道路变为不分离双向行驶路段。（　　）

题494. 这个标志的含义是提醒前方两侧行车道或路面变窄。（　　）

题495. 这个标志的含义是提醒前方左侧行车道或路面变窄。（　　）

题496. 这个标志的含义是提醒前方右侧行车道或路面变窄。（　　）

题497. 这个标志的含义是提醒前方桥面宽度变窄。（　　）

题498. 这个标志的含义是警告前方有两个相邻的反向转弯道路。（　　）

题499. 这个标志的含义是警告前方道路易滑，注意慢行。（　　）

题500. 这个标志的含义是警告前方出现向左的急转弯路。（　　）

题501. 这个标志的含义是警告前方道路有障碍物，车辆减速绕行。（　　）

题502. 这个标志的含义是前方即将行驶至Y型交叉路口。（　　）

题503. 这个标志的作用是用以警告车辆驾驶人谨慎慢行，注意横向来车。（　　）

题504. 这个标志设置在有人看守的铁路道口，提示驾驶人距有人看守的铁路道口的距离还有100米。（　　）

题505. 铁路道口设置这个标志，是提示驾驶人前方路口有单股铁道。（　　）

题506. 遇到这个标志时，应该主动确认与前车之间的距离。( )

题507. 这个标志的含义是提醒注意潮汐车道。
( )

题508. 这个标志提示前方道路有Y型交叉路口，会有横向车辆。( )

题509. 这个标志提示前方道路有环形交叉路口，前方路口可以掉头行驶。( )

题510. 这个标志提示前方路段是易发生车辆追尾的路段。( )

题511. 这种标志的作用是警告车辆驾驶人前方有危险，谨慎通行。( )

　A.　　　　B.　　　　C.　　　　D.

题512. 下列哪个标志提示驾驶人下陡坡？( )

　A.　　　　B.　　　　C.　　　　D.

题513. 下列哪个标志提示驾驶人连续弯路？( )

　A.　　　　B.　　　　C.　　　　D.

题514. 下列哪个标志提醒驾驶人注意前方车道数量变少？( )

题515. 当驾驶人看到以下标志时，需要减速慢行，是因为什么？( )

A. 前方车行道或路面变窄
B. 前方有弯道
C. 前方车流量较大
D. 前方有窄桥

（2）禁令标志

题516. 这属于哪一种标志？( )

A. 警告标志
B. 禁令标志
C. 指示标志
D. 指路标志

题517. 禁令标志的作用是什么？( )

A. 指示车辆行进
B. 警告前方危险
C. 禁止或限制行为
D. 告知方向信息

题518. 这个标志是何含义？( )

A. 停车让行
B. 不准临时停车
C. 不准车辆驶入
D. 不准长时间停车

题519. 这个标志是何含义？( )

A. 不准让行
B. 会车让行
C. 减速让行
D. 停车让行

题520. 这个标志是何含义？( )

A. 会车时停车让右侧车先行
B. 右侧道路禁止车通行
C. 前方是双向通行路段
D. 会车时停车让对方车先行

题521. 这个标志是何含义？( )

A. 禁止通行
B. 减速行驶
C. 限时进入
D. 禁止驶入

题522. 这个标志提示哪种车型禁止通行？( )

A. 各种车辆
B. 小型客车
C. 中型客车
D. 小型货车

题523. 这个标志是何含义？( )

A. 禁止三轮车驶入
B. 禁止机动车驶入
C. 禁止挂车、半挂车驶入
D. 禁止停车

题 524. 这个标志是禁止电动自行车进入。（　　）

题 525. 这个标志是何含义？（　　）
A. 禁止车辆掉头
B. 禁止向左变道
C. 禁止向左转弯
D. 禁止驶入左车道

题 526. 这个标志是何含义？（　　）
A. 禁止驶入路口
B. 禁止向右转弯
C. 禁止变更车道
D. 禁止车辆掉头

题 527. 这个标志是何含义？（　　）
A. 禁止向右转弯
B. 禁止掉头
C. 禁止直行
D. 禁止向左转弯

题 528. 这个标志是何含义？（　　）
A. 禁止在路口掉头
B. 禁止向左向右变道
C. 禁止向左向右转弯
D. 禁止车辆直行

题 529. 这个标志是何含义？（　　）
A. 禁止直行和向左变道
B. 禁止直行和向左转弯
C. 允许直行和向左变道
D. 禁止直行和向右转弯

题 530. 这个标志是何含义？（　　）
A. 禁止直行和向左变道
B. 禁止直行和向左转弯
C. 允许直行和向左变道
D. 禁止直行和向右转弯

题 531. 这个标志是何含义？（　　）
A. 禁止变道
B. 禁止左转
C. 禁止直行
D. 禁止掉头

题 532. 这个标志是何含义？（　　）
A. 禁止借道
B. 禁止变道
C. 禁止超车
D. 禁止掉头

题 533. 这个标志是何含义？（　　）

A. 解除禁止超车
B. 准许变道行驶
C. 解除禁止变道
D. 解除禁止借道

题 534. 这个标志是何含义？（　　）
A. 允许临时停车
B. 允许长时停车
C. 禁止长时停车
D. 禁止停放车辆

题 535. 这个标志是何含义？（　　）
A. 禁止临时停车
B. 禁止长时停车
C. 禁止停放车辆
D. 允许长时停车

题 536. 这个标志是何含义？（　　）
A. 禁止长时鸣喇叭
B. 断续鸣喇叭
C. 减速鸣喇叭
D. 禁止鸣喇叭

题 537. 这个标志是何含义？（　　）
A. 预告宽度为 3 米
B. 限制宽度为 3 米
C. 解除 3 米限宽
D. 限制高度为 3 米

题 538. 这个标志是何含义？（　　）
A. 限制宽度为 3.5 米
B. 解除 3.5 米限高
C. 限制车距为 3.5 米
D. 限制高度为 3.5 米

题 539. 这个标志是何含义？（　　）
A. 前方 40 米减速
B. 最低时速 40 公里
C. 限制 40 吨轴重
D. 限制最高时速 40 公里

题 540. 这个标志是何含义？（　　）
A. 40 米减速行驶路段
B. 最低时速 40 公里
C. 最高时速 40 公里
D. 解除时速 40 公里限制

题 541. 这个标志是何含义？（　　）
A. 海关检查
B. 停车检查
C. 边防检查
D. 禁止通行

题 542. 这个标志是何含义？（　　）
A. 禁止电动自行车进入
B. 禁止非机动车停车
C. 禁止电动自行车停车
D. 禁止非机动车进入

题 543. 这个标志的含义是表示车辆会车时，对方车辆应停车让行。（　　）

题544.这个标志的含义是告示车辆驾驶人应慢行或停车,确保干道车辆优先。( )

题545.在驾车过程中遇到该标志时,应慢行或停车,观察干道行车情况,在确保干道车辆优先,确保安全的前提下,方可进入路口。( )

题546.遇到这个标志,不可以左转,但可以掉头。( )

题547.这个标志提示前方路段在限定的范围内,禁止一切车辆长时间停、放,临时停车不受限制。( )

题548.这个标志提示前方路段禁止一切车辆驶入。( )

题549.这个标志的含义是限制宽度为3米,表示禁止装载宽度超过3米的车辆进入。( )

题550.这个标志是什么意思? ( )

A.进入前方路口要加速通过
B.进入前方路口要停车观察
C.进入前方路口要注意车辆
D.进入前方路口要减速让行

题551.这个标志是什么意思? ( )

A.进入前方路口要注意观察
B.进入前方路口要停车让行
C.进入前方路口要减速让行
D.进入前方路口要注意车辆

题552.这个标志是什么意思? ( )

A.会车时让对向车先行
B.会车时有优先通行权
C.前方是会车困难路段
D.会车对方应停车让行

题553.以下标志表示除小客车和货车外,其他车辆可以直行。( )

题554.以下标志中,表示禁止一切车辆和行人通行的是? ( )

A. B. C. D.

题555.下列哪个标志表示不能停车? ( )

A. B. C. D.

题556.下列哪个标志禁止一切车辆长时间停放,临时停车不受限制? ( )

A. B. C. D.

题557.下列哪个标志表示禁止挂车、半挂车驶入? ( )

A. B. C. D.

题558.这属于哪一种标志? ( )

A.禁令标志 B.指示标志
C.指路标志 D.警告标志

题 559. 以下标志表示的含义是什么？　　（　　）

A. 禁止机动车驶入
B. 禁止小客车驶入
C. 禁止所有车辆驶入
D. 禁止非机动车驶入

（3）指示标志

题 560. 指示标志的作用是什么？　　（　　）
A. 告知方向信息
B. 警告前方危险
C. 限制车辆、行人通行
D. 指示车辆、行人行进

题 561. 这属于哪一种标志？　　（　　）
A. 警告标志
B. 禁令标志
C. 指示标志
D. 指路标志

题 562. 这个标志是何含义？　　（　　）
A. 直行车道
B. 只准直行
C. 单行路
D. 禁止直行

题 563. 这个标志是何含义？　　（　　）
A. 向左转弯
B. 禁止直行
C. 直行车道
D. 单行路

题 564. 这个标志是何含义？　　（　　）
A. 向右转弯
B. 单行路
C. 只准直行
D. 直行车道

题 565. 这个标志是何含义？　　（　　）
A. 直行和向左转弯
B. 直行和向右转弯
C. 禁止直行和向右转弯
D. 只准向左和向右转弯

题 566. 这个标志是何含义？　　（　　）
A. 直行和向右转弯
B. 直行和向左转弯
C. 禁止直行和向左转弯
D. 只准向右和向左转弯

题 567. 这个标志是何含义？　　（　　）
A. 禁止向左转弯
B. 向左和向右转弯
C. 禁止向左右转弯
D. 禁止向右转弯

题 568. 这个标志是何含义？　　（　　）
A. 右侧是下坡路段
B. 分隔带右侧行驶
C. 靠道路右侧停车
D. 只准向右转弯

题 569. 这个标志是何含义？　　（　　）
A. 靠道路左侧停车
B. 左侧是下坡路段
C. 只准向左转弯
D. 分隔带左侧行驶

题 570. 这个标志是何含义？　　（　　）
A. 右侧通行
B. 左侧通行
C. 向右行驶
D. 环岛行驶

题 571. 这个标志是何含义？　　（　　）
A. 左转让行
B. 直行单行路
C. 向右单行路
D. 向左单行路

题 572. 这个标志是何含义？　　（　　）
A. 向左单行路
B. 向右单行路
C. 直行单行路
D. 右转让行

题 573. 这个标志是何含义？　　（　　）
A. 靠右侧行驶
B. 不允许直行
C. 直行单行路
D. 直行车让行

题 574. 这个标志是何含义？　　（　　）
A. 禁止鸣高音喇叭
B. 禁止鸣低音喇叭
C. 应当鸣喇叭
D. 禁止鸣喇叭

题 575. 下列标志是何含义？　　（　　）

A. 人行横道　　B. 学生通道
C. 注意行人　　D. 儿童通道

题 576. 这个标志是何含义？　　（　　）

A. 最低限速 60 公里/小时
B. 高度限速 60 公里/小时
C. 水平高度 60 米
D. 海拔 60 米

题 577. 这个标志是何含义？（ ）
A. 停车让行
B. 单行路
C. 会车先行
D. 对向先行

题 578. 这个标志是何含义？（ ）
A. 右转车道
B. 掉头车道
C. 左转车道
D. 分向车道

题 579. 这个标志是何含义？（ ）
A. 右转车道
B. 掉头车道
C. 左转车道
D. 分向车道

题 580. 这个标志是何含义？（ ）
A. 右转车道
B. 掉头车道
C. 左转车道
D. 直行车道

题 581. 这个标志是何含义？（ ）
A. 直行和左转车道
B. 直行和辅路出口车道
C. 直行和右转合用车道
D. 分向行驶车道

题 582. 这个标志是何含义？（ ）
A. 直行和掉头合用车道
B. 直行和左转合用车道
C. 直行和右转车道
D. 分向行驶车道

题 583. 这个标志是何含义？（ ）
A. 掉头车道
B. 绕行车道
C. 分向车道
D. 左转车道

题 584. 这个标志是何含义？（ ）
A. 分向行驶车道
B. 掉头和左转合用车道
C. 禁止左转和掉头车道
D. 直行和左转合用车道

题 585. 这个标志是何含义？（ ）
A. 左转行驶车道　　B. 直线行驶车道
C. 右转行驶车道　　D. 分向行驶车道

题 586. 这个标志是何含义？（ ）
A. 大型客车专用车道
B. 公交线路专用车道
C. 快速公交系统专用车道
D. 多乘员车辆专用车道

题 587. 这个标志是何含义？（ ）
A. 公交车专用车道
B. 有轨电车专用车道
C. 大型客车专用车道
D. BRT 车辆专用车道

题 588. 这个标志是何含义？（ ）
A. 不准小型车通行
B. 只准小型车行驶
C. 机动车行驶
D. 禁止小型车行驶

题 589. 这个标志是何含义？（ ）
A. 小型车车道
B. 小型车专用车道
C. 多乘员车辆专用车道
D. 机动车车道

题 590. 这个标志是何含义？（ ）
A. 电动自行车行驶
B. 非机动车停车位
C. 非机动车停放区
D. 非机动车行驶

题 591. 这个标志是何含义？（ ）
A. 非机动车推行
B. 非机动车与行人共享空间通行
C. 非机动车骑行
D. 非机动车与行人分开空间通行

题 592. 这个标志是何含义？（ ）
A. 非机动车行驶
B. 电动自行车行驶
C. 电动自行车车道
D. 非机动车车道

题 593. 这个标志是何含义？（ ）
A. 开远光灯
B. 开示廓灯
C. 开车灯
D. 开前雾灯

题 594. 这个标志是何含义？（ ）

———
车速单位，应为"千米/时"，为与真实试题一致，本书采用这种表示方式。

A. 指示非机动车与行人分开空间通行
B. 禁止非机动车与行人通行
C. 指示机动车与行人通行
D. 指示非机动车与行人共享空间通行

题595. 这个标志是何含义？（　　）

A. 指示行人骑行通过
B. 指示非机动车与行人分开空间通行
C. 指示非机动车与行人共享空间通行
D. 指示行人推行通过

题596. 这个标志是何含义？（　　）

A. 指示大型货车靠右侧车道行驶
B. 指示大型货车通行
C. 只允许小型汽车行驶
D. 只允许货车通行

题597. 这个标志是何含义？（　　）

A. 禁止自行车通行车道
B. 非机动车车道
C. 自行车专用车道
D. 停放自行车路段

题598. 这个标志是何含义？（　　）

A. 电动自行车行驶
B. 非机动车车道
C. 非机动车行驶
D. 电动自行车车道

题599. 这个标志是何含义？（　　）

A. 大型客车专用车道
B. 多乘员车专用车道
C. 公交车专用车道
D. BRT车辆专用车道

题600. 这个标志是何含义？（　　）

A. 小型汽车专用车道
B. 机动车专用车道
C. 出租汽车专用车道
D. 多乘员车辆专用车道

题601. 这个标志是何含义？（　　）

A. 掉头
B. 倒车
C. 左转
D. 绕行

题602. 这个标志是何含义？（　　）

A. 只准直行
B. 硬路肩允许行驶起点
C. 车道数增加
D. 分流处

题603. 这个标志是何含义？（　　）

A. 分流处
B. 硬路肩允许行驶即将结束
C. 车道数减少
D. 前方左转

题604. 这个标志是何含义？（　　）

A. 车道数增加
B. 禁止硬路肩行驶
C. 车道数减少
D. 硬路肩允许行驶终点

题605. 这个标志是何含义？（　　）

A. 公交专用车道
B. HOV专用车道
C. 靠右侧车道行驶
D. 有轨电车专用车道

题606. 下列标志的含义是指示前方道路仅供行人步行，任何车辆不准进入。（　　）

题607. 这个标志是何含义？（　　）

A. 绿色通道
B. 禁止货车通行
C. 允许客车通行
D. 允许货车通行

题608. 这个标志是何含义？（　　）

A. 减速拍照区
B. 道路流量监测
C. 全路段抓拍
D. 交通监控设备

题609. 这属于哪一种标志？（　　）

A. 指路标志　　B. 指示标志
C. 禁令标志　　D. 警告标志

题610. 遇到下列哪个标志，你不需要主动让行？

A.　　B.　　C.　　D.

题611. 下列哪个标志为最低限速标志？（　　）

A.　　B.　　C.　　D.

题612.下列哪个标志表示该车道仅供有轨电车通行？（　　）

A.　　B.　　C.　　D.

题613.下列哪个标志表示硬路肩允许行驶路段即将结束，车辆应尽快合流？（　　）

A.　　B.　　C.　　D.

题614.以下交通标志表示单行线的是哪一项？（　　）

A.　　B.　　C.　　D.

题615.下列哪个标志表示车辆直行和右转合用车道？（　　）

A.　　B.　　C.　　D.

题616.下列哪个标志用以指引无障碍设施的位置？（　　）

A.　　B.　　C.　　D.

（4）一般道路指路标志

题617.这属于哪一类标志？（　　）

A. 指路标志　　B. 指示标志
C. 禁令标志　　D. 警告标志

题618.指路标志的作用是什么？（　　）

A. 限制车辆通行　　B. 提示限速信息
C. 提供方向信息　　D. 警告前方危险

题619.这个标志是何含义？（　　）

A. 车道方向预告　　B. 交叉路口预告
C. 分道信息预告　　D. 分岔处预告

题620.这个标志是何含义？（　　）

A. 分道信息预告　　B. 道路分岔处预告
C. 地点和距离预告
D. 十字交叉路口预告

题621.这个标志是何含义？（　　）

A. 丁字交叉路口预告
B. 道路分叉处预告
C. Y 型交叉路口预告
D. 十字交叉路口预告

题622.这个标志是何含义？（　　）

A. 环行交叉路口预告
B. 十字交叉路口预告
C. Y 型交叉路口预告
D. 丁字交叉路口预告

题623.这个标志是何含义？（　　）

A. 十字交叉路口预告
B. 互通立体交叉预告
C. Y 型交叉路口预告
D. 环行交叉路口预告

题624.这个标志是何含义？（　　）

A. 乡道编号
B. 县道编号
C. 省道编号
D. 国道编号

题625.这个标志是何含义？（　　）

A. 省道编号
B. 国道编号
C. 县道编号
D. 乡道编号

题626.这个标志是何含义？（　　）

A. 省道编号
B. 国道编号
C. 县道编号
D. 乡道编号

题627.这个标志是何含义？（　　）

A. 省道编号
B. 县道编号
C. 乡道编号
D. 国道编号

题628. 这个标志是何含义？　（　）

A. 地点距离　　B. 行驶路线
C. 终点地名　　D. 行驶方向

题629. 这个标志是何含义？　（　）

A. 内部停车场
B. 专用停车场
C. 露天停车场
D. 室内停车场

题630. 这个标志是何含义？　（　）

A. 专用停车场
B. 露天停车场
C. 室内停车场
D. 内部停车场

题631. 这个标志是何含义？　（　）

A. 露天停车场
B. 紧急停车带
C. 停车位
D. 错车道

题632. 这个标志是何含义？　（　）

A. 观景台
B. 停车场
C. 休息区
D. 停车位

题633. 这个标志是何含义？　（　）

A. 应急避难场所
B. 生活服务区
C. 行人专用通道
D. 横过道路设施

题634. 这个标志是何含义？　（　）

A. 服务站
B. 观景台
C. 休息区
D. 停车点

题635. 这个标志是何含义？　（　）

A. 禁止左转
B. 此路不通
C. 禁止通行
D. 绕行

题636. 这个标志是何含义？　（　）

A. T型路口
B. 分流路口
C. 减速通行
D. 此路不通

题637. 这个标志是何含义？　（　）

A. 地铁
B. 急救站
C. 加油站
D. 电动汽车充电站

题638. 这个标志是何含义？　（　）

A. 隧道出口距离
B. 隧道入口距离
C. 隧道跟车距离
D. 隧道总长度

题639. 这个标志是何含义？　（　）

A. 港湾式紧急停车带
B. 绕行
C. 停车场
D. 错车道

题640. 这个标志是何含义？　（　）

A. 人行天桥
B. 人行地下通道
C. 无障碍设施
D. 应急避难设施

题641. 这个标志的含义是指示此处设有室内停车场。
（　）

题642. 这个标志的含义是指示此处设有室内停车场。（　）

题643. 这个标志是何含义？　（　）

A. 充电停车位
B. 校车专用停车位
C. 公交车专用停车位
D. 出租车专用停车位

题644. 这个标志是何含义？　（　）

A. 服务站
B. 观景台
C. 休息区
D. 停车点

题645. 这个标志是何含义？　（　）

A. 低速行驶
B. 注意行人
C. 行人先行
D. 仅供行人步行

题646. 这个标志为公交专用车道标志，表示该车道仅供公交车辆、通勤班车等大型载客汽车通行。（　）

题647. 下列哪个表示一般道路车道数变少？
( )

A. B. C. D.

（5）高速公路、城市快速路指路标志

题648. 这属于哪一类标志？ ( )

A. 指路标志　　　B. 指示标志
C. 禁令标志　　　D. 警告标志

题649. 这个标志是何含义？ ( )

A. 高速公路入口预告
B. 高速公路终点预告
C. 高速公路起点预告
D. 高速公路出口预告

题650. 这个标志是何含义？ ( )

A. 高速公路右侧出口预告
B. 高速公路下一出口预告
C. 高速公路地点、方向预告
D. 高速公路左侧出口预告

题651. 这个标志是何含义？ ( )

A. 高速公路终点地名预告
B. 高速公路行驶路线预告
C. 高速公路行驶方向预告
D. 高速公路地点距离预告

题652. 这个标志是何含义？ ( )

A. 高速公路里程编号
B. 高速公路界牌编号
C. 高速公路命名编号
D. 高速公路路段编号

题653. 这个标志是何含义？ ( )

A. 高速公路左侧出口预告
B. 高速公路目的地预告
C. 高速公路右侧出口预告
D. 高速公路下一出口预告

题654. 这个标志是何含义？ ( )

A. 高速公路右侧出口预告
B. 高速公路目的地预告
C. 高速公路左侧出口预告
D. 高速公路下一出口预告

题655. 这个标志是何含义？ ( )

A. 高速公路下一出口预告
B. 高速公路右侧出口预告
C. 高速公路左侧出口预告
D. 高速公路目的地预告

题656. 这个标志是何含义？ ( )

A. 高速公路出口
B. 高速公路起点
C. 高速公路入口
D. 高速公路终点

题657. 这个标志是何含义？ ( )

A. 高速公路出口预告
B. 高速公路入口预告
C. 高速公路终点预告
D. 高速公路起点预告

题658. 这个标志是何含义？ ( )

A. 高速公路救援电话号码
B. 高速公路服务电话号码
C. 高速公路报警电话号码
D. 高速公路交通广播频率

题659. 这个标志是何含义？ ( )

A. 停车领卡
B. 停车缴费
C. ETC 通道
D. 停车检查

题660. 这个标志是何含义？ ( )

A. 高速公路收费处
B. 高速公路检查站
C. 设有 ETC 的收费站
D. 高速公路领卡处

题661. 这个标志是何含义？ ( )

A. 高速公路缴费车道
B. 高速公路检查车道
C. 高速公路领卡车道
D. 高速公路 ETC 车道

题662. 这个标志是何含义？ ( )

题662.这个标志是何含义？　　　　　　　　（　　）

A. 高速公路特殊天气建议速度
B. 高速公路特殊天气最低速度
C. 高速公路特殊天气平均速度
D. 高速公路特殊天气最高速度

题663.这个标志是何含义？　　　　　　　　（　　）

A. 高速公路公用电话
B. 高速公路报警电话
C. 高速公路紧急电话
D. 高速公路救援电话

题664.这个标志是何含义？　　　　　　　　（　　）

A. 高速公路报警电话
B. 高速公路公用电话
C. 高速公路紧急电话
D. 高速公路救援电话

题665.这个标志是何含义？　　　　　　　　（　　）

A. 电子不停车收费车道
B. 高速公路领卡处
C. 高速公路收费处
D. ETC 收费站入口

题666.这个标志是何含义？　　　　　　　　（　　）

A. 高速公路收费站
B. 高速公路领卡处
C. 人工收费车道
D. ETC 收费车道

题667.这个标志是何含义？　　　　　　　　（　　）

A. 高速公路客车站预告
B. 高速公路避险处预告
C. 高速公路服务区预告
D. 高速公路收费站预告

题668.这个标志是何含义？　　　　　　　　（　　）

A. 高速公路停车区预告
B. 高速公路避险处预告
C. 高速公路停车场预告
D. 高速公路服务区预告

题669.下列高速公路交通标志与其含义对应的正确的一项是？　　　　　　　　（　　）

高速公路起点预告　高速公路停车场预告　高速公路紧急停车带　高速公路公用电话

A.　　　B.　　　C.　　　D.

（6）旅游区标志

题670.这属于哪一类标志？　　　　　　　　（　　）

A. 作业区标志
B. 告示标志
C. 高速公路标志
D. 旅游区标志

题671.这个标志是何含义？　　　　　　　　（　　）

A. 旅游区距离
B. 旅游区方向
C. 旅游区符号
D. 旅游区类别

题672.这个标志是何含义？　　　　　　　　（　　）

A. 旅游区距离
B. 旅游区类别
C. 旅游区方向
D. 旅游区符号

题673.这属于哪一种标志？　　　　　　　　（　　）

A. 作业区标志　　B. 告示标志
C. 高速公路标志　D. 旅游区标志

4.道路交通标线及其含义

（1）指示标线

题674.路中心黄色虚线属于哪一类标线？　　（　　）

A. 指示标线　　B. 禁止标线
C. 警告标志　　D. 辅助标线

题675.指示标线的作用是什么？　　　　　　（　　）

A. 禁止通行　　B. 指示通行
C. 限制通行　　D. 警告提醒

题676.路中白色虚线是什么标线？　　　　　（　　）

A. 禁止跨越对向车道中心线
B. 限制跨越对向车道中心线
C. 单向行驶车道分界中心线
D. 可跨越同向车道中心线

题677.路中黄色分界线的作用是什么？　　　（　　）

A. 允许在左侧车道行驶
B. 分隔对向行驶的交通流
C. 分隔同向行驶的交通流
D. 禁止跨越对向行车道

题678.路中两条双黄色虚线是什么标线？　　（　　）

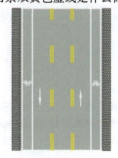

A. 双向分道线　　　B. 潮汐车道线
C. 可跨越分道线　　D. 单向分道线

题 679. 路两侧的车行道边缘白色实线是什么含义？（　　）

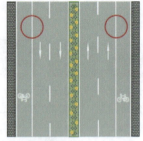

A. 车辆可临时跨越
B. 禁止车辆跨越
C. 机动车可临时跨越
D. 非机动车可临时跨越

题 680. 路右侧车行道边缘白色虚线是什么含义？（　　）

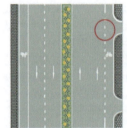

A. 车辆可临时越线行驶
B. 车辆禁止越线行驶
C. 应急车道分界线
D. 人行横道分界线

题 681. 图中圈内两条白色虚线是什么标线？（　　）

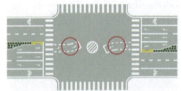

A. 交叉路停车线　　B. 左弯待转区线
C. 掉头引导线　　　D. 小型车转弯线

题 682. 图中圈内白色虚线是什么标线？（　　）

A. 小型车转弯线　　B. 车道连接线
C. 非机动车引导线　D. 路口导向线

题 683. 图中圈内黄色虚线是什么标线？（　　）

A. 非机动车引导线　B. 路口导向线
C. 车道连接线　　　D. 小型车转弯线

题 684. 图中圈内白色实线是什么标线？（　　）

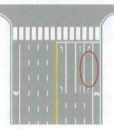

A. 导向车道线　　　B. 可变导向车道线
C. 方向引导线　　　D. 单向行驶线

题 685. 图中圈内的锯齿状白色实线是什么标线？（　　）

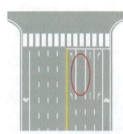

A. 导向车道线　　　B. 方向引导线
C. 可变导向车道线　D. 单向行驶线

题 686. 图中圈内的路面标记是什么标线？（　　）

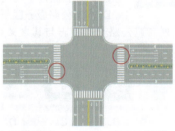

A. 人行横道线　　　B. 减速让行线
C. 停车让行线　　　D. 路口示意线

题 687. 这个地面标记是什么标线？（　　）

A. 人行横道预告　　B. 交叉路口预告
C. 减速让行预告　　D. 停车让行预告

题688. 图中圈内的白色折线是什么标线？（　　）

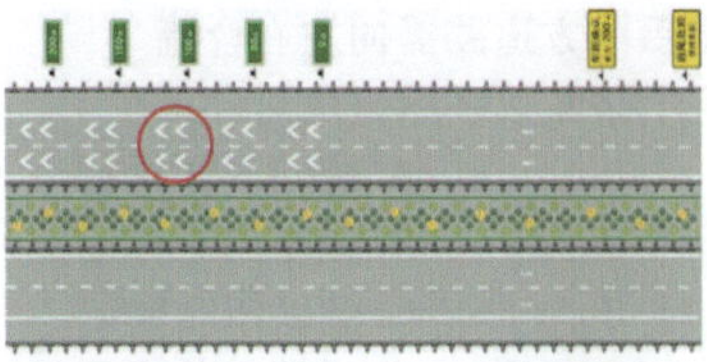

A. 车距确认线　　　B. 减速行驶线
C. 车速确认线　　　D. 路口减速线

题689. 图中圈内的白色半圆状标记是什么标线？
（　　）

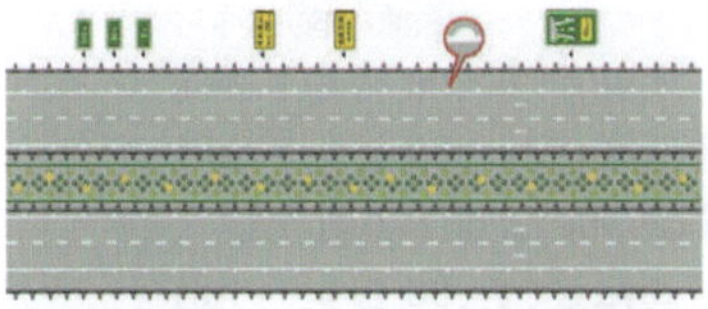

A. 减速行驶线　　　B. 车速确认线
C. 路口减速线　　　D. 车距确认线

题690. 路面由白色虚线和三角地带标线组成的是什么标线？（　　）

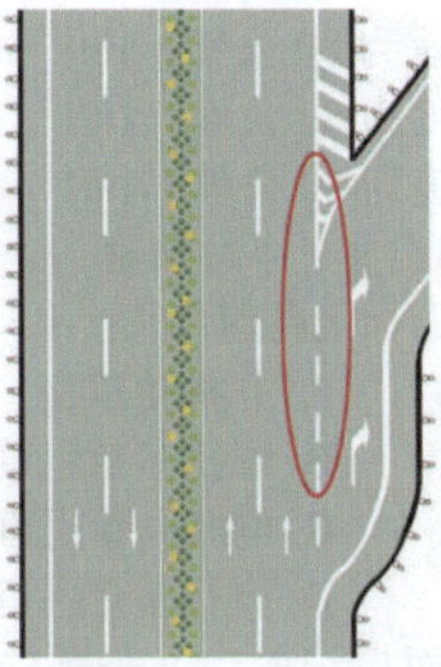

A. 道路入口标线　　　B. 可跨越式分道线
C. 道路出口减速线　　D. 道路出口标线

题691. 路面上白色虚线和三角地带标线组成的是什么标线？（　　）

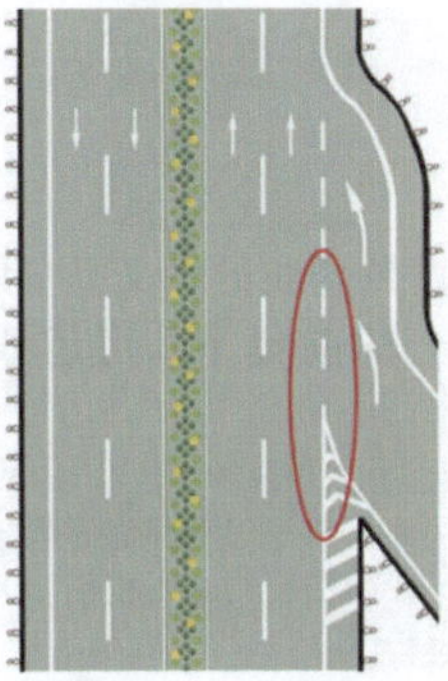

A. 道路入口标线　　　B. 可跨越式分道线
C. 道路入口减速线　　D. 道路出口标线

题692. 这种白色矩形标线框含义是什么？（　　）

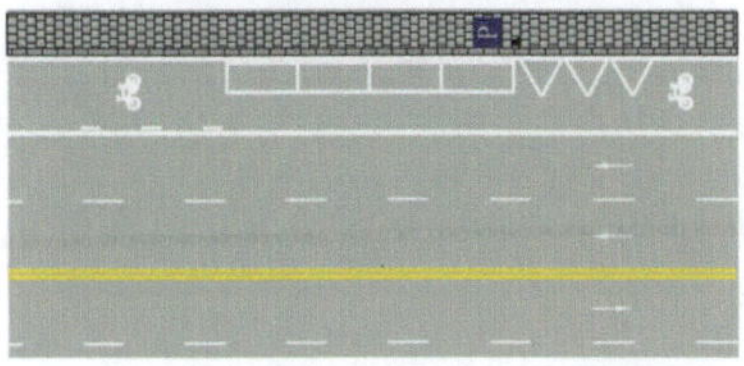

A. 出租车停车位　　　B. 平行式停车位
C. 倾斜式停车位　　　D. 垂直式停车位

题693. 专属停车位的停车标线用什么颜色表示？（　　）

A. 白色　　B. 红色　　C. 蓝色　　D. 黄色

题694. 这种停车标线含义是什么？（　　）

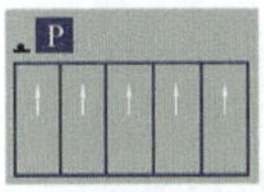

A. 专用待客停车位
B. 专用上下客停车位
C. 机动车限时停车位
D. 固定停车方向停车位

题695. 这种白色矩形标线框含义是什么？（　　）

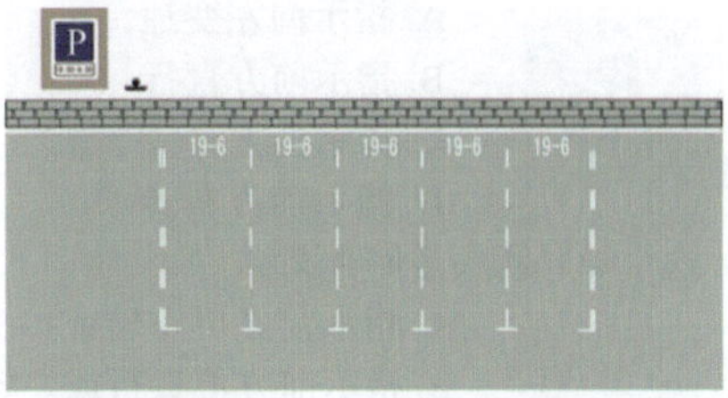

A. 长时停车位　　　B. 限时停车位
C. 免费停车位　　　D. 专用停车位

题696. 红色圆圈内标线含义是什么？（　　）

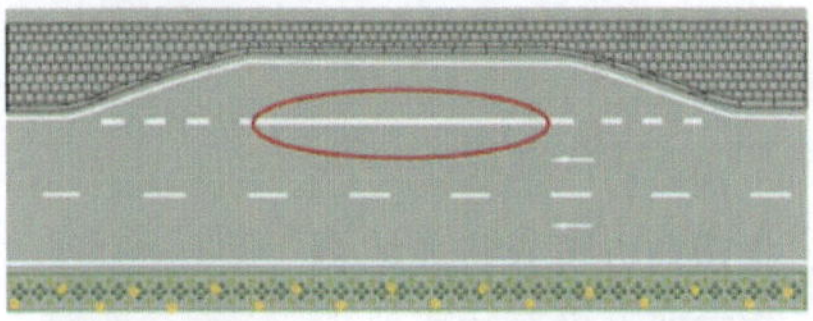

A. 临时停靠站　　　B. 港湾式停靠站
C. 应急停车带　　　D. 公交车停靠站

题697. 红色圆圈内标线含义是什么？（　　）

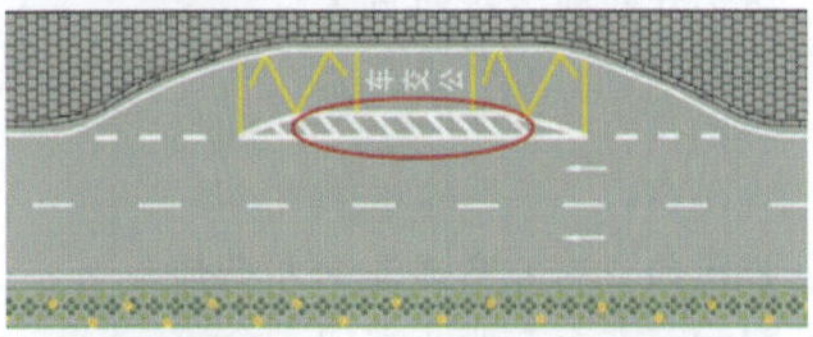

A. 临时停靠站　　　B. 大客车停靠站
C. 公交车停靠站　　D. 应急停车带

题698. 这个导向箭头是何含义？（　　）

A. 指示禁行
B. 指示车道
C. 指示合流
D. 指示直行

题699. 这个导向箭头是何含义？（　　）

A. 指示直行或掉头
B. 指示直行或左转弯
C. 指示直行或向左变道
D. 指示向左转弯或掉头

题700. 这个导向箭头是何含义？（　　）

A. 指示直行或右转弯
B. 指示向右转弯或掉头
C. 指示直行或向右变道
D. 指示直行或掉头

题 701. 这个导向箭头是何含义？（   ）

A. 指示向左变道
B. 指示前方直行
C. 指示前方左转弯
D. 指示前方右转弯

题 702. 这个导向箭头是何含义？（   ）

A. 指示向左变道
B. 指示前方直行
C. 指示前方掉头
D. 指示前方右转弯

题 703. 这个导向箭头是何含义？（   ）

A. 指示向左变道
B. 指示前方直行
C. 指示前方掉头
D. 指示前方右转

题 704. 这个导向箭头是何含义？（   ）

A. 指示前方可左转或掉头
B. 指示前方可直行或左转
C. 指示前方直行向左变道
D. 指示前方可直行或掉头

题 705. 这个导向箭头是何含义？（   ）

A. 指示前方可直行或掉头
B. 指示前方可左转或掉头
C. 指示前方可直行或向左变道
D. 指示前方可直行或左转

题 706. 这个导向箭头是何含义？（   ）

A. 提示前方有左弯或需向左合流
B. 提示前方有右弯或需向右合流
C. 提示前方右侧有障碍需向左合流
D. 提示前方有左弯或需向左绕行

题 707. 路面上导向箭头是何含义？（   ）

A. 提示前方有左弯或需向左绕行
B. 提示前方有障碍需向左合流
C. 提示前方有右弯或需向右合流
D. 提示前方有左弯或需向左合流

题 708. 路面上导向箭头是何含义？（   ）

A. 指示前方道路是 Y 型交叉口
B. 指示前方道路是分离式道路
C. 指示前方道路仅可左右转弯
D. 指示前方道路需向左右合流

题 709. 这个路面数字标记是何含义？（   ）

A. 保持车距标记
B. 最小间距标记
C. 速度限制标记
D. 道路编号标记

题 710. 这个路面标记是何含义？（   ）

A. 平均速度为 100 公里 / 小时
B. 最低限速为 100 公里 / 小时
C. 解除 100 公里 / 小时限速
D. 最高限速为 100 公里 / 小时

题 711. 这个路面标记是何含义？（   ）

A. 最低限速为 80 公里 / 小时
B. 平均速度为 80 公里 / 小时
C. 最高限速为 80 公里 / 小时
D. 解除 80 公里 / 小时限速

题 712. 这个路面标记是何含义？（   ）

A. 非机动车道
B. 摩托车专用道
C. 电瓶车专用道
D. 自行车专用道

题 713. 这个地面标记的含义是预告前方设有交叉路口。（   ）

题 714. 路中心黄色虚线的含义是分隔对向交通流，在保证安全的前提下，可越线超车或转弯。（   ）

（2）禁止标线

题 715. 路中心的双黄实线属于哪一类标线？（   ）

A. 辅助标线　　　　B. 警告标志
C. 禁止标线　　　　D. 指示标线

题716. 路中心双黄实线是何含义？（　　）

A. 禁止跨越对向车行道分界线
B. 可跨越对向车道分界线
C. 双侧可跨越同向车道分界线
D. 单向行驶车道分界线

题717. 路中心黄色虚实线是何含义？（　　）

A. 虚线一侧禁止越线
B. 实线一侧禁止越线
C. 实线一侧允许越线
D. 两侧均可越线行驶

题718. 路中心的黄色斜线填充是何含义？（　　）

A. 单向行驶车道分界线
B. 禁止跨越对向车行道分界线
C. 双侧可跨越同向车道分界线
D. 可跨越对向车道分界线

题719. 路中心白色实线是何含义？（　　）

A. 单侧可跨越同向车道分界线
B. 禁止跨越同向车行道分界线
C. 双侧可跨越同向车道分界线
D. 禁止跨越对向车行道分界线

题720. 路缘石上的黄色虚线是何含义？（　　）

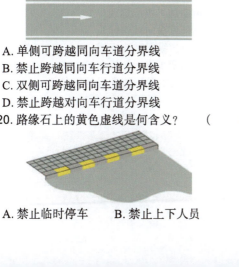

A. 禁止临时停车　　B. 禁止上下人员
C. 禁止装卸货物　　D. 禁止长时停车

题721. 路缘石上的黄色实线是何含义？（　　）

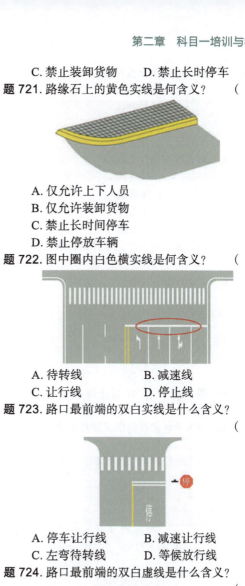

A. 仅允许上下人员
B. 仅允许装卸货物
C. 禁止长时间停车
D. 禁止停放车辆

题722. 图中圈内白色横实线是何含义？（　　）

A. 待转线　　　　　B. 减速线
C. 让行线　　　　　D. 停止线

题723. 路口最前端的双白实线是什么含义？
（　　）

A. 停车让行线　　　B. 减速让行线
C. 左弯待转线　　　D. 等候放行线

题724. 路口最前端的双白虚线是什么含义？
（　　）

A. 等候放行线　　　B. 停车让行线
C. 减速让行线　　　D. 左弯待转线

题725. 图中圈内三角填充区域是什么标线？
（　　）

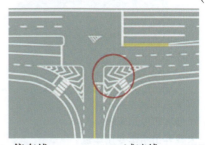

A. 停车线　　　　　B. 减速线
C. 导流线　　　　　D. 网状线

题726. 这个路面标记是什么标线？（　　）

A. 网状线
B. 禁驶区
C. 导流线
D. 中心圈

题727. 这个路面标记是什么标线？（　　）

A. 禁驶区
B. 网状线
C. 导流线
D. 中心圈

题728. 路口中央黄色路面标记是什么标线？
（　　）

A. 中心圈　　　B. 导流线
C. 网状线　　　D. 停车区

题729. 圈内两条黄色虚线间的区域是何含义？
（　　）

A. 营运客车专用车道
B. 大客车专用车道
C. 出租车专用车道
D. 公交专用车道

题730. 道路最左侧白色虚线区域是何含义？
（　　）

A. 多乘员车辆专用车道
B. 小型客车专用车道
C. 未载客出租车专用车道
D. 大型客车专用车道

题731. 路面上的黄色标记是何含义？（　　）

A. 禁止直行
B. 允许掉头
C. 禁止掉头
D. 禁止转弯

题732. 路面上的黄色标记是何含义？（　　）

A. 禁止掉头
B. 禁止左转
C. 禁止右转
D. 禁止直行

题733. 路中心的双黄实线作用是分隔对向交通流，在保证安全的前提下，可越线超车或转弯。（　　）

（3）警告标线

题734. 路面上的黄色标线是何含义？（　　）

A. 路面宽度渐变标线
B. 车行道变多标线
C. 接近障碍物标线
D. 施工路段提示线

题735. 路面上的黄色填充标线是何含义？（　　）

A. 接近移动障碍物标线
B. 远离狭窄路面标线
C. 接近障碍物标线
D. 接近狭窄路面标线

题736. 路面上的白色标线是何含义？（　　）

A. 道路施工提示标线
B. 车行道横向减速标线
C. 车行道纵向减速标线
D. 车道变少提示标线

题737. 路面上的菱形块虚线是何含义？（　　）

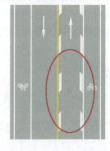

A. 道路施工提示标线
B. 车行道纵向减速标线
C. 车行道横向减速标线
D. 车道变少提示标线

题 738. 这种黄黑相间的倾斜线条是什么标记？（　　）

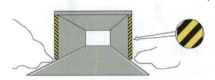

A. 实体标记　　　　B. 突起标记
C. 立面标记　　　　D. 减速标记

5. 交通警察指挥手势及其含义

题 739. 这一组交通警察手势是什么信号？（　　）

A. 右转弯信号　　　B. 靠边停车信号
C. 左转弯信号　　　D. 停止信号

题 740. 这一组交通警察手势是什么信号？（　　）

A. 直行信号　　　　B. 转弯信号
C. 停止信号　　　　D. 靠边停车信号

题 741. 这一组交通警察手势是什么信号？（　　）

A. 左转弯待转信号
B. 靠边停车信号
C. 左转弯信号
D. 右转弯信号

题 742. 这一组交通警察手势是什么信号？（　　）

A. 左转弯待转信号
B. 靠边停车信号
C. 减速慢行信号　　D. 左转弯信号

题 743. 这一组交通警察手势是什么信号？（　　）

A. 左转弯信号　　　B. 左转弯待转信号
C. 减速慢行信号　　D. 右转弯信号

题 744. 这一组交通警察手势是什么信号？（　　）

A. 减速慢行信号　　B. 靠边停车信号
C. 停止信号　　　　D. 右转弯信号

题 745. 这一组交通警察手势是什么信号？（　　）

A. 左转弯待转信号
B. 靠边停车信号
C. 右转弯信号　　　D. 减速慢行信号

题 746. 这一组交通警察手势是什么信号？（　　）

A. 右转弯信号　　B. 减速慢行信号
C. 靠边停车信号　D. 变道信号

题 747. 这一组交通警察手势是什么信号？（　　）

A. 右转弯信号　　B. 变道信号
C. 减速慢行信号　D. 靠边停车信号

题 748. 这是一个什么手势？（　　）

A. 不准前方车辆通行手势
B. 准许右方直行车辆通行手势
C. 准许车辆左转弯手势
D. 准许右方车辆右转弯手势

题 749. 这是一个什么手势？（　　）

A. 不准前方车辆通行手势
B. 准许右方直行车辆通行手势
C. 准许车辆左转弯手势
D. 准许右方车辆右转弯手势

题 750. 这是一个什么手势？（　　）

A. 不准前方车辆通行手势
B. 准许右方直行车辆通行手势
C. 准许车辆左转弯手势
D. 准许右方车辆右转弯手势

题 751. 这是一个什么手势？（　　）

A. 不准前方车辆通行手势
B. 准许右方直行车辆通行手势
C. 准许车辆左转弯手势
D. 准许右方车辆右转弯手势

（二）道路通行规定及安全文明驾驶

1. 道路通行规定

（1）车道通行规定

题 752. 驾驶机动车，必须遵循什么原则？（　　）
　　A. 左侧通行　　B. 右侧通行
　　C. 内侧通行　　D. 中间通行

题 753. 这段道路红车所在车道是什么车道？（　　）

　　A. 快速车道　　B. 慢速车道
　　C. 应急车道　　D. 专用车道

题 754. 这辆红色机动车行驶的车道是慢速车道。（　　）

题 755. 驾驶机动车变更车道时，以下做法正确的

是什么? (　　)
　A. 开启转向灯的同时变更车道
　B. 在道路同方向划有2条以上机动车道的,不得影响相关车道内行驶的机动车的正常行驶
　C. 在车辆较少路段,可以随意变更车道
　D. 遇前方道路拥堵,可以向应急车道变更

题756. 机动车在道路上变更车道需要注意什么? (　　)
　A. 开启转向灯迅速向左转向
　B. 进入左侧车道时适当减速
　C. 不能影响其他车辆正常行驶
　D. 尽快加速进入左侧车道

题757. 在这种情况下,A车可以向左变更车道。(　　)

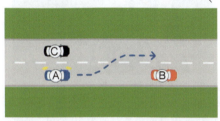

题758. 遇到这种情况时,要加速从红车前变更车道。(　　)

题759. 道路没有划分机动车道、非机动车道和人行道的,以下说法正确的是什么? (　　)
　A. 机动车在道路左侧通行,非机动车和行人随意通行
　B. 机动车在道路左侧通行,非机动车和行人在道路两侧通行
　C. 机动车在道路中间通行,非机动车和行人在道路两侧通行
　D. 机动车、非机动车和行人可随意通行

题760. 驾驶机动车在这种道路上如何通行? (　　)

　A. 在道路两边通行
　B. 在道路中间通行
　C. 实行分道通行　D. 可随意通行

题761. 驾驶机动车经过这种道路时,如果前方没有其他交通参与者,可在道路上随意通行。(　　)

题762. 驾驶机动车通过无划分车道的道路时,机动车在道路中间通行,非机动车和行人在道路两侧通行。(　　)

题763. 驾驶机动车经过无划分车道的道路时,可以随意通行。(　　)

题764. 驾驶机动车遇到前方道路拥堵时,可以借用无人通行的非机动车道行驶。(　　)

题765. 驾驶机动车在没有道路中心线的道路上行驶,应该在道路的左侧通行。(　　)

题766. 在这种情况下,可以借右侧公交车道超车。(　　)

题767. 道路上划设这种标线的车道内允许下列哪类车辆通行? (　　)

　A. 出租车　　　　B. 公务用车
　C. 公交车　　　　D. 私家车

题768. 如果遇到这种情况需要超车时,可以在不影响公交车通行的前提下借公交车道超越。(　　)

题769. 在城市道路上,遇到这种情况需要超车时,可以直接开启右转向灯,借公交车道行驶。(　　)

题770.驾驶机动车遇前方车流行驶缓慢时,借用公交专用道超车是正确的。（　　）

题771.在专用车道规定的专用使用时间之外,其他车辆可以进入专用车道行驶。（　　）

（2）行车间距与行驶速度规定

题772.机动车在设有最高限速标志的道路上行驶时,下列说法正确的是什么？（　　）
　A.可以超过车辆的最高设计时速
　B.必须按照规定的最高车速行驶
　C.允许超过表明最高时速的10%
　D.不得超过标明的最高时速

题773.夜间行经车流量较少的公路,可以临时超速驾驶。（　　）

题774.驾驶机动车遇到沙尘、冰雹、雨、雾、结冰等气象条件如何行驶？（　　）
　A.按平常速度行驶　B.保持匀速行驶
　C.适当提高车速　D.降低行驶速度

题775.在道路上跟车行驶时,跟车距离不是主要的,只需保持与前车相等的速度,即可防止发生追尾事故。（　　）

题776.这两辆车发生追尾的主要原因是什么？（　　）

　A.前车采取制动时没看后视镜
　B.前车采取制动过急
　C.后车超车时距前车太近
　D.后车未与前车保持安全距离

题777.在这条高速公路上行驶时的最高速度不能超过多少？（　　）

　A.110公里/小时　B.120公里/小时
　C.90公里/小时　D.100公里/小时

题778.驾驶机动车上道路行驶,不允许超过限速标志标明的最高时速。（　　）

题779.驾驶机动车在没有中心线的城市道路上行驶,以下说法正确的是什么？（　　）
　A.行驶速度可以为50公里/小时
　B.最低速度为30公里/小时
　C.最低速度为40公里/小时
　D.最高速度为30公里/小时

题780.在这段无限速标志和标线的城市道路上行驶的最高速度不能超过多少？（　　）

　A.70公里/小时　B.50公里/小时
　C.30公里/小时　D.40公里/小时

题781.在这段路的最高时速为50公里/小时。（　　）

题782.在这种情况下,应该轻踩制动踏板减速。（　　）

题783.驾驶机动车在没有中心线的城市道路上,最高速度不能超过50公里/小时。（　　）

题784.驾驶机动车在没有中心线的公路上,最高速度不能超过70公里/小时。（　　）

题785.在这段城市道路上行驶的最高速度不能超过多少？（　　）

A. 40公里/小时　　B. 30公里/小时
C. 50公里/小时　　D. 70公里/小时

题786.机动车在这样的城市道路上行驶，最高的行驶速度不得超过50公里/小时。
（　　）

题787.驾驶机动车在没有划分道路中心线的城市道路上行驶速度不得超过50公里/小时。
（　　）

题788.在这条公路上行驶的最高速度不能超过多少？（　　）

A. 70公里/小时　　B. 50公里/小时
C. 40公里/小时　　D. 30公里/小时

题789.在这条城市道路上行驶的最高速度不能超过多少？（　　）

A. 30公里/小时　　B. 40公里/小时
C. 50公里/小时　　D. 70公里/小时

题790.在这条公路上行驶的最高速度不能超过多少？（　　）

A. 30公里/小时　　B. 40公里/小时
C. 50公里/小时　　D. 70公里/小时

题791.在这个弯道上行驶时的最高速度不能超过多少？（　　）

A. 40公里/小时　　B. 30公里/小时
C. 50公里/小时　　D. 70公里/小时

题792.驾驶机动车在进出非机动车道时，最高速度不能超过多少？（　　）
A. 40公里/小时　　B. 50公里/小时
C. 60公里/小时　　D. 30公里/小时

题793.驾驶机动车通过铁路道口时，最高速度不能超过多少？（　　）
A. 15公里/小时　　B. 20公里/小时
C. 30公里/小时　　D. 40公里/小时

题794.驾驶机动车通过此路口时，最高速度不能超过30公里/小时。（　　）

题795.驾驶机动车通过急弯路时，最高速度不能超过多少？（　　）
A. 20公里/小时　　B. 30公里/小时
C. 40公里/小时　　D. 50公里/小时

题796.驾驶机动车通过窄路、窄桥时，最高速度不能超过多少？（　　）
A. 50公里/小时　　B. 40公里/小时
C. 30公里/小时　　D. 60公里/小时

题797.驾驶机动车下陡坡、转弯、掉头时，最高速度不能超过多少？（　　）
A. 50公里/小时　　B. 60公里/小时
C. 30公里/小时　　D. 40公里/小时

题798.驾驶机动车掉头、转弯、下陡坡时的最高速度不能超过40公里/小时。（　　）

题799.驾驶机动车遇雾、雨、雪等能见度在50米以内时，最高速度不能超过多少？（　　）
A. 70公里/小时　　B. 50公里/小时
C. 40公里/小时　　D. 30公里/小时

题800.驾驶机动车在冰雪道路行驶时，最高速度不能超过多少？（　　）
A. 50公里/小时　　B. 40公里/小时
C. 30公里/小时　　D. 20公里/小时

题801.驾驶机动车在泥泞道路行驶时，最高速度不能超过多少？（　　）
A. 15公里/小时　　B. 20公里/小时
C. 40公里/小时　　D. 30公里/小时

题802. 车辆在这种条件的道路上，最高速度不能超过50公里/小时。（ ）

题803. 牵引发生事故的机动车时，最高车速不得超过多少？（ ）
A. 50公里/小时   B. 40公里/小时
C. 30公里/小时   D. 20公里/小时

题804. 牵引发生故障的机动车时，最高车速不得超过多少？（ ）
A. 50公里/小时   B. 40公里/小时
C. 30公里/小时   D. 20公里/小时

（3）交叉路口通行规定

题805. 如何通过这种交叉路口？（ ）

A. 保持速度通过   B. 鸣笛催促
C. 减速慢行   D. 加速通过

题806. 驾驶机动车在没有交通信号的路口要尽快通过。（ ）

题807. 在这个路口左转弯选择哪条车道？（ ）

A. 最左侧车道   B. 中间车道
C. 不用变道   D. 最右侧车道

题808. 进入这个路口如何通行？（ ）

A. 鸣喇叭直接进入路口
B. 让已在路口内的车辆先行
C. 从路口内车辆前迅速插入
D. 开启危险报警闪光灯加速进入

题809. 在这个路口怎样左转弯？（ ）

A. 靠路口中心点右侧转弯
B. 靠路口中心点左侧转弯
C. 骑路口中心点转弯
D. 不能左转弯

题810. 在路口右转弯遇同车道前车等候放行信号时如何行驶？（ ）
A. 依次停车等候
B. 鸣喇叭让前车让路
C. 从右侧占道转弯
D. 从前车左侧转弯

题811. 如图所示，A车具有优先通行权。（ ）

题812. 如图所示，B车具有优先通行权。（ ）

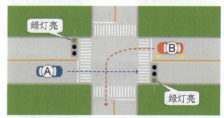

题813. 如图所示，B车具有优先通行权。（ ）

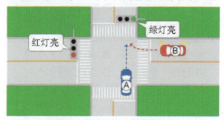

题814. 如图所示，A车具有优先通行权。（ ）

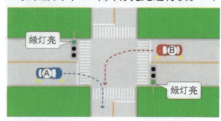

题815. 如图所示，两车在路口发生事故，A车没有让右方道路来车先行，在无其他过错情形下，A车应负全责。（ ）

题816. 在下图所示的交通事故中,有关事故责任认定,正确的说法是什么? （　　）

A. B车闯红灯,所以B负全责
B. B车可以右转,但不得妨碍被放行的直行车辆,所以B车负全责
C. 直行车辆不得妨碍右转车辆,所以A车负全责
D. 右侧方向的车辆具有优先通行权,故A车负全责

题817. 在下图所示的交通事故中,有关事故责任认定,正确的说法是什么? （　　）

A. B车违反交通信号,所以B负全责
B. B车不得妨碍被放行的直行车辆,所以B车负全责
C. 直行车辆不得妨碍左转车辆,所以A车负全责
D. 右侧方向的车辆具有优先通行权,故B车负全责

题818. 在这个路口右转弯如何通行? （　　）

A. 直接向右转弯
B. 抢在对面车前右转弯
C. 鸣喇叭催促
D. 先让对面车左转弯

题819. 在路口遇到这种情形怎样通行? （　　）

A. 鸣喇叭告知让行
B. 直接加速转弯
C. 减速缓慢转弯
D. 让左方来车先行

题820. 在路口直行时,遇这种情形如何通行? （　　）

A. 开启危险报警闪光灯通行
B. 直接加速直行通过
C. 让右方道路车辆先行
D. 让左方道路车辆先行

题821. 如图所示,遇到左侧路口有车辆直行,怎样做是正确的? （　　）

A. 如果已经越过停止线就可以加速向右转弯
B. 不用考虑左侧车辆直接向右转弯
C. 只要不影响左侧车辆直行就可以向右转弯
D. 等待左侧车辆直行通过后再向右转弯

题822. 如图所示,遇到路口对面有车辆直行,怎么做是正确的? （　　）

A. 如果已经越过停止线就可以加速向左转弯
B. 不用考虑对面车辆直接向左转弯
C. 只要不影响对面车辆直行就可以向左转弯
D. 等待对面车辆直行通过后再向左转弯

题823. 在交叉路口转弯时,要让直行车先行。 （　　）

题824.如图所示,驾驶机动车在路口前遇到这种情况时,A车具有优先通行权。（ ）

题825.如图所示,遇到对面车辆发出左转信号,怎样做是正确的?（ ）
　　A.只要不影响对面车辆左转就可以向右转弯
　　B.不要考虑对面车辆直接向右转弯
　　C.等待对面车辆向左转后再向右转弯
　　D.如果已经越过停止线就可以加速向右转弯

题826.在交叉路口遇到这种情况享有优先通行权。（ ）

题827.在交叉路口遇到这种情况享有优先通行权。（ ）

题828.驾驶机动车通过未设置交通信号灯的交叉路口时,下列说法错误的是什么?（ ）
　　A.转弯的机动车让直行的车辆、行人先行
　　B.没有交通标志、标线控制时,在进入路口前停瞭望,让右方道路的来车先行
　　C.相对方向行驶的右转弯机动车让左转弯的车辆先行
　　D.相对方向行驶的左转弯机动车让右转弯的车辆先行

题829.驾驶机动车遇到前方交叉路口交通阻塞时,如果路口内无网状线,可停在路口内等候。（ ）

题830.在路口遇到这种情形时怎样做?（ ）

　　A.停在网状线区域内等待
　　B.停在路口以外等待
　　C.跟随前车通过路口
　　D.停在路口内等待

题831.驾驶机动车遇有前方交叉路口交通阻塞时怎样做?（ ）
　　A.可借对向车道通过
　　B.依次停在路口外等候
　　C.从前车两侧穿插通过
　　D.进入路口内等候

题832.遇到这种情况的路段,可以进入网状线区域内停车等候。（ ）

题833.如图所示,驾驶机动车直行遇前方道路堵塞时,车辆可以在黄色网状线区域临时停车等待,但不得在人行横道停车。（ ）

题834.遇到这种排队等候的情形怎样做?（ ）

　　A.从左侧跨越实线超越
　　B.从两侧随意超越
　　C.依次排队等候

D. 从右侧借道超越

题835. 遇到前方车辆缓慢行驶时怎样行驶？（ ）

A. 依次排队行驶   B. 占对向车道超越
C. 从右侧借道超越 D. 从两侧随意超越

题836. 遇到图中所示车辆停车等待的情形，怎样做是正确的？（ ）

A. 穿插到红色小型客车前停车
B. 依次在红色小型客车后停车等待
C. 向前直行至不能继续行驶为止
D. 鸣喇叭催促红色小型客车向前移

题837. 驾驶机动车在车道减少的路口，遇到前方车辆依次停车或缓慢行驶时怎样做？（ ）

A. 从前车右侧路肩进入路口
B. 从有空隙一侧进入路口
C. 每车道一辆依次交替驶入路口
D. 向左变道穿插进入路口

题838. 如图所示，驾驶机动车行驶至车道减少的路段时，遇到前方机动车排队等候或行驶缓慢时，以下做法正确的是什么？（ ）

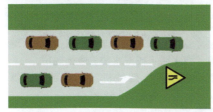

A. 右侧车让左侧车先行
B. 每车道一辆依次交替驶入左侧车道
C. 左侧车让右侧车先行
D. 右侧车寻找空隙提前进入左侧车道

题839. 遇到前方路段车道减少，车辆行驶缓慢，为保证道路通畅，应借对向车道迅速通过。（ ）

题840. 遇到前方路段车道减少，车辆行驶缓慢，为了有序、安全，应依次交替通行。（ ）

题841. 驾驶机动车在没有交通信号的路口，遇到前方车辆缓慢行驶时，要依次交替通行。（ ）

（4）铁路道口通行规定

题842. 驾驶机动车通过没有交通信号和管理人员的铁路道口怎样通过？（ ）

A. 适当减速通过   B. 空挡滑行通过
C. 停车确认安全后通过
D. 加速尽快通过

题843. 行至这种情况的铁路道口时要停车观察。（ ）

题844. 怎样通过这样的路口？（ ）

A. 不减速通过   B. 加速尽快通过
C. 空挡滑行通过   D. 减速或停车观察

题845. 在这种情况的铁路道口要加速通过。（ ）

（5）人行横道通行规定

题846. 行经这种交通标线的路段要加速行驶。（ ）

题847. 驶近一个设有信号灯的路口，遇到如图所示的信号灯亮着，但有行人通过，应该怎样做？（ ）

A. 从行人的前方绕行通过路口
B. 在停止线以外停车等待行人通过
C. 鸣喇叭告知行人停止通过路口
D. 可从两个行人中间低速缓慢穿过

题848. 遇到这种情形时，应怎样做？（ ）

A. 停车让行人先行
B. 从行人前方绕行
C. 鸣喇叭提醒行人
D. 从行人后方绕行

题849. 如图所示,当越过停在人行横道前的A车时,B车应减速,准备停车让行。（ ）

题850. 如图所示,驾驶机动车遇到行人正在通过人行横道时,要停车让行,是因为行人享有优先通行权。（ ）

题851. 如图所示,在这种情况下,驾驶机动车要停车让行。（ ）

题852. 如图所示,驾驶机动车遇到这种情形时,应尽快加速通过。（ ）

题853. 通过人行横道应减速慢行,遇到行人则需停车让行。（ ）

题854. 如图所示,驾驶机动车遇到这种情形时,即使人行横道上没有行人,也不能加速通过。（ ）

题855. 如图所示,驾驶机动车遇到这种情形时,能够加速通过,是因为人行横道没有行人通过。（ ）

题856. 遇到这种情形时要停车避让行人。（ ）

（6）漫水路（或漫水桥）通行规定

题857. 如图所示,驾驶机动车遇到这种情况时,以下做法正确的是什么？（ ）

A. 应停车察明水情,确认安全后,低速通过
B. 应停车察明水情,确认安全后,快速通过
C. 应减速观察水情,然后加速行驶通过
D. 可随意通行

题858. 驾驶机动车通过漫水路时要加速行驶。（ ）
题859. 驾驶机动车遇到这种桥时首先怎样做？（ ）

A. 保持匀速通过　　B. 尽快加速通过
C. 停车察明水情　　D. 低速缓慢通过

题860. 驾驶机动车行经漫水路或者漫水桥时，应当停车察明水情，快速通过。（　）

题861. 行至漫水路时，应当怎样做？
A. 高速通过，减少涉水时间
B. 空挡滑行
C. 低速通过涉水路段
D. 高挡位低速通过

题862. 通过漫水路时要谨慎慢行，不得空挡滑行。（　）

（7）会车与超车规定

题863. 驾驶机动车在没有中心线的道路上遇到相对方向来车时怎样行驶？（　）
A. 紧靠路边行驶　　B. 靠路中心行驶
C. 减速靠右行驶　　D. 借非机动车道行驶

题864. 如图所示，在这种情况下，会车时必须减速靠右通过。（　）

题865. 如图所示，驾驶机动车遇到这种情况，不仅要控制车辆留出会车空间，而且要注意与右侧的儿童保持足够的安全距离。（　）

题866. 遇到这种情况可以优先通行。（　）

题867. 遇到这种情形，应当怎样行驶？（　）

A. 停车让对方车辆通过
B. 开启左转向灯向左行驶
C. 开前照灯告知对方让行
D. 加速超越障碍后会车

题868. 如图所示，在这种情形下，对方车辆具有先行权。（　）

题869. 如图所示，在这起交通事故中，以下说法正确的是什么？（　）

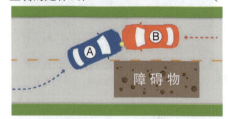

A. A车负全部责任　　B. B车负全部责任
C. 各负一半的责任　　D. B车负主要责任

题870. 未上坡的车辆遇到这种情况，应当让对向下坡车先行。（　）

题871. 驾驶机动车在没有道路中心线的狭窄山路怎样会车？（　）
A. 速度慢的先行　　B. 靠山体的一方先行
C. 重车让空车先行　　D. 不靠山体的一方先行

题872. 在狭窄山路会车，靠山体的一方视野宽阔，所以要让不靠山体的一方优先行驶。（　）

题873. 夜间在道路上会车时，距离对向来车多远将远光灯改用近光灯？（　）
A. 100米以内　　B. 50米以内
C. 200米以外　　D. 150米以外

题874. 夜间行驶，与对向车道车辆交会时，以下

做法正确的是？ （ ）

A. 保持使用远光灯
B. 远光灯与近光灯之间不断来回切换
C. 切换为近光灯
D. 关闭灯光

题875. 夜间驾驶机动车在窄路、窄桥会车时，怎样使用灯光？ （ ）
A. 关闭所有灯光　　B. 开启近光灯
C. 关闭前照灯　　　D. 开启远光灯

题876. 夜间驾驶机动车在窄路、窄桥会车时，正确的做法是使用远光灯。 （ ）

题877. 如图所示，红圈中标记车辆使用灯光的方法是正确的。 （ ）

题878. 驾驶机动车在夜间超车时怎样使用灯光？ （ ）
A. 关闭前照灯　　　B. 开启远光灯
C. 开启雾灯　　　　D. 变换远、近光灯

题879. 驾驶机动车在道路上超车时可以不使用转向灯。 （ ）

题880. 在没有中心线的道路上发现后车发出超车信号时，如果条件许可，应当如何行驶？ （ ）
A. 保持原状态行驶　B. 加速行驶
C. 降速靠右让路　　D. 迅速停车让行

题881. 驾驶机动车超车后立即开启右转向灯驶回原车道。 （ ）

题882. 遇到这种情况可以从右侧超车。 （ ）

题883. 驾驶机动车在道路上超车完毕并驶回原车道时，需提前开启右转向灯。 （ ）

题884. 在这种情况下超车时，从前车的哪一侧超越？ （ ）

A. 左右两侧均可超越
B. 从前车的右侧超越
C. 从前车的左侧超越
D. 从无障碍一侧超越

题885. 驾驶机动车超车应该提前开启左转向灯、变换使用远近光灯或鸣喇叭。 （ ）

题886. 驾驶机动车在下列哪种情形下不能超越前车？ （ ）
A. 前车减速让行　　B. 前车正在左转弯
C. 前车靠边停车　　D. 前车正在右转弯

题887. 同车道行驶的车辆遇前车有下列哪种情形时不得超车？ （ ）
A. 减速让行　　　　B. 正常行驶
C. 正在超车　　　　D. 正在停车

题888. 同车道行驶的车辆遇前车有下列哪种情形时不得超车？ （ ）
A. 正在停车　　　　B. 减速让行
C. 正在掉头　　　　D. 正常行驶

题889. 遇到这种情况不能超车。 （ ）

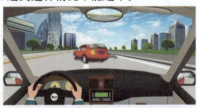

题890. 如图所示，在这种情况下不能超车的原因是什么？ （ ）

A. 我方车速不足以超越前车
B. 前车速度过快
C. 路中心为黄线　　D. 前车正在超车

题891. 如图所示，驾驶机动车遇这种情况时，不能超越前方车辆的原因是什么？ （ ）

A. 我方车速不足以超越前车
B. 前车速度过快
C. 路中心为黄线　　D. 前车正在超车

题892. 如图所示，驾驶机动车在这种情况下，当C车减速让超车时，A车应该如何行驶？（　　）

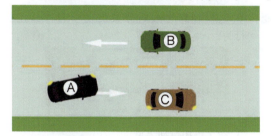

A. 放弃超越C车　　B. 加速超越C车
C. 鸣喇叭示意B车让行后超车
D. 直接向左变更车道，迫使B车让行

题893. 预计在超车过程中与对面来车有会车可能时，应提前加速超越。（　　）

题894. 同车道行驶的车辆前方遇到下列哪种车辆不得超车？（　　）
A. 城市公交车　　B. 大型客车
C. 超载大型货车　D. 执行任务的警车

题895. 同车道行驶的车辆前方遇到下列哪种车辆不得超车？（　　）
A. 大型客车　　B. 超载大型货车
C. 执行任务的救护车
D. 小型货车

题896. 同车道行驶的车辆前方遇到下列哪种车辆不得超车？（　　）
A. 执行任务的消防车
B. 大型客车
C. 中型客车　　D. 超载大型货车

题897. 在道路上遇到这种情况可以从两侧超车。（　　）

题898. 驾驶机动车行经市区下列哪种道路时不得超车？（　　）
A. 主要街道　　B. 单向行驶路段
C. 交通流量大的路段
D. 单向两条行车道

题899. 驾驶机动车行经下列哪种路段不得超车？（　　）
A. 主要街道　　B. 高架路
C. 人行横道　　D. 环城高速

题900. 驾驶机动车行经下列哪种路段时不得超车？（　　）
A. 高架路　　B. 交叉路口
C. 中心街道　　D. 环城高速

题901. 驾驶机动车行经下列哪种路段不得超车？（　　）
A. 山区道路　　B. 城市高架路
C. 城市快速路　　D. 窄桥、弯道

题902. 驾驶机动车行经城市没有列车通过的铁路道口时允许超车。（　　）

题903. 驾驶机动车在隧道中超车时，应该提前开启左转向灯。（　　）

（8）倒车、掉头与停车规定

题904. 在以下哪些路段不能倒车？（　　）
A. 交叉路口　　B. 隧道
C. 急弯　　D. 以上皆是

题905. 如图所示，在这种情况下只要后方没有来车，可以倒车。（　　）

题906. 在后方无来车的情况下，在隧道中倒车应靠边行驶。（　　）

题907. 在交叉路口、隧道内均不能倒车。（　　）

题908. 遇到这种情况的路口，以下做法正确的是什么？（　　）

A. 沿左侧车道掉头　　B. 该路口不能掉头
C. 选择中间车道掉头
D. 在路口内掉头

题909. 在这个路口可以掉头。（　　）

题910. 在这段道路上不能掉头。（　　）

题 911. 如图所示,在前方路口可以掉头。（ ）

题 912. 关于机动车掉头地点的规定,以下说法正确的是什么? （ ）
 A. 机动车可以在有禁止左转弯标志的地点掉头
 B. 机动车在高速公路不得掉头
 C. 机动车可以在人行横道掉头
 D. 机动车可以在隧道掉头

题 913. 在这段道路上,只要不影响其他车辆通行的前提下可以掉头。（ ）

题 914. 如图所示,在这起交通事故中,以下说法正确的是什么? （ ）

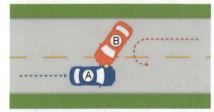

 A. A 车负全部责任
 B. B 车负全部责任
 C. 都无责任,后果自行承担
 D. 各负一半责任

题 915. 驾驶机动车需要在路边停车时,怎样选择停车地点? （ ）
 A. 靠左侧路边逆向停放
 B. 在停车泊位内停放
 C. 在路边随意停放　D. 在人行道上停放

题 916. 驾驶机动车找不到停车位时可以借人行道停放。（ ）

题 917. 在道路上临时停车不得妨碍其他车辆和行人通行。（ ）

题 918. 这辆小轿车不能在这个位置停车。（ ）

题 919. 这样在路边临时停放机动车有什么违法行为? （ ）

 A. 停车占用机动车道
 B. 距离路边超过 30 厘米
 C. 在有禁停标线路段停车
 D. 在非机动车道停车

题 920. 在图中所示的道路上需要停车时,怎样选择正确的停放位置? （ ）

 A. 选择在路边不妨碍通行的地方停放
 B. 选择在标志前方安全的位置停车
 C. 只要没有禁止停车标线的路段都能停车
 D. 在这段道路上的任何地方都不能停车

题 921. 这样在路边临时停放机动车有什么违法行为? （ ）

 A. 在人行横道上停车
 B. 距离路边超过 30 厘米
 C. 在有禁停标线路段停车
 D. 在非机动车道停车

题 922. 图中的红色车辆在该地点临时停车是可以的。（ ）

题 923. 这个路段可以在非机动车道上临时停车。（ ）

题 924. 驾驶机动车在人行横道上临时停车属于违法行为。（　　）

题 925. 距离交叉路口 50 米以内的路段不能停车。（　　）

题 926. 在距这段路多少米以内的路段不能停放机动车？（　　）

A. 5 米以内　　　　B. 10 米以内
C. 50 米以内　　　D. 30 米以内

题 927. 距离桥梁、陡坡、隧道 50 米以内的路段不能停车。（　　）

题 928. 距离宽度不足 4 米的窄路 50 米以内的路段不能停车。（　　）

题 929. 驾驶机动车在隧道内行驶时，可以临时停车。（　　）

题 930. 如图所示，A 车在此处临时停车是可以的。（　　）

题 931. 这样临时停放红色轿车有什么违法行为？（　　）

A. 距离路边超过 30 厘米
B. 在有禁停标线路段停车
C. 距离加油站不到 30 米
D. 停车占用非机动车道

题 932. 图中标注车辆在该地点停车是可以的。（　　）

题 933. 这样停放机动车有什么违法行为？（　　）

A. 在非机动车道停车
B. 在有禁停标志路段停车
C. 在公交车站停车
D. 停车占用人行道

题 934. 如图所示，A 车在此处临时停车是可以的。（　　）

题 935. 图中小型汽车的停车地点是正确的。（　　）

题 936. 社会车辆距离消防栓或者消防队（站）门前 30 米以内的路段不能停车。（　　）

题 937. 机动车停稳前不能开车门和上下人员。（　　）

题 938. 打开机动车车门时，不得妨碍其他车辆和行人通行。（　　）

题 939. 机动车驾驶人及乘车人下车时，用远离车门一侧的手开门，转头观察车辆侧方和后方通行状况，避免妨碍他人通行。（　　）

题 940. 驾驶人上车时观察开门是否安全，右手开车门，同时左手扶车门角。（　　）

题 941. 如图所示，A 车在倒车过程中发生事故，应负什么责任？（　　）

A. 次要责任　　　　B. 主要责任
C. 全部责任　　　　D. 没有责任

（9）车灯与喇叭使用规定

题942. 驾驶机动车在道路上向左变更车道时，如何使用灯光？　　　　　　　　　　（　　）
A. 提前开启右转向灯
B. 不用开启转向灯
C. 提前开启左转向灯
D. 提前开启近光灯

题943. 驾驶机动车在道路上掉头时，应当提前开启左转向灯。　　　　　　　　　（　　）

题944. 在这个位置时怎样使用灯光？（　　）

A. 开启右转向灯　　B. 开启左转向灯
C. 开启危险报警闪光灯
D. 开启前照灯

题945. 请判断图中前方小型客车在提示什么？　　　　　　　　　　　　　（　　）

A. 准备向左转弯　　B. 前方有障碍物
C. 准备向左变道　　D. 超越前方车辆

题946. 进入减速车道时怎样使用灯光？（　　）

A. 开启危险报警闪光灯
B. 开启前照灯
C. 开启左转向灯　　D. 开启右转向灯

题947. 驾驶机动车在道路上靠路边停车过程中，如何使用灯光？　　　　　　　　（　　）
A. 开启危险报警闪光灯
B. 提前开启右转向灯
C. 变换使用远近光灯
D. 不用指示灯提示

题948. 请判断图中前面蓝色小型客车在提示什么？　　　　　　　　　　　（　　）

A. 准备直行通过路口
B. 准备向右转弯
C. 准备在路口停车
D. 准备向左转弯

题949. 驾驶机动车在道路上向右变更车道可以不使用转向灯。　　　　　　　　　（　　）

题950. 下列驾驶情形中，需要使用转向灯的是？
①准备超车；②路口转弯；③靠边停车；④变更车道。　　　　　　　　　　　（　　）
A. ①②③④　　　　B. 只有①
C. 只有①②③　　　D. 只有①②

题951. 驾驶机动车应在变更车道的同时开启转向灯。　　　　　　　　　　　　（　　）

题952. 驾驶机动车在沙尘天气条件下行车不用开启前照灯、示廓灯和后位灯。　（　　）

题953. 图中前方机动车存在什么违法行为？（　　）

A. 没开启信号灯　　B. 没有及时让行
C. 没开启远光灯　　D. 行驶速度缓慢

题954. 图中车辆存在什么违法行为？（　　）

A. 没开启远光灯　　B. 没有及时让行
C. 占用内侧车道　　D. 没开启信号灯

题955. 驾驶机动车在雾天行车开启雾灯和危险报警闪光灯。　　　　　　　　　（　　）

题956. 在这种天气条件下行车如何使用灯光？（　　）

A. 使用远光灯　　　B. 使用雾灯
C. 不使用灯光　　　D. 开启右转向灯

题 957. 如图所示，在这种天气条件下行车如何使用灯光？（　　）

A. 开启右转向灯、示廓灯、后位灯和危险报警闪光灯
B. 使用雾灯、示廓灯、后位灯和危险报警闪光灯
C. 使用远光灯、示廓灯、后位灯和危险报警闪光灯
D. 不使用灯光

题 958. 在这种雨天跟车行驶如何使用灯光？（　　）

A. 使用雾灯　　　　B. 不能使用远光灯
C. 不能使用近光灯　D. 使用远光灯

题 959. 夜间尾随前车行驶时，后车可以使用远光灯。（　　）

题 960. 在图中这种环境中行车时，应该怎样使用灯光？（　　）

A. 变换远近光灯　　B. 关闭前照灯
C. 开启远光灯　　　D. 开启近光灯

题 961. 如图所示，夜间驾驶机动车在没有照明的路段，当与前车跟车行驶距离较近时，可以开启远光灯照明。（　　）

题 962. 如图所示，在这种路况下跟车行驶时，应当开启远光灯照明。（　　）

题 963. 在这种急弯道路上行车时，应交替使用远近光灯。（　　）

题 964. 如图所示，在这种环境下通过路口，应如何使用灯光？（　　）

A. 交替使用远近光灯
B. 使用危险报警闪光灯
C. 关闭远光灯　　　D. 使用远光灯

题 965. 如图所示，在这种情况下通过路口，交替使用远近光灯的目的是什么？（　　）

A. 检查灯光是否能正常使用
B. 提示其他交通参与者注意来车
C. 准备变更车道　　D. 超车前提示前车

题 966. 驾驶机动车在夜间通过人行横道时，怎样使用灯光？（　　）

A. 交替使用远近光灯
B. 开启雾灯

C. 开启远光灯　　　　D. 关闭前照灯

题 967. 夜间通过无交通信号灯控制的交叉路口时，不得变换远、近光灯。（　）

题 968. 夜间驾驶机动车通过人行横道时，需要交替使用远、近光灯。（　）

题 969. 在这种环境下通过路口如何使用灯光？（　）

A. 关闭远光灯　　　　B. 使用危险报警闪光灯
C. 交替使用远、近光灯
D. 使用远光灯

题 970. 如图所示，夜间行车遇到这种交叉路口，不管有没有车辆和行人横过路口，都要开启远光灯提示。（　）

题 971. 在这种路段如何行驶？（　）

A. 占对方道路转弯　　B. 在弯道中心转弯
C. 加速鸣喇叭通过　　D. 减速鸣喇叭示意

题 972. 机动车行经视线受阻的急弯路段时，如遇对方车辆鸣喇叭示意，也应当及时鸣喇叭进行回应。（　）

题 973. 驾驶机动车上坡，在将要到达坡道顶端时，要加速并鸣喇叭。（　）

（10）车辆装载牵引规定

题 974. 如图所示，造成事故的原因是货车遗洒货物，货车负全部责任。（　）

题 975. 如图所示，A 车货物掉落，导致 B 车与掉

落货物发生碰撞，以下说法正确的是什么？（　）

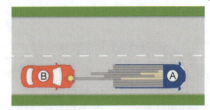

A. B 车自负责任　　　B. A 车负全部责任
C. 各负一半责任　　　D. 偶然事件，不可避免

题 976. 以下机动车中，哪种车型可以牵引挂车？（　）

A. 半挂牵引车　　　　B. 大型载客汽车
C. 三轮汽车　　　　　D. 低速载货汽车

题 977. 驾驶机动车牵引挂车时，以下说法正确的是什么？（　）

A. 半挂牵引车可以牵引 2 辆挂车
B. 载货汽车所牵引挂车的载质量可以超过载货汽车本身的载质量
C. 低速载货汽车可以牵引挂车
D. 三轮汽车不得牵引挂车

题 978. 牵引故障车时，牵引与被牵引的机动车，在行驶中都要开启危险报警闪光灯。（　）

题 979. 车辆因故障等原因需要被牵引时，以下说法正确的是什么？（　）

A. 前后车均应打开报警灯
B. 所有车辆都应让行
C. 两车尽量快速行驶
D. 不受交通信号限制

（11）驾车安全保护规定

题 980. 这位驾驶人违反法律规定的行为是什么？（　）

A. 没按规定握转向盘
B. 座椅角度不对
C. 没系安全带

D. 驾驶姿势不正确

题981. 驾驶机动车在上道路行驶前驾驶人要按规定系好安全带。（　　）

题982. 机动车上路行驶时，前排乘车人可不系安全带。（　　）

题983. 机动车行驶中，车上少年儿童可不使用安全带。（　　）

（12）驾车安全行为规定

题984. 在什么情况下不得行车？（　　）
A. 车门没关好　　　B. 驾乘人员系好安全带
C. 顶窗没关好　　　D. 车窗没关好

题985. 在车门、车厢没有关好时不要驾驶机动车起步。（　　）

题986. 车辆后备箱门未关好是可以上路行驶的。（　　）

题987. 行驶过程中发现车门未关好，应及时关闭车门，否则车辆在转弯等激烈运动过程中会造成人员或货物被甩到车外。（　　）

题988. 不要在驾驶室的前后窗范围内悬挂和放置妨碍驾驶人视线的物品。（　　）

题989. 行车中在道路情况良好的条件下可以观看车载视频。（　　）

题990. 开车过程中不得主动打电话，但在车流量较少的道路上，当他人打来电话时，可以临时边开车边接电话。（　　）

题991. 驾驶过程中需接听电话时应先将车辆停在安全的地点再接听电话。（　　）

题992. 对驾驶过程中接打手机的看法正确的是？（　　）
A. 开车过程中不主动打电话，但是有重要电话打进来是可以边开车边接听手持电话的
B. 根据驾龄和驾车技术，经验丰富的驾驶人可以在驾驶过程中接打手持电话
C. 在车流量不大的道路上驾驶时，短时接听手持电话是可以的
D. 开车需要接打电话时，应该先找到安全的地方停车再操作

题993. 驾驶小型汽车下陡坡时允许熄火滑行。（　　）

题994. 车辆在下坡行驶时，可充分利用空挡滑行。（　　）

题995. 驾驶机动车下陡坡时不得有哪种危险行为？（　　）
A. 空挡滑行　　　B. 低挡行驶

C. 制动减速　　　D. 提前减挡

题996. 驾驶机动车在山路行驶时，为了减少油耗，下坡时可以空挡滑行，并使用行车制动器控制速度。（　　）

题997. 下面关于下坡熄火滑行的说法，错误的是？（　　）
A. 对于采用真空助力制动系统的车辆而言，下坡时的熄火会使制动系统失效
B. 对于采用了助力转向系统的车辆而言，下坡时熄火会使转向盘变重，难以控制
C. 下坡道熄火时，车辆不能使用发动机制动
D. 下坡滑行是利用坡道的位能推动汽车前进，发动机不工作，可以节油，应大力提倡

题998. 驾驶车辆时在道路上抛撒物品，以下说法不正确的是？（　　）
A. 抛撒纸张等轻质物品会阻挡驾驶人视线，分散驾驶人注意力
B. 有可能引起其他驾驶人紧急躲避等应激反应，进而引发事故
C. 破坏环境，影响环境整洁，甚至造成路面的损坏
D. 保持车内整洁，减少燃油消耗

题999. 驾驶人连续驾驶不得超过多长时间？（　　）
A. 6小时　　　B. 8小时
C. 10小时　　D. 4小时

题1000. 驾驶人连续驾驶4小时以上，停车休息的时间不得少于多少？（　　）
A. 10分钟　　B. 15分钟
C. 20分钟　　D. 5分钟

题1001. 在这段道路上一定要减少鸣喇叭的频率。（　　）

（13）特种车辆通行规定

题1002. 警车、消防车、救护车、工程救险车执行紧急任务时，耽误或影响其通行可能会导致严重后果，所以其他车辆和行人应当主动让行。（　　）

题1003. 在这种情形中，前车怎样行驶？（　　）

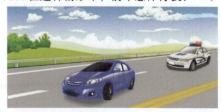

A. 正常行驶　　　　B. 及时让行
C. 开启危险报警闪光灯行驶
D. 不得变更车道

题1004. 如图所示，当A车后方有执行任务的救护车驶来时，以下做法正确的是什么？（　　）

A. 不必理会，继续行驶
B. 靠右减速让路
C. 向左转弯让路　　D. 立即停车让路

题1005. 因避让特种车辆而发生违法行为，被电子警察拍到时，可向交管部门复议。（　　）

题1006. 避让特种车辆使其顺利通过后，车辆应有序回到原车道继续行驶，不要尾随特种车辆，以免发生交通事故。（　　）

（14）行人和乘车人通行规定

题1007. 在机动车道上不得从机动车右侧上下车。
（　　）

（15）道路养护通行规定

题1008. 如图所示，驾驶机动车遇到这种情况时，A车应当注意避让。（　　）

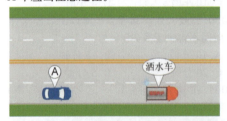

题1009. 如图所示，驾驶过程中遇到这种情况时，A车可以长鸣喇叭提醒道路养护车辆暂停喷水。（　　）

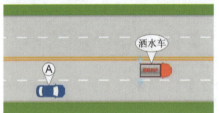

题1010. 驾驶机动车行驶过程中，遇道路养护车辆从本车道逆向驶来时，以下做法正确的是什么？（　　）

A. 靠边减速或停车让行
B. 在原车道继续行驶
C. 占用非机动车道行驶
D. 鸣喇叭示意其让道

题1011. 驾驶机动车遇到前方低速行驶的洒水车作业时，以下做法错误的是什么？（　　）

A. 注意避让
B. 若洒水车有指示箭头，在确保安全的情况下按箭头指示方向变更车道
C. 若洒水车无指示箭头，在确保安全的情况下选择合适的车道变更
D. 通过洒水车时应急加速通过

（16）车辆故障处置规定

题1012. 驾驶机动车在道路上行驶突然熄火，以下做法错误的是什么？（　　）

A. 开启危险报警闪光灯
B. 放置警告标志
C. 车辆移到安全地点
D. 立即停车检修

题1013. 机动车在道路上发生故障且难以移动时，下列做法正确的是什么？（　　）

A. 开启危险报警闪光灯
B. 开启车上所有灯光
C. 禁止车上人员下车
D. 在车前方设置警告标志

题1014. 这辆故障车有哪种违法行为？（　　）

A. 没有开启危险报警闪光灯
B. 没有将车停到路边
C. 没有立即排除故障
D. 没有设置警告标志

题1015. 这辆停在路边的机动车没有违法行为。
（　　）

题1016. 车辆发生故障而无法移动时，首先应在车辆后方50～150米处放置危险警告标志，防止后车追尾。（　　）

题1017. 在高速公路以外的道路上使用三角警告牌时，应设置在来车方向多少米处？（　　）

A. 50～100米　　　B. 100～150米
C. 25～50米　　　　D. 0～25米

题1018. 机动车在夜间道路上发生故障难以移动时，要开启危险报警闪光灯、示廓灯、后位灯。

题1019. 驾驶机动车发生故障或事故不能正常行驶时，应立即打开危险报警闪光灯。（　　）

题1020. 驾驶的机动车在高速公路上发生故障时，应

开启危险报警闪光灯增大警示范围。（　）

题1021. 如图所示，该机动车发生故障并在应急车道停车，该车停车时存在的不安全行为是什么？①未开启危险报警闪光灯；②警告标志放置不足150米；③车上人员未转移到安全区域。（　）

A. ①③　　　　　B. ②③
C. ①②③　　　　D. ①②

2. 道路安全驾驶

（1）一般道路安全驾驶

题1022. 车辆起步前，驾驶人应对车辆周围交通情况进行观察，确认安全时再开始起步。（　）

题1023. 车辆临时靠边停车后准备起步时，应先怎样做？（　）
　　A. 加油起步　　　B. 鸣喇叭
　　C. 提高发动机转速　D. 观察周围交通情况

题1024. 车辆在路边起步后应尽快提速，并向左迅速转向驶入正常行驶道路。（　）

题1025. 行车中从其他道路汇入车流前，应注意观察侧后方车辆的动态。（　）

题1026. 驾驶车辆汇入车流时，应提前开启转向灯，保持直线行驶，通过后视镜观察左右情况，确认安全后汇入车流。（　）

题1027. 车辆在主干道上行驶，驶近主支干道交汇处时，为防止与从支路突然驶入的车辆相撞，应怎样做？（　）
　　A. 提前减速、观察，谨慎驾驶
　　B. 保持正常速度行驶
　　C. 鸣喇叭，迅速通过
　　D. 提前加速通过

题1028. 驾驶车辆在交叉路口前变更车道时，应怎样驶入要变更的车道？（　）
　　A. 在路口前实线区内
　　B. 进入路口实线区内
　　C. 在路口停止线前
　　D. 在虚线区按导向箭头指示

题1029. 变更车道时只需开启转向灯，并迅速转向驶入相应的车道，以不妨碍同车道机动车正常行驶。（　）

题1030. 变更车道时只需开启转向灯，便可迅速转向驶入相应的行车道。（　）

题1031. 驾驶车辆变更车道时，应提前开启转向灯，注意观察，保持安全距离，驶入要变更的车道。（　）

题1032. 这辆红色轿车变更车道的方法和路线是正确的。（　）

题1033. 驾驶机动车向右变更车道前应仔细观察右侧车道车流情况的原因是什么？（　）
　　A. 判断有无变更车道的条件
　　B. 准备抢行
　　C. 迅速变更车道　　D. 准备迅速停车

题1034. 驾驶机动车变更车道前应仔细观察，目的是判断有无变更车道的条件。（　）

题1035. 驾驶机动车变更车道为什么要提前开启转向灯？（　）
　　A. 开阔视野，便于观察路面情况
　　B. 提示前车让行
　　C. 提示行人让行
　　D. 提示其他车辆我方准备变更车道

题1036. 如图所示，A车在此时进入左侧车道是因为进入实线区不得变更车道。（　）

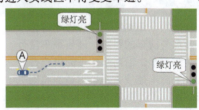

题1037. 如图所示，A车要在前方掉头行驶，可以在此处变换车道，进入左侧车道准备掉头。（　）

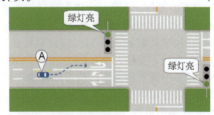

题1038. 如图所示，驾驶机动车行驶至此位置时，以下做法正确的是什么？（　）

　　A. 观察左侧无车后，可以左转
　　B. 从该处直接左转

C. 不得左转，应当直行
D. 倒车退到虚线处变换到左转车道

题1039. 如图所示，A车在这种情况下应适当减速。（ ）

题1040. 在涉水路段跟车行驶时，应当怎样做？（ ）
A. 紧跟其后　　　B. 超越前车，抢先通过
C. 适当增加车距　D. 并行通过

题1041. 驾驶机动车在坡道路段跟车行驶时，应保持比平路跟车时更大的安全距离。（ ）

题1042. 如图所示，跟车进入一段漫水路段时，怎样做才正确？（ ）

A. 如果跟车距离太近，可停车等待
B. 增加与前车的距离，谨慎跟车慢行
C. 紧跟前车，沿前车留下的痕迹行驶
D. 如果前车速度太慢，可适当鸣喇叭示意

题1043. 会车前选择的交会位置不理想时，应怎样做？（ ）
A. 减速、低速会车或停车让行
B. 向左占道，让对方减速让行
C. 打开前照灯，示意对方停车让行
D. 加速选择理想位置

题1044. 在狭窄的路段会车时，应做到礼让三先：先慢、先让、先停。（ ）

题1045. 行车中需要借道绕过前方障碍物，但对向来车已接近障碍物时，应怎样做？（ ）
A. 加速提前抢过
B. 鸣喇叭示意对向车辆让道
C. 迅速占用车道，迫使对向来车停车让道
D. 降低速度或停车，让对向来车优先通行

题1046. 夜间会车规定150米以内使用近光灯的原因是什么？（ ）
A. 提示后方车辆
B. 两车之间相互提示
C. 使用远光灯会造成驾驶人出现眩目，易引发危险
D. 驾驶人的操作习惯行为

题1047. 如图所示，在这种环境下会车前，要先与对面来车交替变换远近光灯观察前方道路情况，会车时两车都要关闭远光灯。（ ）

题1048. 在划有道路中心线的道路上会车时，应当保持安全车速、不越线行驶。（ ）

题1049. 在狭窄的山路会车，规定不靠山体的一方优先行驶的原因是什么？（ ）
A. 靠山体的一方相对安全
B. 靠山体的一方视野宽阔
C. 不靠山体的一方车速较快
D. 三项都正确

题1050. 如图所示，关于驾驶机动车在大雾天气会车时的注意事项，以下说法错误的是什么？（ ）

A. 使用远光灯，提醒对方车辆
B. 靠右行驶
C. 适当降低行驶车速
D. 集中注意力驾驶

题1051. 遇到后车发出超车信号后，只要具备让超条件应怎样做？（ ）
A. 靠道路右侧加速行驶
B. 主动减速并靠右侧行驶
C. 让出适当空间加速行驶
D. 迅速减速或紧急制动

题1052. 驾驶的车辆正在被其他车辆超越时，应怎样做？（ ）
A. 靠道路中心行驶　B. 加速让路
C. 继续加速行驶　　D. 减速，靠右侧行驶

题1053. 驾驶的车辆正在被其他车辆超越时，若此时后方有跟随行驶的车辆，应怎样做？（ ）
A. 继续加速行驶
B. 稍向右侧行驶，保证横向安全距离
C. 靠道路中心行驶　D. 加速向右侧让路

题1054. 行车中遇到后方车辆要求超车时，应怎样做？（ ）
A. 保持原有车速行驶

B. 及时减速、观察后靠右行驶让行
C. 靠右侧加速行驶　　D. 不让行

题1055. 遇到后车超车时,在条件许可的情况下应减速靠右让路,是为了给后车留出超车空间。（　）

题1056. 遇到前方车辆停车排队或者缓慢行驶时,强行穿插,以下说法正确的是什么?（　）
A. 禁止,因为这样不利于省油
B. 禁止,因为这样扰乱车流,加重拥堵
C. 允许,因为可以快速的通过拥堵区
D. 允许,因为可以省油

题1057. 如图所示,在这种情况下遇右侧车辆变更车道,应减速保持间距,注意避让。（　）

题1058. 如图所示,在辅路上行驶,遇到一辆机动车从主路进入辅路时,应该怎样做?（　）

A. 减速或停车让主路驶出的车辆先进入辅路
B. 鸣喇叭告知进入辅路的车辆停车让行
C. 只要不影响主路驶出的车辆正常行驶就可加速通过
D. 在辅路行驶的车辆有优先通行权,不用减速行驶

题1059. 驾驶机动车遇到这种情形要让左侧来车先行。（　）

题1060. 为什么规定辅路车让主路车先行?（　）
A. 辅路车便于观察
B. 主路车流量大、速度快
C. 主路车流量小、速度快
D. 辅路车速度快

题1061. 如图所示,在这段道路上行驶需要注意什么?（　）

A. 只要有逆向行驶的车辆就不能越线行驶
B. 既不能越中心线也不能压中心线行驶
C. 如果没有逆向行驶的车辆允许越中心线行驶
D. 只有在超车的时候才能越中心线行驶

题1062. 驾驶人在超车时,前方车辆不减速、不让道,应怎样做?（　）
A. 紧跟其后,伺机再超
B. 停止继续超车
C. 加速继续超越
D. 连续鸣喇叭加速超越

题1063. 进入左侧道路超车,无法保证与正常行驶前车的横向安全间距时,应怎样做?（　）
A. 谨慎超越　　　B. 放弃超车
C. 并行一段距离后再超越
D. 加速超越

题1064. 在道路上超车时,应尽量加大横向距离,必要时可越实线超车。（　）

题1065. 遇到风、雨、雪、雾等复杂气象条件且前车速度较低时,应开启前照灯,连续鸣喇叭迅速超越。（　）

题1066. 行车中超越右侧停放的车辆时,为预防其突然起步或开启车门,应怎样做?（　）
A. 加速通过　　　　B. 长鸣喇叭
C. 保持正常速度行驶
D. 预留出横向安全距离,减速行驶

题1067. 在图中这种环境下超车时,要变换远、近光灯告知前车,待前车让行后,再开启远光灯超越。（　）

题1068. 如图所示,在这种情形超车时,要提前开启左转向灯,连续鸣喇叭或开启远光灯提示,催促前车让行。（　）

题1069.在超越前车时，提前开启左转向灯，变换使用远、近光灯或者鸣喇叭是为了什么？（　　）

A.提醒后车以及前车
B.提醒行人
C.仅提醒后车　　D.仅提醒前车

题1070.驾驶机动车超车时，可以用鸣喇叭替代开启转向灯。（　　）

题1071.如图所示，A车可以从左侧超越B车。（　　）

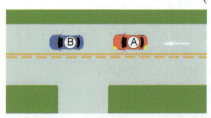

题1072.如图所示，驾驶机动车遇左侧车道有车辆正在超车时，可以迅速变道，伺机反超。（　　）

题1073.超车时，如果无法保证与被超车辆的安全间距，应主动放弃超车。（　　）

题1074.当机动车驾驶人准备超车，但无法保证与被超车辆的安全距离时，应当加速超过。（　　）

题1075.驾驶机动车正在被其他车辆超越时，被超车辆减速靠右侧行驶的目的是什么？（　　）

A.给该车让出足够的超车空间
B.以便随时停车
C.避让行人与非机动车
D.以上选项都不正确

题1076.如图所示，在超车过程中，遇到对向有来车时要放弃超车是因为什么？（　　）

A.前车车速快
B.如果继续超车，易与对面机动车发生刮擦、相撞
C.对向来车车速快　　D.我方车辆提速太慢

题1077.如图所示，当超越右侧车辆时，应该尽快超越，减少并行时间。（　　）

题1078.超车需要从前车左侧超越，以下说法正确的是什么？（　　）

A.左侧为慢速车道
B.我国实行左侧通行原则
C.右侧为快速车道
D.便于观察，有利于安全

题1079.超车时应从前车的左侧超越，是因为左侧超车便于观察，有利于安全。（　　）

题1080.超车时，前方车辆不让出超车空间，应该怎么做？（　　）

A.开启前照灯超越　　B.连续鸣喇叭超越
C.迅速超越　　D.停止超车

题1081.如图所示，以下哪种情况可以超车。（　　）

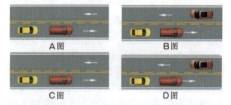

A.C图　　B.D图　　C.B图　　D.A图

题1082.驾驶机动车超车时，前方车辆不减速让路，应停止超车并适当减速，与前方车辆保持安全距离。（　　）

题1083.夜间行车，可选择下列哪个地段超车。（　　）

A.窄路窄桥　　B.交叉路口
C.路宽车少　　D.弯道陡坡

题1084.驾驶机动车超车时，被超越车辆未减速让路，应迅速提速超越前方车辆完成超车。（　　）

题1085.通过铁路道口时，不得超车。（　　）

题1086.通过急转弯路段时，在车辆较少的情况下可以超车。（　　）

题1087.通过窄路、窄桥时，不得超车。（　　）

题1088.通过隧道时，不得超车。（　　）

题1089.机动车在道路边临时停车时，应怎样做？（　　）

A.不得逆向或并列停放
B.只要出去方便，可随意停放
C.可逆向停放　　D.可并列停放

题1090. 车辆长时间停放时, 应选择停车场停车。
（　　）

题1091. 掉头过程中, 应严格控制车速, 仔细观察道路前后方情况, 确认安全后方可前进或倒车。
（　　）

题1092. 人行横道上禁止掉头的原因是什么？
（　　）
A. 人行横道禁止车辆通行
B. 避免妨碍行人正常通行, 确保行人安全
C. 人行横道禁止停车
D. 路段有监控设备

题1093. 在这个路口不能掉头。　　（　　）

题1094. 在这种路口怎样进行掉头？　（　　）

A. 从中心线虚线处掉头
B. 从右侧车道掉头
C. 进入路口后掉头　　D. 在人行横道上掉头

题1095. 如图所示, 这种情况下只要后方、对向无来车, 可以掉头。
（　　）

题1096. 在一般道路倒车时, 若发现有过往车辆通过, 应怎样做？
（　　）
A. 鸣喇叭示意　　B. 主动停车避让
C. 加速倒车　　　D. 继续倒车

题1097. 倒车过程中要缓慢行驶, 注意观察车辆两侧和后方的情况, 随时做好停车准备。（　　）

题1098. 如图所示, 造成事故的原因是大客车倒车没有避让正常驶来的车辆, 小客车看到前车掉头时没有停车等待。
（　　）

（2）复杂路段安全驾驶

题1099. 在堵车的交叉路口绿灯亮时, 车辆应怎样做？
（　　）
A. 可直接驶入交叉路口
B. 不能驶入交叉路口
C. 可借对向车道通过路口
D. 在保证安全的情况下驶入交叉路口

题1100. 驾驶车辆进入交叉路口前, 应降低行驶速度, 注意观察, 确认安全。（　　）

题1101. 如图所示, 当机动车行驶至交叉口时的做法是正确的。
（　　）

题1102. 车辆行至交叉路口时, 左转弯车辆在任何时段都可以进入左转弯待转区。（　　）

题1103. 在路口遇这种情形要减速让行。（　　）

题1104. 如图所示, 驶近这种路口时, 必须先停车, 再重新起步通过路口。（　　）

题1105. 进入这个路口应该怎样做？（　　）

A. 交替变换远近光灯提醒路口内车辆让行
B. 从路口内车辆前迅速插入
C. 让已在路口内的车辆先行

D. 鸣喇叭直接进入路口

题1106. 如图所示,驾驶机动车驶出这个路口时应当怎样使用灯光? ( )

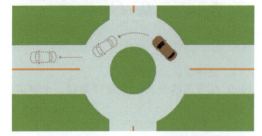

A. 开启右转向灯　　B. 开启危险报警闪光灯
C. 不用开启转向灯　D. 开启左转向灯

题1107. 如图所示,A车具有优先通行权。( )

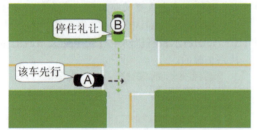

题1108. 车辆在交叉路口有优先通行权的,遇到有车辆抢行时,应怎样做? ( )

A. 抢行通过
B. 提前加速通过
C. 按优先权规定正常行驶不予避让
D. 减速避让,必要时停车让行

题1109. 路口转弯过程中,持续开启转向灯,主要是因为什么? ( )

A. 让其他驾驶人知道您正在转弯
B. 完成转弯动作前,关闭转向灯会对车辆造成损害
C. 让其他驾驶人知道您正在超车
D. 完成转弯动作前,关闭转向灯是习惯动作

题1110. 如图所示,驾驶机动车在路口遇到这种交通信号时,右转弯的车辆在不妨碍被放行的车辆、行人的情况下,可以通行。( )

题1111. 如图所示,红圈标注的深色车辆的做法是违法的。( )

题1112. 驾驶机动车在路口右转弯时,应提前开启右转向灯,不受信号灯限制,不受车速限制,迅速通过,防止路口堵塞。( )

题1113. 如图所示,当车辆驶近这样的路口时,以下说法错误的是什么? ( )

A. 为避免车辆从路口突然冲出引发危险,应适当降低车速
B. 本车有优先通行权,可加速通过
C. 因为视野受阻,应鸣喇叭提醒侧方道路来车
D. 右前方路口视野受阻,如有突然冲出车辆,容易引发事故

题1114. 如图所示,直行车辆遇到前方路口堵塞,以下说法正确的是什么? ( )

A. 等前方道路疏通后,且信号灯为绿灯时方可继续行驶
B. 等有其他机动车进入路口时跟随行驶
C. 只要信号灯为绿灯,就可通过
D. 可以直接驶入路口内等待通行

题1115. 如图所示,在这种情况下通过前方路口,应该怎么行驶? ( )

A. 加速通过

B. 减速或停车避让行人
C. 赶在行人前通过
D. 靠左侧行驶

题1116. 交叉路口不得倒车的原因是什么？（　　）
A. 交通情况复杂，容易造成交通堵塞甚至引发事故
B. 交通监控设备多
C. 交通警察多　　D. 车道数量少

题1117. 如图所示，在环岛交叉路口发生的交通事故中，应由A车负全部责任。（　　）

题1118. 如图所示，在这种情况下，车辆可以怎么行驶？（　　）

A. 只能直行　　　B. 左转或者直行
C. 左转或右转　　D. 直行或右转

题1119. 如图所示，驾车通过此路口注意观察是否有行人的同时，应如何操作？（　　）

A. 加速左转　　　B. 加速右转
C. 减速慢行右转　D. 减速慢行左转

题1120. 如图所示，A车若想左转，以下做法中错误的是什么？①直接变更到左转车道；②过停车线进入路口后左转；③直行通过，此车道不得左转。（　　）

A. ①③　　　　　B. ①②
C. ②③　　　　　D. ①②③

题1121. 当您即将通过交叉路口的时候，才意识到要左转而不是向前，以下说法正确的是什么？（　　）
A. 继续向前行驶
B. 停在交叉路口，等待安全时左转
C. 在确保安全的情况下，倒车然后左转
D. 以上说法都不正确

题1122. 如图所示，在这种情况下通过交叉路口时，不得超车的原因是什么？（　　）

A. 机动车速度慢，不足以超越前车
B. 路口有交通监控设备
C. 路口设有信号灯
D. 路口内交通情况复杂，易发生交通事故

题1123. 如图所示，在这种情况下准备进入环形路口时，为了保证车后车流的通畅，应加速超越红车进入路口。（　　）

题1124. 如图所示，右侧标志表示前方路口要停车让行。（　　）

题1125. 如图所示，通过有这个标志的路口时应该减速让行。（　　）

题1126. 遇到前方路段车道减少且车辆行驶缓慢时，为保证安全有序应该怎样做？（　　）
A. 穿插到前方排队车辆中通过
B. 依次交替通行
C. 加速从前车左右超越

D. 借对向车道迅速通过

题1127. 驶近图中所示的路口时,怎么做是正确的? ( )

A. 如果路口没有车辆和行人,就可以加速通过
B. 只要不影响车辆和行人通行,就可以减速通过
C. 在路口停车后向左转头观察,确认安全后通过
D. 在路口减速后向左转头观察,确认安全后通过

题1128. 怎样通过这样的路口? ( )

A. 不减速通过　　　B. 加速尽快通过
C. 空挡滑行通过　　D. 减速或停车观察

题1129. 驾驶车辆通过无人看守的铁路道口时,应怎样做? ( )

A. 减速通过　　　B. 匀速通过
C. 一停、二看、三通过
D. 加速通过

题1130. 如图所示,在这种铁路道口,如果没有看到列车驶来就要加速通过道口。( )

题1131. 驾驶车辆驶入铁路道口前减速降挡,进入道口后应怎样做? ( )

A. 不能变换挡位　　B. 可以变换挡位
C. 可换为高挡　　　D. 停车观察

题1132. 车辆通过铁路道口时,应用低速挡安全通过,中途不得换挡,以避免发动机熄火。
( )

题1133. 如图所示,铁路道口禁止掉头的原因是什么? ( )

A. 有铁路道口标志　B. 容易引发事故
C. 铁路道口车流量大
D. 有铁路道口信号灯

题1134. 驶近一个铁路道口,遇到图中所示信号灯亮着,但栏杆还没落下的情况,怎么做才正确? ( )

A. 只要栏杆还没落下就继续行驶
B. 如果没有看到列车驶来,可以快速横过道口
C. 在道口的停止线以外停车等待
D. 如果已过道口停止线,就可以急速通过

题1135. 如图所示,驶近一个铁路道口时,只要看到栏杆还没放下来,就可以加速通过道口。
( )

题1136. 如图所示,驶近这种铁路道口,怎样做才正确? ( )

A. 如果没有看到列车驶来,可以快速横过道口
B. 通过铁路道口要做到"一停、二看、三通过"
C. 只要路口的红色信号灯不亮,就可以加速通过
D. 没有看到铁路管理人员指挥,说明可以迅速通过

题1137. 如图所示，在这种情况下遇到红灯交替闪烁时，要尽快通过道口。（ ）

题1138. 如图所示，在铁路道口遇到两个红灯交替闪烁时，确认安全后可通过。（ ）

题1139. 车辆驶近人行横道时，应怎样做？（ ）
A. 加速通过　　B. 立即停车
C. 先减速注意观察行人、非机动车动态，确认安全后再通过
D. 鸣喇叭示意行人让道

题1140. 行驶车道绿灯亮时，但车辆前方人行横道仍有行人行走，应怎样做？（ ）
A. 直接起步通过
B. 起步后从行人后方绕过
C. 等行人通过后再起步
D. 起步后从行人前方绕过

题1141. 驶近没有人行横道的交叉路口时，发现有人横穿道路，应怎样做？（ ）
A. 减速或停车让行
B. 鸣喇叭示意其让道
C. 立即变道绕过行人
D. 抢在行人之前通过

题1142. 在绿灯亮的路口右转，遇到图中所示的情况，应怎么做？（ ）

A. 加速在第一个行人的前方右转弯
B. 绕道第一个行人的后方向右转弯
C. 等待两个行人都通过路口再右转弯
D. 鸣喇叭让行人停止通行后向右转弯

题1143. 驾驶车辆通过人行横道线时，应注意礼让行人。（ ）

题1144. 在这种情况下，可以加速通过人行横道。（ ）

题1145. 如图所示，驾驶机动车遇到没有行人通过的人行横道时，不用减速慢行。（ ）

题1146. 如图所示，驶近这种路段时，只要没有车辆和行人在人行横道上通过，就可以加速通过。（ ）

题1147. 如图所示，A车右转遇人行横道有行人通过时，应保持较低车速通过。（ ）

题1148. 机动车驶近急弯、坡道顶端等影响安全视距的路段时，减速慢行并鸣喇叭示意是为了什么？（ ）
A. 测试喇叭是否能正常使用
B. 提示前车后方车辆准备超车
C. 提示对向交通参与者我方有来车
D. 避免行至坡道顶端车辆动力不足

题1149. 如图所示，驾驶机动车行经该路段，如果前车行驶相对较慢，在对向没有来车的情况下可以超车。（ ）

题1150. 如图所示,驾驶机动车遇到这种情况,以下做法正确的是什么? (　　)

A. 减速慢行、鸣喇叭示意
B. 为拓宽视野,临时占用左侧车道行驶
C. 加速行驶　　　　D. 停车观察

题1151. 如图所示,驾驶机动车行驶至桥梁涵洞时,以下做法正确的是什么? (　　)

A. 加速,在对向车到达前通过
B. 减速靠右通过
C. 保持原速继续正常行驶
D. 鸣喇叭后加速通过

题1152. 立交桥上一般都是单向行驶,车辆不必减速行驶。(　　)

题1153. 如图所示,驾驶机动车行经该路段时,应减速慢行,避免因眩目导致的交通事故。
(　　)

题1154. 车辆驶入双向行驶隧道前,应开启什么灯? (　　)
A. 远光灯　　　B. 危险报警闪光灯
C. 雾灯　　　　D. 示廓灯或近光灯

题1155. 在隧道内行驶,发现行驶路线错误,应如何行驶? (　　)
A. 继续行驶,驶出隧道后寻找合适路线
B. 在紧急停车带掉头
C. 在隧道内停车,查找清楚路线之后再通行
D. 在确认后方无来车的情况下逆行驶出隧道

题1156. 泥泞道路对安全行车的主要影响是什么? (　　)
A. 行驶阻力变小
B. 车轮极易滑转和侧滑

C. 能见度低,视野模糊
D. 路面附着力增大

题1157. 在泥泞路上制动时,车轮易发生侧滑或甩尾,导致交通事故。(　　)

题1158. 车辆行至泥泞或翻浆路段时,应停车观察,选择平整、坚实的路段缓慢通过。(　　)

题1159. 车辆通过凹凸路面时,应怎样做? (　　)
A. 低速缓慢平稳通过
B. 依靠惯性加速冲过
C. 挂空挡滑行驶过
D. 保持原速通过

题1160. 车辆通过学校和小区应注意观察标志标线,低速行驶,不要鸣喇叭。(　　)

题1161. 行车中遇列队横过道路的学生时,应怎样做? (　　)
A. 提前加速抢行　　B. 停车让行
C. 降低车速、缓慢通过
D. 连续鸣喇叭催促

题1162. 车辆驶近停在车站的公交车辆时,为预防公交车突然起步或行人从车前窜出,应怎样做? (　　)
A. 减速,保持足够间距,随时准备停车
B. 保持正常车速行驶
C. 鸣喇叭提醒,加速通过
D. 随时准备紧急制动

题1163. 红色车辆遇到图中的情形时,下列做法正确的是? (　　)

A. 按照前方交通信号灯指示直接通行
B. 鸣喇叭提醒,让学生队伍中空出一个缺口,从缺口中穿行过去
C. 停车等待,直到学生队伍完全通过
D. 鸣喇叭,催促还未通过的学生加快速度通过

题1164. 遇到图中所示的情形时,怎样做才正确? (　　)

A. 借左侧车道超越校车
B. 变换远近光灯催促校车离开

C. 停在校车后面等待
D. 鸣喇叭催促校车离开

题1165. 驾驶机动车遇到校车在道路右侧停车上下学生时，同向有两条机动车道，左侧车道后方机动车可以减速通过。（　）

题1166. 行车中遇到这种情况，应当怎样做？（　）

A. 提前变更到中间车道超越
B. 提前变更到最左侧车道超越
C. 停在校车后方使用灯光催促
D. 适当鸣喇叭低速从左侧超越

题1167. 如图所示，行车中遇到停在路边校车时，怎么做才正确？（　）

A. 提前变更到中间车道超越
B. 提前变更到最左侧车道超越
C. 停在校车后方使用灯光催促
D. 适当鸣喇叭低速从左侧超越

题1168. 在单位院内驾车时，应低速行驶，避让行人；有限速标志的，按照限速标志行驶。（　）

题1169. 如图所示，驾车遇到这种情况时，除保证安全会车外，还应该考虑到路边儿童可能会因为打闹而突然进入车行道。（　）

（3）山区道路安全驾驶

题1170. 山区道路对安全行车的主要影响是什么？（　）
A. 交通情况单一　　B. 坡长弯急，视距不足
C. 车流密度大　　D. 道路标志少

题1171. 车辆在山区道路跟车行驶时，应怎样做？（　）

A. 适当加大安全距离
B. 紧随前车之后
C. 适当减小安全距离
D. 尽可能寻找超车机会

题1172. 在山区道路超车时，应怎样超越前车？（　）
A. 尽量抓住任何机会
B. 选择宽阔的缓上坡路段
C. 选择较长的下坡路
D. 选择较缓的下坡路

题1173. 在山区道路遇对向来车时，应怎样会车？（　）
A. 紧靠道路中心　　B. 不减速
C. 加速　　D. 减速或停车让行

题1174. 下长坡时，控制车速除了踩制动踏板制动以外还有什么有效的辅助方法？（　）
A. 挂入空挡滑行　　B. 利用发动机制动
C. 关闭发动机熄火滑行
D. 踏下离合器滑行

题1175. 下长坡时，连续使用行车制动会导致什么？（　）
A. 缩短发动机寿命
B. 增加驾驶人的劳动强度
C. 容易造成车辆倾翻
D. 使制动器温度升高、制动效果急剧下降

题1176. 车辆上坡行驶，要提前观察路况、坡道长度，及时减挡使车辆保持充足的动力。（　）

题1177. 车辆下坡行驶，要适当控制车速，充分利用发动机进行制动。（　）

题1178. 车辆下长坡时要减挡行驶，以充分利用发动机的制动作用。（　）

题1179. 车辆在山区道路行车下陡坡时，不得超车。（　）

题1180. 驾驶机动车下长坡时，利用惯性滑行可以减少燃油消耗，值得提倡。（　）

题1181. 驾驶机动车下长坡时，空挡滑行会导致再次挂挡困难。（　）

题1182. 车辆在山区上坡路驾驶，减挡要及时、准确、迅速，避免拖挡行驶导致发动机动力不足。（　）

题1183. 驾驶机动车下长坡时，仅靠行车制动器制动，容易引起行车制动器失灵。（　）

题1184. 车辆在通过山区道路弯道时，要做到"减速、鸣喇叭、靠右行"。（　）

题1185. 山区道路车辆进入弯道前，在对面没有来车的情况下，应怎样做？（　）
A. 可靠弯道外侧行驶
B. 可短时间借用对方的车道
C. 可加速沿弯道切线方向通过
D. 应"减速、鸣喇叭、靠右行"

题1186. 驾驶车辆行至道路急转弯处,应怎样做?(　　)
A. 急剧制动低速通过
B. 靠弯道外侧行驶
C. 充分减速并靠右侧行驶
D. 借对向车道行驶

题1187. 车辆转弯时应沿道路右侧行驶,不要侵占对方的车道,做到"左转转大弯,右转转小弯"。(　　)

题1188. 车辆行至急转弯处时,应减速并靠右侧行驶,防止与越过弯道中心线的对方车辆相撞。(　　)

题1189. 车辆进入山区道路后,要特别注意"连续转弯"标志,并主动避让车辆及行人,适时减速和提前鸣喇叭。(　　)

题1190. 车辆在较窄的山路上行驶时,如果靠山体的一方不让行,应怎样做?(　　)
A. 鸣喇叭催其让行　B. 保持正常车速行驶
C. 提前减速或停车避让
D. 向左占道,谨慎驶过

题1191. 通过山区危险路段,尤其是通过经常发生塌方、泥石流的山区地段时,应谨慎驾驶,避免停车。(　　)

题1192. 通过经常发生塌方、泥石流的山区地段时,应避免停车。(　　)

题1193. 车辆行至隧道出口或凿开的山谷出口处,容易遇到横风,驾驶人感到车辆行驶方向偏移时,应如何安全驾驶?(　　)
A. 采取紧急制动
B. 迅速逆风向转动转向盘
C. 迅速向顺风方向转动转向盘
D. 双手稳握转向盘,适当减速

题1194. 驾驶机动车行至山谷出口处,遇到横风导致车辆行驶方向偏移时,应双手握稳转向盘,向来风相反的一侧适当修正,力度要轻,不可急转转向盘。(　　)

(4) 恶劣气候条件下安全驾驶

题1195. 雨天对安全行车的主要影响是什么?(　　)
A. 路面湿滑,视线受阻
B. 发动机易熄火
C. 行驶阻力增大
D. 电器设备易受潮短路

题1196. 下雨后路面湿滑,车辆行驶中紧急制动时,容易导致什么?(　　)
A. 发生侧滑、引发交通事故
B. 因视线模糊而撞车
C. 不被其他车辆驾驶人发现
D. 引起发动机熄火

题1197. 雨天路面湿滑,车辆制动距离增大,行车中尽量使用紧急制动减速。(　　)

题1198. 车辆在雨天临时停车时,应开启什么灯?(　　)
A. 前后雾灯　　　B. 危险报警闪光灯
C. 前照灯　　　　D. 倒车灯

题1199. 在大暴雨的天气驾车,刮水器无法正常工作时,应怎样做?(　　)
A. 集中注意力谨慎驾驶
B. 立即减速靠边停车
C. 以正常速度行驶　D. 减速行驶

题1200. 连续降雨天气,山区公路可能会出现路肩疏松和堤坡坍塌现象,行车时应选择道路中间坚实的路面,避免靠近路边行驶。(　　)

题1201. 在大雨天行车,为避免发生"水滑"而造成危险,要控制速度行驶。(　　)

题1202. 在这种雨天跟车行驶使用灯光,以下做法正确的是?

A. 使用远光灯　　　B. 不能使用近光灯
C. 不能使用远光灯
D. 使用雾灯

题1203. 如图所示,在这种天气行车,由于能见度较低,需要提前开启远光灯告知对向来车。(　　)

题1204. 水淹路面影响行车安全且不易通行的原因是什么?(　　)
A. 路面附着力增大
B. 无法观察到暗坑和凸起的路面
C. 能见度低,视野模糊
D. 日光反射阻挡视线

题1205. 驾驶人在行车中经过积水路面时,应怎样做?(　　)
A. 减速慢行　　　B. 保持正常车速通过
C. 空挡滑行通过　D. 加速通过

题1206. 在如图所示的道路跟车行驶时,为什么要保持较大的安全距离?(　　)

A. 因为不能正确判断水的深度
B. 因为路面积水的反光会影响距离的判断
C. 因为前车驾驶人的反应会变得迟缓
D. 因为溅起来的水会影响视线

题1207. 车辆涉水后，应保持低速行驶，怎样操作制动踏板，以恢复制动效果？（   ）
　A. 持续重踏　　　B. 间断重踏
　C. 持续轻踏　　　D. 间断轻踏

题1208. 雾天对安全行车的主要影响是什么？（   ）
　A. 发动机易熄火　B. 易发生侧滑
　C. 能见度低，视线不清
　D. 行驶阻力增大

题1209. 雾天行车时，应及时开启什么灯？（   ）
　A. 倒车灯　　　　B. 近光灯
　C. 雾灯　　　　　D. 远光灯

题1210. 遇到浓雾或特大雾，能见度过低且行车困难时，应怎样做？（   ）
　A. 开启前照灯，继续行驶
　B. 开启示廓灯、雾灯，靠右行驶
　C. 开启危险报警闪光灯，继续行驶
　D. 开启危险报警闪光灯和雾灯，选择安全地点停车

题1211. 浓雾天气能见度低，开启远光灯会提高能见度。（   ）

题1212. 大雾天行车，多鸣喇叭是为了引起对方注意，避免发生危险。（   ）

题1213. 雾天行车多使用喇叭可引起对方注意；听到对方车辆鸣喇叭，也应鸣喇叭回应。（   ）

题1214. 如图所示，在这种雾天情况下，通过交叉路口时必须鸣喇叭，加速通过，以免造成交通拥堵。（   ）

题1215. 大雾天行车，多鸣喇叭是为了什么？（   ）
　A. 催促前车让行　　B. 准备超越前车
　C. 催促前车提速，避免发生追尾

D. 引起对方注意，避免发生危险

题1216. 雾天驾驶机动车在道路上行驶，由于能见度低，应加速行驶，尽快到达安全地点。（   ）

题1217. 驾驶机动车遇到大雾或特大雾等能见度过低天气时，应选择安全地点停车。（   ）

题1218. 雾天行车为了提高能见度，应该开启远光灯。（   ）

题1219. 雾天驾驶机动车跟车行驶，以下做法错误的是什么？（   ）
　A. 时刻注意前车制动灯的变化
　B. 降低行车速度
　C. 加大两车间的距离
　D. 鸣喇叭提醒前车提高车速，避免后车追尾

题1220. 冰雪道路对安全行车的主要影响是什么？（   ）
　A. 电器设备易受潮短路
　B. 能见度降低，视野模糊
　C. 行驶阻力增大
　D. 制动性能差，方向易跑偏

题1221. 冰雪路行车时应注意什么？（   ）
　A. 制动距离延长　　B. 抗滑能力变大
　C. 制动性能没有变化
　D. 路面附着力增大

题1222. 在这种天气条件下行车，如何使用灯光？（   ）

　A. 使用近光灯　　　B. 不使用灯光
　C. 使用远光灯　　　D. 使用雾灯

题1223. 雪天行车时，应开启近光灯和雾灯。（   ）

题1224. 车辆在雪天临时停车时，应开启什么灯？（   ）
　A. 前后雾灯　　　　B. 倒车灯
　C. 前照灯　　　　　D. 危险报警闪光灯

题1225. 雪天行车时，在有车辙的路段应循车辙行驶。（   ）

题1226. 冰雪道路行车，由于积雪对光线的反射，极易造成驾驶人目眩而产生错觉。（   ）

题1227. 在冰雪道路上行车时，车辆的稳定性降低，加速过急时车轮极易空转或溜滑。（   ）

题1228. 在山区冰雪道路上行车，遇有前车正在爬坡时，后车应怎样做？（   ）
　A. 低速爬坡　　　　B. 紧随其后爬坡

C. 选择适当地点停车，等前车通过后再爬坡
D. 迅速超越前车

题1229. 在冰雪路面上行车，必须降低车速、加大安全距离。（　　）

题1230. 车辆在冰雪路面紧急制动易产生侧滑，应低速行驶，可利用发动机制动进行减速。（　　）

题1231. 驾驶机动车遇到沙尘、冰雹、雨、雾、结冰等气候条件时，应降低行驶速度。（　　）

题1232. 在山区冰雪道路上行车，应当采取在（　　）上安装防滑链等安全防范措施。
A. 驱动轮　　　　B. 被动轮
C. 备胎　　　　　D. 驱动轮和被动轮

题1233. 夜间道路环境对安全行车的主要影响是什么？（　　）
A. 驾驶人体力下降
B. 驾驶人易产生冲动、幻觉
C. 能见度低、不利于观察道路交通情况
D. 路面复杂多变

题1234. 夜间行车，驾驶人对物体的观察效果明显比白天差，视距会有什么变化？（　　）
A. 不变　　　　　B. 无规律
C. 变长　　　　　D. 变短

题1235. 夜间行车，驾驶人视距变短，影响观察，同时注意力高度集中，易产生疲劳。（　　）

题1236. 夜间行车，驾驶人的视野受限，很难观察到灯光照射区域以外的交通情况，因此要减速行驶。（　　）

题1237. 夜间行车，起步前，应当先开启近光灯。（　　）

题1238. 夜间车辆通过照明条件良好的路段时，应使用什么灯？（　　）
A. 危险报警闪光灯　　B. 远光灯
C. 近光灯　　　　　　D. 雾灯

题1239. 夜间行车，前方出现弯道时，灯光照射会发生怎样的变化？（　　）
A. 离开路面　　　　B. 由路中移到路侧
C. 距离不变　　　　D. 由高变低

题1240. 夜间会车，遇对方使用远光灯，应如何安全驾驶？（　　）
A. 加速通过
B. 直视对方车辆，确定来车位置
C. 开启远光灯，与对车对射示意
D. 降低车速，靠右行驶，必要时停车让行

题1241. 夜间会车时，若对方车辆不关闭远光灯，可变换灯光提示对向车辆，同时减速靠右侧行驶或停车。（　　）

题1242. 夜间行车，遇到对向来车未关闭远光灯时，应鸣喇叭并使用远光灯，以提示对方。（　　）

题1243. 夜间行车，遇到对面来车未关闭远光灯时，应减速行驶，以防两车灯光的交汇处有行人通过时发生事故。（　　）

题1244. 夜间会车时，对面来车使用远光灯，会使驾驶人因眩目而看不清前方道路情况，易引发事故。（　　）

题1245. 夜间行车，要尽量避免超车，确需超车时，可变换远近光灯向前车示意。（　　）

题1246. 夜间行车，需要超车时，变换远近光灯示意是为了提示前车。（　　）

题1247. 如图所示，夜间驾驶机动车与同方向行驶的前车距离较近时，以下做法正确的是什么？（　　）

A. 使用远光灯，有利于观察路面情况
B. 禁止使用远光灯，避免灯光照射至前车后视镜造成前车驾驶人眩目
C. 使用远光灯，有利于告知前方驾驶人后方有来车
D. 禁止使用远光灯，避免灯光照射至前车后视镜造成自己眩目

题1248. 如图所示，夜间驾驶机动车遇对方使用远光灯，无法看清前方路况时，以下做法正确的是什么？（　　）

A. 保持行驶方向和车速不变
B. 自己也打开远光灯行驶
C. 降低车速，谨慎会车
D. 加速通过，尽快摆脱对方光线

题1249. 夜间驾驶机动车在没有中心隔离设施或者没有中心线的道路上行驶，以下哪种情况下应当改用近光灯？（　　）
A. 接近没有交通信号灯控制的交叉路口时
B. 与对向机动车会车时
C. 接近人行横道时
D. 城市道路照明条件不良时

题1250. 机动车向左转弯、向左变更车道、驶离停车地点或者掉头时，提前开启左转向灯是为了什么？（　　）
A. 提示前车，将要向左变更行驶路线
B. 提示后车，将要向右变更行驶路线

C. 提示后车，将要向左变更行驶路线
D. 提示前车，将要向右变更行驶路线

题1251. 如图所示，在这种情况下跟车行驶，不能使用远光灯的原因是什么？　　　（　　）

A. 不利于看清远方的路况
B. 会影响自己的视线
C. 会影响前车驾驶人的视线
D. 不利于看清车前的路况

题1252. 关于机动车灯光的使用，以下说法正确的是什么？　　　　　　　　　　（　　）
A. 夜间驾驶机动车在照明条件良好的路段必须使用远光灯
B. 夜间驾驶机动车在照明条件良好的路段可以不使用灯光
C. 机动车灯光一个重要的作用是提示其他机动车驾驶人和行人
D. 机动车灯光的作用仅仅是为了在夜间照明

题1253. 机动车在夜间通过没有交通信号灯控制的交叉路口时，要怎样使用灯光？（　　）
A. 交替使用远近光灯示意
B. 使用危险报警闪光灯
C. 使用远光灯　　　D. 使用近光灯

（5）轮胎爆裂避险知识

题1254. 驾驶人发现轮胎漏气，将车辆驶离主车道时，不要采用紧急制动，以免造成翻车或后车采取制动不及时导致追尾事故。（　　）

题1255. 轮胎气压过低时，高速行驶轮胎会出现波浪变形、温度升高而导致什么？（　　）
A. 气压更低　　　　B. 行驶阻力增大
C. 爆胎　　　　　　D. 气压不稳

题1256. 避免爆胎的错误做法是什么？（　　）
A. 定期检查轮胎
B. 更换有裂纹或有很深损伤的轮胎
C. 降低轮胎气压
D. 及时清理轮胎沟槽里的异物

题1257. 车辆前轮胎爆裂，危险较大，方向会立刻向爆胎车轮一侧跑偏，直接影响驾驶人对转向盘的控制。（　　）

题1258. 行车中，当车辆前轮胎爆裂已发生转向时，驾驶人应双手紧握转向盘，尽力控制车辆直线行驶。（　　）

题1259. 前轮胎爆裂已出现转向时，驾驶人不要过度矫正，应在控制住方向的情况下怎样做，使车辆缓慢减速？（　　）
A. 采取紧急制动　　B. 使用驻车制动
C. 轻踏制动踏板　　D. 迅速踏下制动踏板

题1260. 车辆后轮胎爆裂，车尾会摇摆不定，驾驶人应双手紧握转向盘，控制车辆保持直线行驶，减速停车。（　　）

题1261. 行车中，当驾驶人意识到爆胎时，应在控制住方向的情况下，轻踏制动踏板，使车辆缓慢减速，逐渐平稳地停靠于路边。（　　）

题1262. 行车中，当车辆突然爆胎时，驾驶人切忌慌乱中急踏制动踏板，尽量采用"抢挡"的方法，利用发动机制动使车辆减速。（　　）

题1263. 车辆发生爆胎后，驾驶人在尚未控制住车速前，不要冒险使用行车制动器停车，以避免车辆横甩而发生更大的险情。（　　）

题1264. 行车中，当驾驶人意识到车辆爆胎时，应在控制住方向的情况下采取紧急制动，迫使车辆迅速停住。（　　）

3. 道路文明驾驶

（1）文明行为

题1265. 一个合格的驾驶人，不仅表现在技术的娴熟上，更重要的是应该具有良好的驾驶行为习惯和道德修养。（　　）

题1266. 对驾驶人开展日常安全教育是增强（　　）意识，提高安全文明素质的重要手段。
A. 驾驶人社会责任　B. 文明礼貌
C. 得与失　　　　　D. 优先发展交通

题1267. 女驾驶人穿高跟鞋驾驶车辆，不利于安全行车。（　　）

题1268. 驾驶车辆时，长时间使左臂搭在车门窗上，或者长时间用右手抓住变速器操纵杆，是一种驾驶陋习。（　　）

题1269. 驾驶人一边驾车，一边吸烟对安全行车无影响。（　　）

题1270. 谨慎驾驶的三个原则是集中注意力、仔细观察和提前预防。（　　）

题1271. 驾驶人在观察后方无来车的情况下，未开转向灯就变更车道是合理的。（　　）

题1272. 在道路上行车时，驾驶人通过车窗丢弃垃圾不会干扰到其他车辆正常行驶。（　　）

题1273. 雨天行车，遇到撑雨伞和穿雨衣的行人在公路上行走时，应怎样做？（　　）
A. 持续鸣喇叭示意其让道
B. 加速绕行
C. 提前鸣喇叭，并适当降低车速
D. 以正常速度行驶

题1274. 当驾驶车辆行经两侧有行人且有积水的路面时，应怎样做？（　　）
A. 加速通过　　　　B. 正常行驶
C. 连续鸣喇叭　　　D. 减速慢行

题 1275. 当驾驶车辆行经两侧有非机动车行驶且有积水的路面时,应怎样做?（ ）
A. 减速慢行　　　　B. 正常行驶
C. 加速通过　　　　D. 连续鸣喇叭

题 1276. 驾驶车辆在道路上行驶时,应当按照规定的速度安全行驶。（ ）

题 1277. 如图所示,驾驶机动车时,前风窗玻璃处悬挂放置干扰视线的物品是错误的。（ ）

题 1278. 驾驶人一边驾车,一边打手持电话是违法行为。（ ）

题 1279. 如图所示,驾驶机动车接打电话容易导致发生交通事故。（ ）

题 1280. 驾驶机动车遇紧急事务,可以边开车边接打电话。（ ）

题 1281. 驾驶机动车时接打电话容易引发事故,以下原因错误的是什么?（ ）
A. 单手握转向盘,对机动车控制力下降
B. 驾驶人注意力不集中,不能及时判断危险
C. 电话的信号会对汽车电子设备的运行造成干扰
D. 驾驶人对路况观察不到位,容易导致操作失误

题 1282. 如图所示,机动车驾驶人驾车通过此路口时,应减速慢行,时刻注意观察行人的动态变化,因为行人可能随时改变方向。（ ）

题 1283. 如图所示,驾驶机动车遇到这种情况时,应注意减速慢行并持续鸣喇叭提醒其避让。（ ）

（2）文明礼让

题 1284. 机动车在环形路口内行驶,遇到其他车辆强行驶入时,只要有优先权就可以不避让。（ ）

题 1285. 车辆行至交叉路口,遇到转弯的车辆抢行,应怎样做?（ ）
A. 提高车速抢先通过
B. 鸣喇叭抢先通过
C. 停车避让　　　　D. 保持正常车速行驶

题 1286. 车辆在交叉路口绿灯亮后,遇到非机动车抢道行驶时,可以不让行。（ ）

题 1287. 会车中遇到对方来车行进有困难需借道时,应怎样做?（ ）
A. 靠右侧加速行驶
B. 尽量礼让对方先行
C. 不侵占对方道路,正常行驶
D. 示意对方停车让行

题 1288. 行车中遇到对向来车占道行驶,应怎样做?（ ）
A. 逼对方靠右行驶　B. 用前照灯警示对方
C. 主动给对方让行　D. 紧靠道路中心行驶

题 1289. 遇到路口情况复杂时,应做到"宁停三分,不抢一秒"。（ ）

题 1290. 行车中要文明驾驶,礼让行车,做到不开英雄车、冒险车、赌气车和带病车。（ ）

题 1291. 行车中遇到抢救伤员的救护车从本车道逆向驶来时,应怎样做?（ ）
A. 靠边减速或停车让行
B. 占用其他车道行驶
C. 加速变更车道避让
D. 在原车道内继续行驶

题 1292. 行车中发现前方道路拥堵时,应怎样做?（ ）
A. 寻找机会超越前车
B. 从车辆空间穿插通过
C. 减速停车,依次排队等候
D. 鸣喇叭催促

题 1293. 发现前方道路堵塞,正确的做法是什么?（ ）
A. 按顺序停车等候
B. 鸣喇叭示意前方车辆快速行驶
C. 选择空当逐车超越
D. 继续穿插绕行

题 1294. 车辆在拥挤路段低速行驶时,遇到其他车

辆强行插队,应怎样做? ( )
  A.鸣喇叭警告,不得进入
  B.加速行驶,紧跟前车,不让其进入
  C.挤靠"加塞"车辆,逼其离开
  D.主动礼让,确保行车安全
题1295.行车中突遇对方车辆强行超车,占据自己车道,正确的做法是什么? ( )
  A.挡住其去路   B.保持原车速行驶
  C.尽可能减速避让,直至停车
  D.加速行驶
题1296.行车中突遇对向车辆强行超车,占据自己车道时,可不予避让,迫使对方让路。( )
题1297.如图所示,车辆在拥挤路段排队行驶时,遇到其他车辆强行穿插行驶,以下说法正确的是什么? ( )

  A.迅速左转躲避   B.减速或停车让行
  C.持续鸣喇叭警告 D.提高车速不让其穿插
题1298.如图所示,驾驶机动车遇到右侧车辆强行变道时,应减速慢行,让右前方车辆顺利变道。 ( )

题1299.行人参与道路交通的主要特点是什么? ( )
  A.喜欢聚集、围观 B.稳定性差
  C.行走随意性大,方向多变
  D.行动迟缓
题1300.行人参与道路交通的主要特点除了行走随意性大、方向多变以外,还喜欢聚集、围观。 ( )
题1301.行车中遇儿童时,应怎样做? ( )
  A.减速慢行,必要时停车避让
  B.长鸣喇叭催促
  C.迅速从一侧通过 D.加速绕行
题1302.驾驶人在行车中看到注意儿童标志的时候,应怎样做? ( )
  A.加速行驶   B.绕道行驶
  C.以正常车速行驶 D.谨慎选择行车速度
题1303.行车中遇残疾人影响通行时,应主动减速礼让。 ( )
题1304.行车中发现行人突然横过道路时,应迅速减速避让。 ( )
题1305.驾驶机动车在地下车库寻找停车位时,应注意观察行人的动态,遇行人横穿车道时及时减速,停车避让。 ( )
题1306.如图所示,驾驶机动车遇到这种情况,以下做法正确的是什么? ( )

  A.长鸣喇叭催促行人快速通过
  B.开启远光灯警示行人有车辆驶近
  C.降低行驶速度,避让行人
  D.适当加速从行人前方绕行
题1307.如图所示,驾驶机动车经过这种道路时,应降低车速在道路中间通行。 ( )

题1308.如图所示,驾驶机动车遇到这种情况,可以轻按喇叭提醒前方非机动车和行人后方有来车。 ( )

题1309.如图所示,机动车在这种道路上行驶,在道路中间通行的原因是什么? ( )

  A.在道路中间通行视线好

B. 防止车辆冲出路外
C. 给两侧的非机动车和行人留有充足的通行空间
D. 在道路中间通行速度快

题1310. 如图所示，在这种道路上行驶，应在道路中间通行的主要原因是在道路中间通行速度快。（　　）

题1311. 当行人出现交通安全违法行为时，车辆可以不给行人让行。（　　）

题1312. 行车中遇有非机动车准备绕过停放的车辆时，应怎样做？（　　）
A. 鸣喇叭示意其让道
B. 让其先行
C. 紧随其后鸣喇叭
D. 加速绕过

题1313. 行车中遇到非机动车抢行时，应怎样做？（　　）
A. 加速通过　　B. 鸣喇叭警告
C. 减速让行　　D. 临近时突然加速

题1314. 行车中超越同向行驶的自行车时，应怎样做？（　　）
A. 连续鸣喇叭提醒其让路
B. 持续鸣喇叭并加速超越
C. 让自行车先行
D. 注意观察动态，减速慢行，留有足够的安全距离

题1315. 夜间驾驶车辆遇自行车对向驶来时，应怎样做？（　　）
A. 连续变换远、近光灯
B. 不断鸣喇叭
C. 使用近光灯，减速或停车避让
D. 使用远光灯

（3）助人为乐

题1316. 行车中遇到前方发生交通事故，需要帮助时，应怎样做？（　　）
A. 尽量绕道躲避
B. 立即报警，停车观望
C. 协助保护现场并立即报警
D. 加速通过，不予理睬

题1317. 行车中遇交通事故受伤者需要抢救时，应怎样做？
A. 及时将伤者送医院抢救或拨打急救电话
B. 尽量避开，少惹麻烦
C. 绕过现场行驶

D. 借故避开现场

（三）高速公路通行规定与安全驾驶

1. 高速公路通行特殊规定

题1318. 以下哪种车辆可以在高速公路上行驶？（　　）
A. 轮式专用机械车　B. 铰接式客车
C. 拖拉机　　　　　D. 小客车

题1319. 驾驶非机动车、拖拉机、轮式专用机械车、铰接式客车、全挂拖斗车以及其他设计最高车速低于70公里/小时的机动车，不得进入高速公路。（　　）

题1320. 在这条车道行驶的最低车速是多少？（　　）

A. 100公里/小时　B. 110公里/小时
C. 60公里/小时　　D. 90公里/小时

题1321. 在这条车道行驶的最低车速是多少？（　　）

A. 60公里/小时　　B. 90公里/小时
C. 100公里/小时　D. 110公里/小时

题1322.《道路交通安全法实施条例》规定，高速公路上最高车速不得超过120公里/小时。因此在高速公路上行驶只要车速不超过120公里/小时就不违法。（　　）

题1323. 驾驶机动车在高速公路要按照限速标志标明的车速行驶。（　　）

题1324. 在高速公路上行驶的小型载客汽车之外的其他机动车不得超过每小时多少公里？（　　）
A. 90　　B. 120　　C. 80　　D. 100

题1325. 在这段高速公路上行驶的最高车速是多少？（　　）

A. 60公里/小时　　B. 90公里/小时

C. 100 公里 / 小时　　D. 120 公里 / 小时

题 1326. 在这段高速公路上行驶的最低车速是多少？　　　　　　　　　　　（　）

A. 100 公里 / 小时　　B. 80 公里 / 小时
C. 60 公里 / 小时　　D. 50 公里 / 小时

题 1327. 在这条车道行驶的最高车速是多少？
　　　　　　　　　　　　　　　　（　）

A. 100 公里 / 小时　　B. 90 公里 / 小时
C. 120 公里 / 小时　　D. 110 公里 / 小时

题 1328. 机动车在高速公路行驶时，可以不受速度限制。　　　　　　　　　　（　）

题 1329. 如图所示，在高速公路同方向三条机动车道右侧车道行驶，车速不能低于多少？（　）

A. 100 公里 / 小时　　B. 60 公里 / 小时
C. 110 公里 / 小时　　D. 80 公里 / 小时

题 1330. 如图所示，在高速公路同方向三条机动车道中间车道行驶，车速不能低于多少？（　）

A. 100 公里 / 小时　　B. 90 公里 / 小时
C. 110 公里 / 小时　　D. 60 公里 / 小时

题 1331. 如图所示，在高速公路同方向两条机动车道左侧车道行驶，应保持什么车速？（　）

A. 110 ～ 130 公里 / 小时
B. 100 ～ 120 公里 / 小时
C. 90 ～ 110 公里 / 小时
D. 60 ～ 120 公里 / 小时

题 1332. 如图所示，在高速公路同方向三条机动车道最左侧道行驶，应保持什么车速？（　）

A. 110 ～ 120 公里 / 小时
B. 100 ～ 120 公里 / 小时
C. 90 ～ 110 公里 / 小时
D. 60 ～ 120 公里 / 小时

题 1333. 驾驶机动车在高速公路行驶时，要严格按照车载导航指示的车速行驶。（　）

题 1334. 驾驶机动车驶离高速公路时，在这个位置怎样行驶？　　　　　　　（　）

A. 驶入减速车道　　B. 继续向前行驶
C. 车速保持 100 公里 / 小时
D. 车速降到 40 公里 / 小时以下

题 1335. 以下说法正确的是什么？　（　）

A. 从匝道驶入高速公路，应提前开启右转向灯
B. 驶离高速公路进入匝道，应提前开启右转向灯
C. 匝道路段可以超车
D. 驶入错误的匝道后，可倒车驶回高速公路

题 1336. 车辆驶离高速公路时，应当经减速车道减速后进入匝道。　　　　　　（　）

题 1337. 车前蓝色轿车驶离高速公路行车道的方法是正确的。　　　　　　　　（　）

题1338.驾驶车辆驶离高速公路可以从这个位置直接驶入匝道。（   ）

题1339.驾驶小型载客汽车在高速公路上时速超过100公里时的跟车距离是多少？（   ）

A.保持50米以上
B.保持60米以上
C.保持100米以上
D.保持80米以上

题1340.车辆在高速公路以100公里/小时的速度行驶时，与前车距离在多少米时是危险车间距？（   ）

A.50米　B.100米　C.110米　D.120米

题1341.驾驶小型载客汽车在高速公路上时速低于100公里时的最小跟车距离是多少？
（   ）

A.不得少于20米　B.不得少于10米
C.不得少于50米　D.不得少于30米

题1342.车辆在高速公路以100公里/小时的速度行驶时，距同车道前车100米以上为安全距离。（   ）

题1343.如图所示，在高速公路行车道跟随前车行驶时，最小跟车距离不得少于100米。（   ）

题1344.驾驶机动车在高速公路遇到能见度低于200米的气象条件时，最高车速是多少？
（   ）

A.不得超过100公里/小时
B.不得超过90公里/小时
C.不得超过60公里/小时
D.不得超过80公里/小时

题1345.驾驶机动车在高速公路上行驶，遇到低能见度气象条件时，能见度在200米以下，车速不得超过每小时多少公里？与同车道前车至少保持多少米的距离？（   ）

A.60，100　　　B.70，100
C.40，80　　　D.30，80

题1346.如图所示，在能见度小于200米的高速公路上以60公里/小时速度行驶时，与同车道前车保持的安全距离是多少？（   ）

A.保持100米以上的距离
B.保持100米以内的距离
C.保持与车速相同数据的距离
D.保持不小于50米的安全距离

题1347.驾驶机动车在高速公路上行驶，能见度小于200米时，车速不得超过60公里/小时。
（   ）

题1348.雪天在高速公路上驾驶时，关于安全车距错误的说法是什么？（   ）

A.雪天路滑，制动距离比干燥柏油路更长
B.雪天能见度低，应该根据能见度控制安全距离
C.能见度小于200米时，与前车至少保持50米的安全距离
D.能见度小于50米时，应该驶离高速公路

题1349.驾驶机动车在高速公路遇到能见度低于100米的气象条件时，最高车速是多少？
（   ）

A.不得超过40公里/小时
B.不得超过60公里/小时
C.不得超过80公里/小时
D.不得超过90公里/小时

题1350.驾驶机动车在高速公路上行驶，遇有雾、雨、雪、沙尘、冰雹等低能见度气象条件下，能见度在100米以下时，车速不得超过每小时多少公里？与同车道前车至少保持多少米的距离？（   ）

A.40，50　　　B.40，40
C.50，40　　　D.50，30

题1351.驾驶机动车在高速公路遇到能见度低于50米的气象条件时，车速不得超过20公里/小时，还应怎么做？（   ）

A.进入应急车道行驶
B.尽快驶离高速公路
C.尽快在路边停车　D.在路肩低速行驶

题1352.在高速公路上长期骑、轧车行道分界线行驶,会同时占用两个车道,导致后方车辆行驶困难,易引发交通事故。（　　）

题1353.如图所示,前车在行驶过程中没有违法行为。（　　）

题1354.这辆在高速公路上临时停放的故障车,警告标志应该设置在车后多远处?（　　）

A. 150米以外　　　B. 50～150米
C. 50米以内　　　D. 50～100米

题1355.如图所示,高速公路上遇到车辆无法继续行驶的情况时,怎样按规定放置危险警告标志?（　　）

A. 在车后50米处放置警告标志
B. 在车后50米至100米处放置警告标志
C. 在车后150米以外放置警告标志
D. 根据道路交通情况在适当位置放置警告标志

题1356.车辆因故障必须在高速公路停车时,应在车后方多少米以外设置故障警告标志?（　　）
A. 25　　B. 150　　C. 100　　D. 50

题1357.车辆发生故障无法移动时,以下做法是否正确?（　　）

题1358.机动车在高速公路上发生故障时,错误的做法是什么?（　　）
A. 按规定设置警告标志
B. 车上人员不能下车
C. 迅速报警

D. 开启危险报警闪光灯

题1359.机动车在高速公路上发生故障时,将车上人员迅速转移到右侧路肩上或者应急车道内,并且迅速报警。（　　）

题1360.车辆在高速公路发生故障不能移动时,驾驶人这种尝试排除故障的做法是否正确?（　　）

题1361.高速公路上车辆发生故障后,开启危险报警闪光灯和摆放警告标志的作用是警告后续车辆注意避让。（　　）

题1362.机动车在高速公路上发生故障或交通事故无法正常行驶时,由什么车拖曳或牵引?（　　）
A. 过路车　　　　B. 大客车
C. 同行车　　　　D. 清障车

题1363.机动车在高速公路上发生故障或者交通事故,无法正常行驶的,应当由哪类机动车拖曳、牵引?（　　）
A. 救援车、清障车　B. 小型汽车
C. 中型客车　　　　D. 重型货车

2. 高速公路安全驾驶

题1364.驶入高速公路的收费口时,应选择怎样的入口?（　　）
A. 车辆多　　　　B. 红灯亮
C. 绿灯亮　　　　D. 暂停服务

题1365.驾驶机动车驶入高速公路收费口应减速慢行,有序行驶,选择绿灯亮起的收费口进入。（　　）

题1366.如图所示,驾驶机动车可以从匝道直接驶入行车道。（　　）

题1367.驾驶机动车由加速车道进入高速公路行驶,以下做法错误的是什么?（　　）
A. 在加速车道上加速,同时要开启左转向灯
B. 密切注意左侧行车道的车流状态,同时用后视镜观察后方的情况
C. 充分利用加速车道的长度加速,确认安全后,平顺地进入行车道
D. 经加速车道充分加速后,可直接驶入最左侧车道

题1368. 机动车从匝道驶入高速公路,应当开启左转向灯。（ ）

题1369. 高速公路上行车,如果因疏忽驶过出口,应怎样做?
A. 立即停车　　　　B. 在原地掉头
C. 在原地倒车驶回
D. 继续向前行驶,寻找下一个出口

题1370. 如果在高速公路上不小心错过了准备驶出的路口,正确的操作应该是?（ ）
A. 紧急制动,倒车至想要驶出的路口
B. 继续前行,到下一出口驶离高速公路掉头
C. 在应急停车道上停车,等待车辆较少的时候再伺机倒车
D. 借用应急停车道进行掉头,逆向行驶

题1371. 驾驶机动车在高速公路上行驶,错过出口时,如果确认后方无来车,可以倒回出口驶离高速公路。（ ）

题1372. 如图所示,A车的行为是正确的。（ ）

题1373. 车辆在高速公路匝道上可以停车。（ ）
题1374. 车辆不得在高速公路匝道上掉头。（ ）
题1375. 车辆驶入高速公路匝道后,迅速将车速提高到60公里/小时以上。（ ）
题1376. 驾驶车辆进入高速公路加速车道后,应尽快将车速提高到每小时多少公里以上?（ ）
A. 50　　B. 60　　C. 30　　D. 40
题1377. 驾驶车辆驶入高速公路加速车道后,须尽快将车速提高到60公里/小时以上的原因是什么?（ ）
A. 以防被其他车辆超过
B. 以防后方车辆发生追尾事故
C. 以防汇入车流时影响主线车道上行驶的车辆
D. 以防违反最低限速要求受到处罚
题1378. 车辆在高速公路匝道提速到60公里/小时以上时,可直接驶入行车道。（ ）
题1379. 驾驶车辆可以从这个位置直接驶入高速公路行车道。（ ）

题1380. 这辆小型载客汽车进入高速公路行车道的行为是正确的。（ ）

题1381. 在标志、标线齐全的高速公路上行车,应当按照什么规定的车道和车速行驶?（ ）
A. 标志或标线　　B.《道路交通安全法》
C. 车辆说明书　　D. 地方法规

题1382. 在同向4车道高速公路上行车,车速高于110公里/小时的车辆应在哪条车道上行驶?（ ）
A. 最左侧　　　　B. 第2条
C. 最右侧　　　　D. 第3条

题1383. 机动车在高速公路行驶,下列做法正确的是?（ ）
A. 非紧急情况时不得在应急车道行驶或者停车
B. 可在减速车道或加速车道上超车、停车
C. 可在紧急停车带停车装卸货物
D. 可在路肩停车上下人员

题1384. 车辆应靠高速公路右侧的路肩上行驶。（ ）

题1385. 高速公路因发生事故造成堵塞时,可在右侧紧急停车带或路肩行驶。（ ）

题1386. 下列做法是否正确?（ ）

题1387. 如图所示,在高速公路最左侧车道行驶,如果驶离高速公路,以下说法正确的是什么?（ ）

A. 每次变更一条车道,直到最右侧车道
B. 为了快速变更车道,可以加速超越右侧车辆后变更车道
C. 找准机会一次变更到最右侧车道
D. 立即减速后向右变更车道

题1388. 驾驶机动车在高速公路上行驶,遇到图中

所示的情形，怎么做才正确？（　　）

A. 可以借右侧应急车道行驶
B. 与前车保持安全距离跟车行驶
C. 紧跟左侧车道红色小客车行驶
D. 鸣喇叭或变换远近光灯催促

题 1389. 车辆在高速公路行驶时，可以仅凭感觉确认车速。（　　）

题 1390. 车辆在高速公路上行车，可以频繁地变更车道。（　　）

题 1391. 在高速公路变更车道时，应提前开启转向灯，观察情况，确认安全后，驶入需要变更的车道。（　　）

题 1392. 行驶在高速公路上遇大雾视线受阻时，应当立即紧急制动停车。（　　）

题 1393. 机动车在高速公路上遇前方交通受阻时，应当跟随前车顺序排队，并立即开启危险报警闪光灯，防止追尾。（　　）

题 1394. 小型客车行驶在平坦的高速公路上，突然有颠簸感觉时，应迅速降低车速，防止爆胎。（　　）

题 1395. 在高速公路上遇分流交通管制时，可不驶出高速公路，就地靠边停靠等待管制结束后继续前行。（　　）

题 1396. 在高速公路上行驶感觉疲劳时，应立即停车休息，以保证行车安全，避免因疲劳驾驶而导致的交通事故。（　　）

题 1397. 驾驶机动车在高速公路上遇到雨雪天气时，需要降低车速、保持安全距离的原因，以下说法错误的是什么？（　　）

A. 能见度下降，驾驶人难以及时发现前方车辆
B. 此类天气条件下的道路上，车辆的制动距离变长
C. 为车辆安全行驶提供足够的安全距离
D. 降低恶劣天气对车辆造成的损害

题 1398. 在高速公路上开车遇到图中所示情况时，以下操作不正确的是什么？（　　）

A. 应该打开雾灯、近光灯、示廓灯、前后位灯，危险报警灯光
B. 能见度低，应该与同车道前车间距保持一定距离
C. 降低车速，防止紧急情况下无法及时制动
D. 继续维持高速行驶，防止后面车辆堵塞

题 1399. 驾驶机动车在高速公路上车辆发生故障时，为获得其他车辆的帮助，可将警告标志放置在其他车道。（　　）

题 1400. 驾驶机动车在高速公路发生故障，需要停车排除故障时，以下做法先后顺序正确的是？①放置警告标志，转移乘车人员至安全处，迅速报警；②开启危险报警闪光灯；③将车辆移至不妨碍交通的位置；④等待救援。（　　）

A. ④③①②　　　　B. ①②③④
C. ③②①④　　　　D. ②③①④

题 1401. 驾驶机动车在高速公路上车辆发生故障时，若车辆可以移动至应急车道内，只需开启危险报警闪光灯，警告标志可根据交通流情况选择是否放置。（　　）

题 1402. 在高速公路上驾驶机动车，车辆发生故障后的处置方法，以下说法错误的是什么？（　　）

A. 打开危险报警闪光灯，夜间还应开启示廓灯、后位灯
B. 在车后 150 米以外设置安全警告标志
C. 车内乘员应下车辅助将故障车辆推移到紧急停车带上
D. 所有人员需离开故障车辆，在紧急停车带或护栏以外安全位置报警并等候救援

题 1403. 如图所示，当车速为 95 公里／小时时，可以在哪条车道内行驶？（　　）

A. 车道 A　　　　B. 车道 B
C. 车道 C　　　　D. 车道 D

题 1404. 如图所示，在同向三车道高速公路上行车，车速 115 公里／小时应在哪条行车道上行驶？（　　）

A. 最右侧行车道 B. 最左侧行车道
C. 中间行车道 D. 哪条都行

题1405. 驾驶机动车在高速公路上行驶，能见度小于200米时，与同车车道前车应保持100米以上的距离。（   ）

题1406. 驾驶机动车在高速公路上行驶，遇有雾、雨、雪、沙尘、冰雹等低能见度气象条件时，能见度在50米以下时，以下做法正确的是什么？（   ）
A. 加速驶离高速公路
B. 在应急车道上停车等待
C. 可以继续行驶，但车速不得超过每小时40公里/小时
D. 以不超过20公里/小时的车速从最近的出口尽快驶离高速公路

题1407. 驾驶机动车上高速公路行驶，以下说法正确的是什么？（   ）
A. 可在匝道、加速车道、减速车道上超车
B. 非紧急情况时可在应急车道行驶
C. 可以试车或学习驾驶
D. 不准倒车、逆行、穿越中央分隔带掉头

三、道路交通安全违法行为及处罚

（一）道路交通安全违法行政强制措施

1. 道路交通安全违法行政处罚规定

题1408. 驾驶机动车在道路上违反道路通行规定应当接受相应的处罚。（   ）

题1409. 对道路交通安全违法行为的处罚种类不包括下列哪项？（   ）
A. 警告 B. 罚款 C. 暂扣 D. 训诫

题1410. 机动车驾驶人有以下哪种违法行为的，暂扣6个月机动车驾驶证？（   ）
A. 醉酒后驾驶机动车的
B. 伪造、变造机动车驾驶证的
C. 饮酒后驾驶机动车的
D. 使用伪造、变造机动车驾驶证的

题1411. 以下哪种行为处10日以下拘留，并处1000元以上2000元以下罚款，吊销机动车驾驶证？（   ）
A. 醉酒驾驶机动车的
B. 故意遮挡机动车号牌的
C. 使用其他车辆保险标志的
D. 因饮酒后驾驶机动车被处罚，再次饮酒后驾驶机动车的

题1412. 饮酒后驾驶机动车的，处暂扣多长时间驾驶证，并处1000元以上2000元以下罚款？（   ）
A. 1个月以上3个月以下
B. 6个月
C. 3个月以上6个月以下
D. 12个月

题1413. 饮酒后驾驶非营运机动车的，处暂扣6个月机动车驾驶证，并处1000元以上2000元以下罚款。（   ）

题1414. 醉酒驾驶非营运机动车的，由公安机关交通管理部门吊销机动车驾驶证，依法追究刑事责任，并且多少年内不得重新取得机动车驾驶证？（   ）
A. 终生 B. 10年
C. 5年 D. 20年

题1415. 饮酒后或者醉酒驾驶机动车发生重大交通事故构成犯罪的，依法追究刑事责任，吊销机动车驾驶证，将多少年内不得申请机动车驾驶证？（   ）
A. 5年 B. 10年
C. 20年 D. 终生

题1416. 驾驶人未携带哪种证件驾驶机动车上路，交通警察可依法扣留车辆？（   ）
A. 机动车通行证 B. 居民身份证
C. 从业资格证 D. 机动车行驶证

题1417. 上路行驶的机动车未随车携带身份证的，交通警察可依法扣留机动车。（   ）

题1418. 上道路行驶的机动车驾驶人未携带机动车行驶证的，除扣留机动车外，并受到什么处罚？（   ）
A. 警告 B. 罚款
C. 拘留 D. 吊销驾驶证

题1419. 以下哪种情形不会被扣留车辆？（   ）
A. 没有按规定悬挂号牌
B. 没有放置保险装置
C. 未随车携带灭火器
D. 未随车携带行驶证

题1420. 以下哪种情形会扣留车辆？（   ）
A. 伪造行驶证 B. 车内装饰过多
C. 驾驶人开车打电话
D. 未安装防撞装置

题1421. 伪造、变造或者使用伪造、变造驾驶证的驾驶人构成犯罪的，将依法追究刑事责任。（   ）

题1422. 上路行驶的机动车使用伪造、变造的检验合格标志的，交通警察可依法扣留机动车。（   ）

题1423. 对未取得驾驶证驾驶机动车的，追究其法律责任。（   ）

题1424. 机动车驾驶证被暂扣期间驾驶机动车的，由公安机关交通管理部门处200元以上2000元以下罚款，可以并处以下哪种处罚？（   ）
A. 扣留车辆
B. 5年不得重新取得新驾驶证
C. 15日以下拘留 D. 吊销驾驶证

题1425. 将机动车交由未取得机动车驾驶证的人

驾驶的，由公安机关交通管理部门处200元以上2000元以下罚款，可以并处以下哪种处罚？（ ）
A. 15日以下拘留　　B. 吊销驾驶证
C. 扣留车辆
D. 5年不得重新取得新驾驶证

题1426. 驾驶机动车造成交通事故后逃逸，尚不构成犯罪的，由公安机关交通管理部门处200元以上2000元以下罚款，可以并处15日以下拘留。（ ）

题1427. 造成交通事故后逃逸，尚不构成犯罪的，公安机关交通管理部门除按照规定罚款外，还可以并处（ ）？
A. 15日以下拘留　　B. 吊销驾驶证
C. 扣留车辆
D. 5年内不得重新取得驾驶证

题1428. 下列哪种行为会受到200元以上2000元以下罚款，并处吊销机动车驾驶证？（ ）
A. 违反道路通行规定
B. 超过规定时速50%
C. 造成交通事故后逃逸
D. 驾车没带驾驶证

题1429. 驾驶拼装的机动车上道路行驶的，公安机关交通管理部门应当予以收缴，强制报废，并吊销机动车驾驶证。（ ）

题1430. 驾驶拼装机动车上路行驶的驾驶人，除按规定接受罚款外，还要受到哪种处理？（ ）
A. 暂扣驾驶证　　B. 吊销驾驶证
C. 追究刑事责任　　D. 处10日以下拘留

题1431. 驾驶报废机动车上路行驶的驾驶人，除按规定罚款外，还要受到哪种处理？（ ）
A. 收缴驾驶证　　B. 撤销驾驶许可
C. 强制恢复车况　　D. 吊销驾驶证

题1432. 对驾驶已达到报废标准的机动车上路行驶的驾驶人，会受到下列哪种处罚？（ ）
A. 处20元以上200元以下罚款
B. 追究刑事责任
C. 处15日以下拘留
D. 吊销机动车驾驶证

题1433. 对驾驶拼装机动车上路行驶的驾驶人，会受到下列哪种处罚？（ ）
A. 依法追究刑事责任
B. 处200元以上2000元以下罚款
C. 吊销机动车行驶证
D. 处15日以下拘留

题1434. 出售已达到报废标准的机动车的，没收违法所得，处销售金额等额的罚款，对该机动车予以收缴，并（ ）。
A. 吊销购车人驾驶证
B. 拘留购车人
C. 强制报废　　D. 拘留售车人

题1435. 机动车驾驶人违法驾驶造成重大交通事故构成犯罪的，依法追究什么责任？（ ）
A. 刑事责任　　B. 民事责任
C. 直接责任　　D. 经济责任

题1436. 对违法驾驶发生重大交通事故且构成犯罪的，不追究其刑事责任。（ ）

题1437. 造成交通事故后逃逸且构成犯罪的驾驶人，将吊销驾驶证且终生不得重新取得驾驶证。（ ）

题1438. 机动车驾驶人造成事故后逃逸构成犯罪的，吊销驾驶证且多长时间不得重新取得驾驶证？（ ）
A. 5年内　　B. 10年内
C. 20年内　　D. 终生

题1439. 驾驶机动车造成重大交通事故后逃逸，构成犯罪的，由公安机关交通管理部门吊销机动车驾驶证，且终生不得重新取得机动车驾驶证。（ ）

题1440. 机动车驾驶人造成重大交通事故后逃逸，构成犯罪的，10年内不能申请机动车驾驶证。（ ）

题1441. 当事人应当自收到罚款的行政处罚决定书之日起多长时间内，到指定的银行缴纳罚款？（ ）
A. 20日　B. 30日　C. 10日　D. 15日

2. 道路交通安全违法行为处理程序

题1442. 因违法停车，现场已被处理过的违法行为，可以申请消除电子眼处罚。（ ）

题1443. 上道路行驶的机动车有哪种情形，交通警察可依法扣留车辆？（ ）
A. 未悬挂机动车号牌
B. 未携带身份证
C. 未携带保险合同　　D. 未放置城市环保标志

题1444. 上道路行驶的机动车有哪种情形，交通警察可依法扣留车辆？（ ）
A. 未放置检验合格标志
B. 未携带身份证
C. 未放置城市环保标志
D. 未携带机动车登记证书

题1445. 上道路行驶的机动车有哪种情形，交通警察可依法扣留车辆？（ ）
A. 未携带机动车登记证书
B. 未携带保险合同
C. 未放置城市环保标志
D. 未放置保险标志

题1446. 驾驶人未携带哪种证件驾驶机动车上路，交通警察可依法扣留车辆？（ ）
A. 机动车驾驶证　　B. 居民身份证
C. 机动车通行证　　D. 从业资格证

题1447. 交通警察对未放置保险标志上道路行驶的

车辆可依法扣留行驶证。（ ）

题1448. 对有使用伪造或变造检验合格标志嫌疑的车辆，交通警察只进行罚款处罚。（ ）

题1449. 对有伪造或变造号牌、行驶证嫌疑的车辆，交通警察可依法予以扣留。（ ）

题1450. 对使用其他车辆号牌、行驶证的车辆，交通警察可依法予以扣留。（ ）

题1451. 驾驶人有使用其他车辆号牌、行驶证嫌疑的，交通警察可依法扣留车辆。（ ）

题1452. 驾驶人有使用其他车辆检验合格标志嫌疑的，交通警察可依法扣留车辆。（ ）

题1453. 驾驶人有使用其他车辆保险标志嫌疑的，交通警察可依法扣留车辆。（ ）

题1454. 对未按照国家规定投保交强险的车辆，交通警察可依法予以扣留。（ ）

题1455. 驾驶人驾驶有达到报废标准嫌疑机动车上路的，交通警察依法予以拘留。（ ）

题1456. 对发生道路交通事故需要收集证据的事故车，交通警察可以依法扣留。（ ）

题1457. 驾驶人有哪种情形，交通警察可依法扣留机动车驾驶证？（ ）
A. 超过规定速度10%
B. 疲劳后驾驶机动车
C. 行车中未系安全带
D. 饮酒后驾驶机动车

题1458. 驾驶人将机动车交由什么样的人驾驶的，交通警察可依法扣留机动车驾驶证？（ ）
A. 实习期驾驶人　　B. 取得驾驶证的人
C. 驾驶证被吊销的人
D. 驾驶证记分达到6分的人

题1459. 驾驶人将机动车交给驾驶证被吊销的人驾驶的，交通警察依法扣留驾驶证。（ ）

题1460. 驾驶人将机动车交给驾驶证被暂扣的人驾驶的，交通警察给予口头警告。（ ）

题1461. 驾驶人在一个记分周期内累积记分达到12分的，交通警察依法扣留驾驶证。（ ）

题1462. 机动车驾驶人血液中酒精含量大于或者等于多少可认定为醉驾？（ ）
A. 20毫克/100毫升
B. 60毫克/100毫升
C. 80毫克/100毫升
D. 50毫克/100毫升

题1463. 当驾驶人血液中酒精含量为100毫克/100毫升时，属于醉酒驾驶。（ ）

（二）道路交通安全违法刑事处罚

1. 刑法中有关道路交通安全违法的规定

题1464. 驾驶人违反交通运输管理法规发生重大事故致人重伤、死亡，可能会受到什么刑罚？（ ）
A. 处3年以下徒刑或者拘役
B. 处3年以上7年以下徒刑
C. 处5年以上徒刑　　D. 处7年以上徒刑

题1465. 驾驶人违反交通运输管理法规发生重大事故使公私财产遭受重大损失，可能会受到什么刑罚？（ ）
A. 处5年以上徒刑
B. 处3年以下徒刑或者拘役
C. 处3年以上徒刑
D. 处3年以上7年以下徒刑

题1466. 驾驶人违反交通运输管理法规发生重大事故致人重伤的，可能处3年以下徒刑或拘役。（ ）

题1467. 驾驶人违反交通运输管理法规发生重大事故致人死亡的，处3年以上有期徒刑。（ ）

题1468. 驾驶人违反交通运输管理法规发生重大事故使公私财产遭受重大损失，可能处3年以下徒刑或拘役。（ ）

题1469. 驾驶人违反交通运输管理法规发生重大事故致人死亡且逃逸的，处多少年有期徒刑？（ ）
A. 7年以上　　　　B. 3年以下
C. 3年以上7年以下　D. 10年以上

题1470. 驾驶人违反交通运输管理法规发生重大事故后，因逃逸致人死亡的，处多少年有期徒刑？（ ）
A. 2年以下　　　　B. 3年以下
C. 7年以下　　　　D. 7年以上

题1471. 驾驶人违反交通运输管理法规发生重大事故后，逃逸或者有其他特别恶劣情节的，处7年以上有期徒刑。（ ）

题1472. 驾驶人违反交通运输管理法规发生重大事故后，因逃逸致人死亡的，处3年以上7年以下有期徒刑。（ ）

题1473. 驾驶机动车在道路上追逐竞驶，情节恶劣，会受到什么处罚？（ ）
A. 处6个月徒刑　　B. 处1年以上徒刑
C. 处管制，并处罚金
D. 处拘役，并处罚金

题1474. 驾驶人在道路上驾驶机动车追逐竞驶，情节恶劣的处3年以下有期徒刑。（ ）

题1475. 醉酒驾驶机动车在道路上行驶会受到什么处罚？（ ）
A. 处管制，并处罚金
B. 处2年以上徒刑
C. 处拘役，并处罚金
D. 处2年以下徒刑

题1476. 驾驶人在道路上醉酒驾驶机动车的，处3年以下有期徒刑。（ ）

题1477. 在道路上从事校车业务，严重超员超速的，构成危险驾驶罪，将处拘役，并处罚金。（ ）

题1478. 无证驾驶可构成危险驾驶罪。（ ）

题1479. 驾驶人员在行驶的公共交通工具上擅离职守，与他人互殴或者殴打他人，危及公共安全的，处1年以下有期徒刑、拘役或者管制，并处或者单处罚金。（ ）

题1480. 申请人在机动车驾驶人考试过程中组织作弊的，情节严重构成犯罪的，会受到什么处罚？（ ）
A. 处管制，并处罚金
B. 处3年以下有期徒刑，并处罚金
C. 处3年以上7年以下有期徒刑，并处罚金
D. 处7年以上有期徒刑，并处罚金

2. 最高人民法院关于审理交通肇事刑事案件具体应用法律若干问题的解释

题1481. 交通肇事致一人以上重伤，负事故全部或者主要责任，并具有下列哪种行为的，构成交通肇事罪。（ ）
A. 未报警   B. 未抢救受伤人员
C. 酒后、吸食毒品后驾驶机动车辆的
D. 未带驾驶证

题1482. 交通肇事致一人以上重伤，负事故全部或者主要责任，并具有下列哪种行为的，构成交通肇事罪。（ ）
A. 未带驾驶证   B. 未报警
C. 无驾驶资格驾驶机动车辆的
D. 未抢救受伤人员

题1483. 交通肇事致一人以上重伤，负事故全部或者主要责任，并具有下列哪种行为的，构成交通肇事罪。（ ）
A. 未带驾驶证   B. 未报警
C. 明知是安全装置不全或者安全机件失灵的机动车辆而驾驶的
D. 未抢救受伤人员的

题1484. 交通肇事致一人以上重伤，负事故全部或者主要责任，并具有下列哪种行为的，构成交通肇事罪。（ ）
A. 未及时报警   B. 未抢救受伤人员
C. 严重超载驾驶的 D. 未带驾驶证

题1485. 交通肇事致一人以上重伤，负事故全部或者主要责任，并具有下列哪种行为的，构成交通肇事罪。（ ）
A. 未抢救受伤人员   B. 未带驾驶证
C. 未报警
D. 为逃避法律追究逃离事故现场的

四、道路交通事故处理相关规定

（一）道路交通事故处理规定

题1486. 在道路上发生交通事故造成人身伤亡时，要立即抢救受伤人员并迅速报警。（ ）

题1487. 驾驶人在发生交通事故后因抢救伤员变动现场时要标明位置。（ ）

题1488. 驾驶机动车在道路上发生交通事故造成人身伤亡的，驾驶人必须报警。（ ）

题1489. 机动车之间发生交通事故，不管是否有人员伤亡，只要双方当事人同意，都可自行协商解决。（ ）

题1490. 在道路上造成人身伤亡、事故后果非常严重的交通事故，可自行撤离现场。（ ）

题1491. 驾驶机动车在道路上发生交通事故要立即将车移到路边。（ ）

题1492. 驾驶机动车发生交通事故，以下哪种情况适用自行协商解决？（ ）
A. 对方饮酒的
B. 对事实及成因有争议的
C. 未造成人身伤亡，对事实及成因无争议的
D. 造成人身伤亡的

题1493. 驾驶机动车与非机动车发生剐蹭，未造成人身伤亡且对事实及成因无争议的，以下做法正确的是什么？（ ）
A. 撤离现场，自行协商损害赔偿事宜
B. 现场找人指证
C. 立即报警   D. 不得移动车辆

题1494. 在道路上发生交通事故，未造成人身伤亡，当事人对事实及成因无争议的，应当如何处理？（ ）
A. 即行撤离现场，自行协商处理损害赔偿事宜
B. 不得撤离现场
C. 保护现场，请保险公司定损
D. 将车停在原地，保护好现场，等待交通警察前来处理

题1495. 在道路上发生未造成人员伤亡且无争议的轻微交通事故如何处置？（ ）
A. 保护好现场再协商
B. 不要移动车辆
C. 疏导其他车辆绕行
D. 撤离现场自行协商

题1496. 两辆机动车发生轻微碰擦事故后，为保证理赔，必须等保险公司人员到场鉴定后才能撤离现场。（ ）

题1497. 机动车之间发生交通事故造成轻微财产损失，当事人对事实及成因无争议时，在确保安全的原则下，对现场拍照或标划事故车辆现场位置后，可自行撤离现场处理损害赔偿事宜，主要目的是什么？（ ）
A. 双方互有损失
B. 找现场证人就行了，不必报警
C. 为了及时恢复交通，避免造成交通拥堵
D. 事故后果很小，无需赔偿

题1498. 驾驶机动车与行人之间发生交通事故造成人身伤亡、财产损失的，机动车一方没有过错的，不承担赔偿责任。　　　　　（　）

题1499. 非机动车驾驶人、行人与处于静止状态的机动车发生交通事故造成损失，机动车一方无责任。关于机动车一方的赔偿责任，下面哪种说法是正确的？　　　　　　　（　）
　　A. 不承担赔偿责任　　B. 承担10%赔偿责任
　　C. 承担60%赔偿责任
　　D. 承担全部责任

题1500. 非机动车驾驶人、行人故意碰撞机动车造成交通事故的，机动车一方不承担赔偿责任。　　　　　　　　　　　　（　）

题1501. 驾驶机动车发生交通事故，仅造成财产损失的，但是对交通事故事实及成因有争议的，应当怎么处理？　　　　　　（　）
　　A. 迅速报警　　　B. 占道继续和对方争辩
　　C. 找中间人帮忙解决
　　D. 自行协商损害赔偿事宜

题1502. 驾驶机动车发生交通事故后当事人故意破坏、伪造现场、毁灭证据的，应当承担什么责任？　　　　　　　　　　　（　）
　　A. 主要责任　　　B. 次要责任
　　C. 同等责任　　　D. 全部责任

题1503. 发生交通事故后，当事人故意破坏、伪造现场、毁灭证据的，承担全部责任。　（　）

题1504. 请判断图中左侧这辆小型客车有几种违法行为？　　　　　　　　　　　（　）

　　A. 有2种违法行为　　B. 有3种违法行为
　　C. 有4种违法行为　　D. 有5种违法行为

题1505. 请判断图中这辆黄色机动车有几种违法行为？　　　　　　　　　　　（　）

　　A. 有1种违法行为　　B. 有2种违法行为
　　C. 有3种违法行为　　D. 有4种违法行为

题1506. 请判断图中右侧灰色机动车逆向行驶是属于什么行为？　　　　　　　（　）

　　A. 违法行为　　　B. 违规行为
　　C. 违章行为　　　D. 违纪行为

（二）道路交通事故处理程序

题1507. 机动车发生人员死亡的交通事故时，当事人应当保护现场并立即报警。　（　）

题1508. 发生交通事故时，下列哪种情况下当事人应当保护现场并立即报警？　　（　）
　　A. 未造成人员伤亡的
　　B. 未发生财产损失事故
　　C. 未损害公共设施及建筑物的
　　D. 驾驶人有酒后驾驶嫌疑的

题1509. 道路交通事故中，驾驶人有饮酒、醉酒嫌疑时，要保护现场并立即报警。　　（　）

题1510. 驾驶机动车在道路上发生交通事故，当事人不能自行移动车辆的，应当保护现场并立即报警。　　　　　　　　　（　）

题1511. 驾驶机动车在道路上发生交通事故，任何情况下都应标明现场位置后，先行撤离现场。　　　　　　　　　　　　（　）

题1512. 道路交通事故中，机动车无号牌、检验合格标志、保险标志时，要保护现场并立即报警。　　　　　　　　　　　（　）

题1513. 驾驶机动车碰撞建筑物、公共设施后可即行撤离现场。　　　　　　　　（　）

题1514. 驾驶机动车发生财产损失交通事故后，当事人对事实及成因无争议移动车辆时需要对现场拍照或者标划停车位置。　（　）

题1515. 遇到这种单方交通事故，应如何处理？　（　）

　　A. 不用报警　　　B. 报警
　　C. 直接联系路政部门进行理赔
　　D. 直接联系绿化部门

题1516.事故报警时,要向交警提供事故地点、人员伤情、车辆号牌等信息,协助交警快速定位到达现场。（　　）

题1517.发生无人员伤亡的、财产轻微损失的交通事故后,以下做法正确的是什么?（　　）
A.必须报警,等候警察处理
B.开车离开现场
C.确保安全的情况下,对现场拍照,然后将车辆移至路边等不妨碍交通的地点
D.停在现场保持不动

题1518.机动车发生轻微财产损失的交通事故,对应当自行撤离现场而未撤离的,交通警察有权责令当事人撤离现场。（　　）

题1519.机动车发生财产损失交通事故,对应当自行撤离现场而未撤离造成交通堵塞的,可以对驾驶人处以200元罚款。（　　）

题1520.车辆发生责任明确的轻微剐蹭事故,双方驾驶人争执不下,能够自行撤离现场而未自行撤离,坚持在原地等待警察来处理,造成路面堵塞,该行为会受到罚款的处罚。（　　）

题1521.车辆发生轻微剐蹭事故,双方驾驶人争执不下,坚持在原地等待警察来处理,造成路面堵塞,该行为会受到罚款的处罚。（　　）

题1522.以下何种交通事故可以适用简易程序处理?（　　）
A.造成人员重伤的
B.造成人员死亡的
C.涉及交通肇事罪的
D.财产损失事故不涉及其他犯罪嫌疑的

五、机动车基础知识

（一）车辆结构与车辆性能常识

1.汽车仪表

题1523.这个仪表是何含义?（　　）
A.发动机转速表
B.行驶速度表
C.区间里程表
D.百公里油耗表

题1524.这个仪表是何含义?（　　）
A.速度和里程表
B.发动机转速表
C.最高时速值表
D.百公里油耗表

题1525.这个仪表是何含义?（　　）
A.水温表
B.燃油表
C.电流表
D.压力表

题1526.这个仪表是何含义?（　　）
A.压力表
B.电流表
C.水温表
D.燃油表

题1527.仪表显示当前车速是20公里/小时。（　　）

题1528.仪表显示当前发动机转速是6000转/分钟。（　　）

题1529.仪表显示当前冷却液的温度是90度。（　　）

题1530.仪表显示油箱内存油量已在警告线以内。（　　）

题1531.以下哪个仪表表示发动机转速表?（　　）
A.　　B.　　C.　　D.

题1532.以下哪个仪表表示速度和里程表?（　　）
A.　　B.　　C.　　D.

题1533.以下哪个仪表表示水温表?　　(　　)

　　A.　　　　　　　B.

　　C.　　　　　　　D.

题1534.以下哪个仪表表示燃油表?　　(　　)

A.　　　　　　　B.

C.　　　　　　　D.

题1535.图中左侧白色轿车,在这种情况下为了保证安全,应适当降低车速。(　　)

2.汽车指示灯

题1536.机动车仪表板上(如图所示)亮表示什么?
(　　)

A.后雾灯打开
B.前照灯近光打开
C.前照灯远光打开
D.前雾灯打开

题1537.机动车仪表板上(如图所示)亮表示什么?
(　　)

A.后雾灯打开
B.前照灯近光打开
C.前照灯远光打开
D.前雾灯打开

题1538.机动车仪表板上(如图所示)亮表示什么?
(　　)

A.前后雾灯开启
B.前后位置灯开启
C.前照灯开启
D.危险报警闪光灯开启

题1539.发动机起动后仪表板上(如图所示)亮表示什么?　　(　　)

A.发动机主油道堵塞
B.机油压力过低
C.发动机曲轴箱漏气
D.机油压力过高

题1540.机动车仪表板上(如图所示)亮表示什么?
(　　)

A.驻车制动解除
B.行车制动器失效
C.制动系统出现异常
D.制动踏板没回位

题1541.机动车仪表板上(如图所示)亮表示什么?
(　　)

A.防抱死制动系统故障
B.驻车制动器处于解除状态
C.行车制动系统故障
D.安全气囊处于故障状态

题1542.机动车仪表板上(如图所示)亮表示什么?
(　　)

A.防抱死制动系统出现故障
B.驻车制动器处于解除状态
C.行车制动系统出现故障
D.驻车制动器处于制动状态

题1543.发动机起动后仪表板上(如图所示)亮表示什么?　　(　　)

A.燃油泵出现异常或者故障
B.发动机点火系统出现故障
C.发动机供油系统出现异常
D.油箱内燃油已到最低液面

题1544.行车中仪表板上(如图所示)亮表示什么?
(　　)

A.发动机温度过高
B.发动机冷却系故障
C.发动机润滑系故障
D.发动机温度过低

题1545.机动车仪表板上(如图所示)亮时表示什么?　　(　　)

A.已开启前雾灯
B.已开启前照灯近光
C.已开启前照灯远光
D.已开启后雾灯

题1546.机动车仪表板上(如图所示)亮时表示什么?　　(　　)

A.已开启后雾灯
B.已开启前照灯近光
C.已开启前照灯远光

D. 已开启前雾灯

题1547. 机动车仪表板上（如图所示）亮时表示已开启近光灯。（　）

题1548. 机动车仪表板上（如图所示）亮表示什么？（　）

A. 没有系好安全带
B. 安全带出现故障
C. 安全带系得过松
D. 已经系好安全带

题1549. 机动车仪表板上（如图所示）亮表示什么？（　）

A. 危险报警闪光灯闪烁
B. 右转向指示灯闪烁
C. 左转向指示灯闪烁
D. 车前后位置灯闪烁

题1550. 机动车发生故障时，（如图所示）会自动亮起。（　）

题1551. 机动车仪表板上（如图所示）亮表示什么？（　）

A. 车前后位置灯亮起
B. 车前后示宽灯亮起
C. 左转向指示灯闪烁
D. 右转向指示灯闪烁

题1552. 机动车仪表板上（如图所示）亮表示什么？（　）

A. 左转向指示灯闪烁
B. 车前后示宽灯亮起
C. 车前后位置灯亮起
D. 右转向指示灯闪烁

题1553. 机动车仪表板上（如图所示）亮表示什么？（　）

A. 充电电流过大
B. 蓄电池损坏
C. 电流表故障
D. 充电电路故障

题1554. 机动车仪表板上（如图所示）亮表示什么？（　）

A. 发动机舱开启
B. 燃油箱盖开启
C. 两侧车门开启
D. 行李舱开启

题1555. 机动车仪表板上（如图所示）这个符号表示什么？（　）

A. 行李舱开启
B. 一侧车门开启
C. 发动机舱开启
D. 燃油箱盖开启

题1556. 机动车仪表板上（如图所示）这个符号表示什么？（　）

A. 行李舱开启
B. 发动机舱开启
C. 燃油箱盖开启
D. 一侧车门开启

题1557. 机动车仪表板上（如图所示）一直亮表示什么？（　）

A. 安全气囊处于工作状态
B. 安全带没有系好
C. 防抱死制动系统故障
D. 安全气囊处于故障状态

题1558. 机动车仪表板上（如图所示）亮表示什么？（　）

A. 洗涤液不足
B. 制动液不足
C. 冷却系统故障
D. 冷却液不足

题1559. 机动车仪表板上（如图所示）这个符号表示什么？（　）

A. 远光灯开关
B. 近光灯开关
C. 车灯总开关
D. 后雾灯开关

题1560. 机动车仪表板上（如图所示）亮表示什么？（　）

A. 空气内循环
B. 空气外循环
C. 迎面吹风
D. 风窗玻璃除霜

题1561. 机动车仪表板上（如图所示）亮表示什么？（　）

A. 迎面出风
B. 空气外循环
C. 风窗玻璃除霜
D. 空气内循环

题1562. 机动车仪表板上（如图所示）这个符号表示什么？（　）

A. 雪地起步模式
B. 空气循环
C. 空调制冷
D. 冷风暖气风扇

题1563. 机动车仪表板上（如图所示）亮表示什么？（　）

A. 地板及迎面出风
B. 空气内循环
C. 空气外循环

D. 侧面及地板出风

题 1564. 机动车仪表板上（如图所示）亮表示什么？ （　　）

A. 侧面出风
B. 空气外循环
C. 迎面出风
D. 空气内循环

题 1565. 如图所示，这个符号的开关控制什么装置？ （　　）

A. 前风窗玻璃除霜
B. 后风窗玻璃刮水器
C. 后风窗玻璃除霜
D. 前风窗玻璃刮水器

题 1566. 如图所示，这个符号的开关控制什么装置？ （　　）

A. 前风窗玻璃除霜或除雾
B. 后风窗玻璃刮水器及洗涤器
C. 前风窗玻璃刮水器及洗涤器
D. 后风窗玻璃除霜或除雾

题 1567. 如图所示，这个符号的开关控制什么装置？ （　　）

A. 前风窗玻璃刮水器及洗涤器
B. 后风窗玻璃除霜或除雾
C. 后风窗玻璃刮水器及洗涤器
D. 前风窗玻璃除霜或除雾

题 1568. 如图所示，这个符号的开关控制什么装置？ （　　）

A. 两侧车窗玻璃
B. 电动车门
C. 车门锁住开锁
D. 儿童安全锁

题 1569. 如图所示，这个符号的开关控制什么装置？ （　　）

A. 儿童安全锁
B. 两侧车窗玻璃
C. 电动车门
D. 车门锁住开锁

题 1570. 打开前雾灯开关，（如图所示）亮起。 （　　）

题 1571. 打开后雾灯开关，（如图所示）亮起。 （　　）

题 1572. 打开位置灯开关，（如图所示）亮起。 （　　）

题 1573. 机动车仪表板上（如图所示）亮表示发动机可能机油量不足。 （　　）

题 1574. 机动车仪表板上（如图所示）亮表示发动机可能机油压力过高。 （　　）

题 1575. 机动车仪表板上（如图所示）持续亮时，可继续行驶，等待报警灯自行熄灭。 （　　）

题 1576. 机动车仪表板上（如图所示）亮，表示驻车制动器操纵杆可能没松到底。 （　　）

题 1577. 机动车仪表板上（如图所示）亮，表示行车制动系统可能出现故障。 （　　）

题 1578. 机动车仪表板上（如图所示）亮时，防抱死制动系统处于打开状态。 （　　）

题 1579. 机动车仪表板上（如图所示）亮时，提醒发动机冷却液可能不足。 （　　）

题 1580. 机动车仪表板上（如图所示）亮时提醒发动机需要加注机油。 （　　）

题 1581. 开启前照灯远光时仪表板上（如图所示）亮起。 （　　）

题1582. 开启前照灯近光时仪表板上（如图所示）亮起。（　　）

题1583. 机动车仪表板上（如图所示）亮时，提醒驾驶人座椅没调整好。（　　）

题1584. 机动车仪表板上（如图所示）亮时，提醒驾驶人安全带插头未插入锁扣。（　　）

题1585. 机动车发生故障时，（如图所示）闪烁。（　　）

题1586. 打开左转向灯开关，（如图所示）亮起。（　　）

题1587. 打开右转向灯开关，（如图所示）亮起。（　　）

题1588. 机动车仪表板上（如图所示）亮，提示发电机向蓄电池充电。（　　）

题1589. 机动车仪表板上（如图所示）亮，提示两侧车门未关闭。（　　）

题1590. 机动车仪表板上（如图所示）亮，提示左侧车门未关闭。（　　）

题1591. 机动车仪表板上（如图所示）亮，提示右侧车门未关闭。（　　）

题1592. 机动车仪表板上（如图所示）亮，提示行李舱开启。（　　）

题1593. 机动车仪表板上（如图所示）亮，提示发动机舱开启。（　　）

题1594. 机动车仪表板上（如图所示）一直亮，表示安全气囊处于工作状态。（　　）

题1595. 机动车仪表板上（如图所示）亮表示启用地板及前风窗玻璃吹风。（　　）

题1596. 机动车仪表板上（如图所示）一直亮，表示发动机控制系统故障。（　　）

题1597. 以下哪个指示灯亮时，表示车辆在使用近光灯。（　　）

A.　　B.　　C.　　D.

题1598. 以下哪个指示灯亮时，表示车辆在使用远光灯。（　　）

A.　　B.　　C.　　D.

题1599. 以下哪个报警灯亮时，表示充电电路异常或故障？（　　）

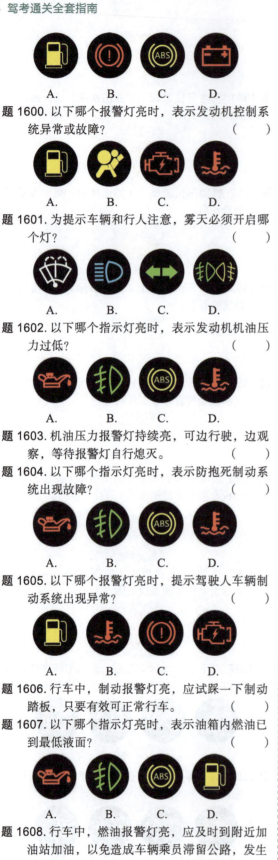

题1600. 以下哪个报警灯亮时，表示发动机控制系统异常或故障？（　　）

题1601. 为提示车辆和行人注意，雾天必须开启哪个灯？（　　）

题1602. 以下哪个指示灯亮时，表示发动机机油压力过低？（　　）

题1603. 机油压力报警灯持续亮，可边行驶，边观察，等待报警灯自行熄灭。（　　）

题1604. 以下哪个指示灯亮时，表示防抱死制动系统出现故障？（　　）

题1605. 以下哪个报警灯亮时，提示驾驶人车辆制动系统出现异常？（　　）

题1606. 行车中，制动报警灯亮，应试踩一下制动踏板，只要有效可正常行车。（　　）

题1607. 以下哪个指示灯亮时，表示油箱内燃油已到最低液面？（　　）

题1608. 行车中，燃油报警灯亮，应及时到附近加油站加油，以免造成车辆乘员滞留公路，发生交通事故。（　　）

题1609. 以下哪个指示灯亮时，表示发动机温度过高？（　　）

题1610. 行车中，水温报警灯亮，可能的原因是？（　　）

A. 缺少润滑油　　B. 指示灯损坏
C. 缺少冷却液　　D. 冷却液过多

题1611. 以下哪个指示灯亮时，提醒驾驶人安全带插头未插入锁扣？（　　）

题1612. 车辆发生意外时，要及时打开哪个灯？（　　）

题1613. 以下哪个指示灯亮时，表示当前汽车发动机温度过高或冷却液过少？（　　）

题1614. 车辆发生故障时，需要开启下列哪个灯？（　　）

题1615. 雾天行车时，应及时打开哪个灯？（　　）

题1616. 雾天行车时，应及时开启哪个灯？（　　）

题1617. 驾驶机动车在雾天行驶时，要开启什么灯？（　　）

3. 新能源汽车

题1618. 驾驶纯电动汽车出行前，应确保电池电量

充足，提前规划合适的路线，了解途中充电站或充电桩的位置。（　　）

题1619. 驾驶电动汽车在出行前，必须要检查剩余电量。（　　）

题1620. 为电动汽车充电应使用符合规定的充电设备，掌握适当的充电时长，规范充电。（　　）

题1621. 电动汽车在低速行驶状态下声音较小，遇到行人和非机动车较多的路段，必要时可轻鸣喇叭提示，以防非机动车和行人未注意靠近的车辆。（　　）

题1622. 驾驶电动汽车行驶时，可以频繁制动。（　　）

题1623. 驾驶电动汽车上路，尽量避免在雨天积水路段行驶。（　　）

题1624. 高温炎热天气，电动汽车出行时要避免在户外长时间暴晒。（　　）

题1625. 驾驶电动汽车发生起火，报警时告知起火地点即可，不用告知起火车辆的品牌和型号。（　　）

题1626. 电动汽车发生起火，应立即切断电源，火势较大无法控制时，要远离车辆，立即报警。（　　）

题1627. 应注意电动汽车的保养，当电动汽车出现故障需要维修时，要选择专业的维修机构或者人员。（　　）

题1628. 冬季在为电动汽车充电之前，要提前预热电池。（　　）

题1629. 关于驾驶电动汽车，以下错误的说法是什么？（　　）
　　A. 电量不足时要及时充电
　　B. 出车前，应确认剩余电量
　　C. 车辆应配备普通灭火器
　　D. 充电时不得在车上放置易燃易爆物品

题1630. 关于电动汽车连接或者断开充电插座的注意事项，以下正确的说法是什么？（　　）
　　A. 不要用湿手操作连接或断开插头
　　B. 连接或断开插头时可触摸插头边缘
　　C. 可通过家用电路系统给车辆充电
　　D. 可通过拉动充电电缆断开插头

题1631. 关于电动汽车的能量回收功能，以下不正确的说法是什么？（　　）
　　A. 可以省电
　　B. 可以提高制动效果
　　C. 可以当制动使用
　　D. 可以节省制动片

（二）常见操纵装置

1. 汽车操纵件

题1632. 这是什么踏板？（　　）

A. 离合器踏板　　B. 制动踏板
C. 驻车制动器　　D. 加速踏板

题1633. 这是什么踏板？（　　）

A. 离合器踏板　　B. 加速踏板
C. 制动踏板　　　D. 驻车制动器

题1634. 这是什么踏板？（　　）

A. 加速踏板　　　B. 离合器踏板
C. 驻车制动器　　D. 制动踏板

题1635. 这是什么操纵装置？（　　）

A. 驻车制动器操纵杆
B. 节气门操纵杆
C. 变速器操纵杆
D. 离合器操纵杆

题1636. 这是什么操纵装置？（　　）

A. 节气门操纵杆　　B. 变速器操纵杆

C. 离合器操纵杆　　D. 驻车制动器操纵杆

题1637. 这种握转向盘的动作是正确的。（　）

题1638. 湿滑路面制动过程中，发现车辆偏离方向，以下做法正确的是？（　）
　A. 连续轻踩轻放制动踏板
　B. 用力踩制动踏板
　C. 不要踩制动踏板　　D. 任意踩制动踏板

题1639. 假如你驾车行驶在颠簸路段时，以下做法正确的是什么？（　）
　A. 稳住加速踏板
　B. 挂低挡位，缓抬加速踏板
　C. 挂高挡位，缓抬加速踏板
　D. 挂低挡位，踏满加速踏板

题1640. 行驶至这种上坡路段时，以下做法正确的是什么？（　）

　A. 换低挡位，踏加速踏板
　B. 换低挡位，松开加速踏板
　C. 换高挡位，踏加速踏板
　D. 换高挡位，松开加速踏板

2. 汽车开关

题1641. 这是什么操纵装置？（　）

　A. 空调开关　　　　B. 点火开关
　C. 刮水器开关　　　D. 灯光开关

题1642. 将点火开关转到ACC位置发动机工作。（　）

题1643. 点火开关在ON位置，车用电器不能使用。（　）

题1644. 点火开关在LOCK位置，拔出钥匙转向盘会锁住。（　）

题1645. 点火开关在START位置起动机起动。（　）

题1646. 这是什么操纵装置？（　）

　A. 倒车灯开关　　　B. 刮水器开关
　C. 危险报警闪光灯开关
　D. 灯光、信号组合开关

题1647. 提拉这个开关控制机动车哪个部位？（　）

A. 左右转向灯　　B. 倒车灯
C. 示廓灯　　　　D. 报警闪光灯

题1648. 旋转开关这一挡控制机动车哪个部位？
（　　）

A. 近光灯　　　　B. 前后雾灯
C. 远光灯　　　　D. 左右转向灯

题1649. 将转向灯开关向上提，左转向灯亮。
（　　）

题1650. 将转向灯开关向下拉，右转向灯亮。
（　　）

题1651. 灯光开关旋转到这个位置时，全车灯光点亮。
（　　）

题1652. 灯光开关在该位置时，前雾灯点亮。
（　　）

题1653. 灯光开关在该位置时，后雾灯点亮。
（　　）

题1654. 这是什么操纵装置？（　　）

A. 刮水器开关　　B. 前照灯开关
C. 转向灯开关　　D. 除雾器开关

题1655. 这个开关控制机动车哪个部位？（　　）

A. 风窗玻璃除雾器　B. 风窗玻璃刮水器
C. 危险报警闪光灯　D. 照明、信号装置

题1656. 上下扳动这个开关，前风窗玻璃刮水器开始工作。（　　）

题1657. 这是什么操作装置？（　　）
A. 前风窗玻璃除雾键
B. 后风窗玻璃除雾键
C. 前照灯开关　　D. 刮水器开关

题 1658. 这是什么操作装置? ( )

A. 前风窗玻璃除雾键
B. 后风窗玻璃除雾键
C. 前照灯开关   D. 刮水器开关

题 1659. 这是什么操纵装置? ( )

A. 转向灯开关   B. 前照灯开关
C. 刮水器开关   D. 除雾器开关

题 1660. 按下这个开关,后风窗玻璃除霜器开始工作。 ( )

题 1661. 下面哪种做法能帮助您避免被其他车辆从后方追撞? ( )
A. 在任何时候都打开转向灯
B. 在转弯前提前打开相应的转向灯
C. 一直打开双闪   D. 转弯前鸣笛示意

3. 汽车辅助驾驶装置

题 1662. 以下选项中,车辆导航采用的全球定位系统的英文缩写是什么? ( )
A. LDW   B. GPS   C. ETC   D. ACC

题 1663. 以下选项中,自适应巡航控制系统的英文缩写是什么? ( )
A. ACC   B. ABS   C. GPS   D. EBD

题 1664. 以下选项中,车道偏离预警系统的英文缩写是什么? ( )
A. EBD   B. GPS   C. ACC   D. LDWS

题 1665. 以下选项中,前方防碰撞预警系统的英文缩写是什么? ( )
A. FCW   B. EBD   C. BAR   D. TSR

题 1666. 以下选项中,定速巡航系统的英文缩写是什么? ( )
A. CCS   B. FCW   C. ABS   D. ACC

题 1667. 以下选项中,电子制动力分配系统的英文缩写是什么? ( )
A. EBD   B. TSR   C. LCA   D. BAR

题 1668. 以下选项中,交通标志识别系统的英文缩写是什么? ( )
A. TRC   B. ACC   C. TSRS   D. AEB

题 1669. 以下选项中,紧急制动辅助系统的英文缩写是什么? ( )
A. EBA   B. FCW   C. LCA   D. ALC

题 1670. 以下选项中,盲点监测系统的英文缩写是什么? ( )
A. FCW   B. ACC   C. AEB   D. BSD

题 1671. 以下选项中,盲点辅助系统的英文缩写是什么? ( )
A. AEB   B. FCW   C. BSA   D. BSD

题 1672. 以下选项中,牵引力控制系统的英文缩写是什么? ( )
A. LCA   B. TCS/ASR/TRC
C. BSD   D. ESP

题 1673. 以下选项中,自动变道辅助系统的英文缩写是什么? ( )
A. ALC   B. TCS   C. ACC   D. AEB

题 1674. 以下选项中,自动紧急制动系统的英文缩写是什么? ( )
A. AEB   B. BSD   C. FCW   D. ACC

题 1675. 以下选项中,车身电子稳定控制系统的英文缩写是什么? ( )
A. ACC   B. LDW   C. ESP   D. ESC

题 1676. 以下选项中,实时交通信息的英文缩写是什么? ( )
A. EBA   B. LDW   C. LCA   D. TMC

题 1677. 以下选项中,自适应前照灯系统的英文缩写是什么? ( )
A. AFS   B. ALC   C. LCA   D. ACC

题 1678. 以下选项中,制动防抱死系统的英文缩写是什么? ( )
A. AEB   B. AFS   C. ABS   D. ACC

题 1679. 以下选项中,不停车收费系统的英文缩写是什么? ( )
A. FCW   B. EBD   C. AEB   D. ETC

题 1680. 以下选项中,儿童安全座椅固定系统的英文缩写是什么? ( )
A. LCA   B. ISOFIX
C. TCS/ASR/TRC D. ESP

(三) 常见安全装置

1. 安全头枕、安全带、安全气囊和儿童安全座椅

题 1681. 安全头枕在发生追尾事故时,能有效保护驾驶人的什么部位? ( )
A. 腰部   B. 胸部   C. 头部   D. 颈部

题 1682. 安全头枕用于在发生追尾事故时保护驾驶人的头部不受伤害。 ( )

题1683. 驾驶机动车前,以下说法错误的是什么? (   )

A. 调整驾驶座椅,保证踩踏踏板舒适
B. 调整安全带的松紧与高低
C. 调整适合驾驶的转向盘位置
D. 调整安全头枕高度,使头枕正对驾驶人的颈椎

题1684. 驾驶机动车前,需要调整安全头枕的高度,使头枕正对驾驶人的颈椎。 (   )

题1685. 如果安全头枕调整不到位,发生交通事故时,驾驶人的颈椎会受到一定程度的伤害。 (   )

题1686. 机动车发生碰撞时,座椅安全带主要作用是什么? (   )

A. 保护驾乘人员颈部
B. 保护驾乘人员胸部
C. 减轻驾乘人员伤害
D. 保护驾乘人员腰部

题1687. 设有安全带装置的车辆,应要求车内乘员系安全带。 (   )

题1688. 以下安全带系法正确的是? (   )

A.   B.   C.   D.

题1689. 机动车发生正面碰撞时,安全气囊加上安全带的双重保护才能充分发挥作用。 (   )

题1690. 机动车在发生碰撞时,安全带可以减轻驾乘人员伤害。 (   )

题1691. 安全气囊是一种什么装置? (   )

A. 防抱死制动系统
B. 电子制动力分配系统
C. 辅助驾乘人员保护系统
D. 驾驶人头颈保护系统

题1692. 正面安全气囊与什么配合才能充分发挥保护作用? (   )

A. 防抱死制动系统   B. 座椅安全带
C. 座椅安全头枕   D. 安全玻璃

题1693. 机动车上路行驶时,车上儿童应该使用儿童安全座椅。 (   )

2. 防抱死制动装置

题1694. 机动车在紧急制动时,ABS会起到什么作用? (   )

A. 切断动力输出   B. 自动控制方向
C. 减轻制动惯性   D. 防止车轮抱死

题1695. ABS在什么情况下可以最大限度发挥制动器效能? (   )

A. 间歇制动   B. 持续制动
C. 紧急制动   D. 缓踏制动踏板

题1696. 机动车紧急制动时,ABS在提供最大制动力的同时能使车前轮保持转向能力。 (   )

题1697. 装有ABS的机动车在冰雪路面上会最大限度缩短制动距离。 (   )

题1698. 驾驶有ABS的机动车在紧急制动的同时转向可能会发生侧滑。 (   )

题1699. 安装ABS的机动车紧急制动时,可用力踏制动踏板。 (   )

题1700. 安装ABS的机动车制动时,制动距离会大大缩短,因此不必保持安全车距。 (   )

Chapter Three

第三章　科目二培训与考试

第一节　科目二培训

小型汽车科目二培训内容包括：倒车入库、坡道定点停车和起步、侧方停车、曲线行驶、直角转弯。

一、倒车入库

（一）倒车入库操作要求

从道路一端控制线（两个前轮触地点在控制线以外），倒入车库停车，再前进出库向另一端控制线行驶，待两个前轮触地点均驶过控制线后，倒入车库停车，前进驶出车库，回到起始点。考试过程中，车身不应超出道路边缘线或库位边线，车辆进退途中不应停车。项目完成时间不应超过3.5分钟。倒车入库的行驶路线如图3-1所示。

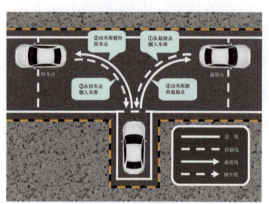

图3-1　倒车入库的行驶路线

（二）倒车入库操作方法

1. 从起始点倒入车库

如图3-2所示，从起始点倒入车库的操作方法是：

1）将汽车驶入起始点停下。停车位置是：汽车前排座椅中部位于起始线上，车身左侧与路边线相距1.5米左右，如图3-2中A所示。

2）挂倒挡，松开驻车制动杆，汽车起步后以急速后倒，如图3-2中B所示。

3）汽车后倒过程中，驾驶人通过右后车窗观察车库，当看到右后车窗黑边与车库右前角对齐时，向右匀速转动转向盘至极限位置，如图3-2中C所示。

4）在右转弯后倒过程中，通过右后视镜观察车库右前角，如果车身右侧与车库右前角相距过近，可适当向左修正方向，随即再向右打到底，如图3-2中D所示。

5）从左后视镜里看到车库左后角时，迅速向左回正转向盘，如图3-2中E所示。

6）汽车进入车库之后，利用两侧后视镜观察车身纵向是否处于车库的居中位置，必要时可以适当修正方向，如图3-2中F所示。

7）当车身接近库底，从左后视镜下缘看到库门左线时（此时车位距车库后边线大约30厘米），随即停车，如图3-2中G所示。

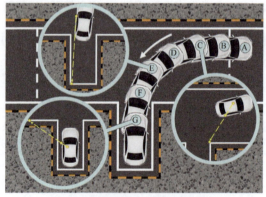

图3-2　从起始点倒入车库的操作方法

2. 由车库驶向回车点

如图3-3所示，由车库驶向回车点的操作方法是：

1）汽车起步后以急速前行，驾驶人目视前方，注意观察道路前边线，如图3-3中A所示。

2）当驾驶人眼睛、发动机舱盖前缘和道路前边线三点成一直线时，由慢至快向左转动转向盘，如图3-3中B所示。

3）稳住方向，慢速前行，如图3-3中C所示。

4）当车身右侧与路边线接近平行时，向右回正转向盘，如图3-3中D所示。

5）当前排座椅中部到达回车线时停车，此时车身右侧应与路边线相距1.5米左右，如图3-3中E所示。

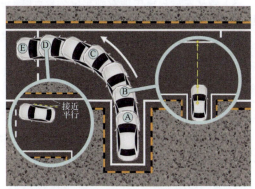

图3-3　由车库驶向回车点的操作方法

3. 从回车点倒入车库

如图3-4所示，从回车点倒入车库的操作方法是：

1）汽车起步后以怠速倒车，驾驶人通过左车窗注意观察回车线，如图3-4中A所示。

2）当驾驶人眼睛、左后视镜下缘和回车线在一条直线时，由快向慢左将方向打到极限位置，如图3-4中B所示。

3）后倒过程中，驾驶人通过左后视镜观察车尾动向，可根据情况适当修正方向，如图3-4中C所示。

4）当从左后视镜看到左侧车身与车库边线接近平行时，开始向右回正转向盘，如图3-4中D所示。

5）车尾进入车库之后，利用两侧后视镜观察车身纵向是否处于车库的居中位置，必要时可以适当修正方向，如图3-4中E所示。

6）当车身接近库底时，从左后视镜下缘观察库门左线，当左后视镜下缘越过库门左线时（此时车位距车库后边线大约30厘米），随即停车，如图3-4中F所示。

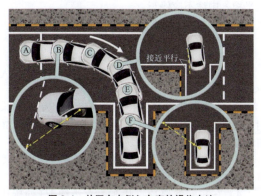

图3-4　从回车点倒入车库的操作方法

4. 由车库驶向起始点

如图3-5所示，由车库驶向起始点的操作方法是：

1）汽车起步后以怠速前行，驾驶人目视前方，注意观察道路前边线，如图3-5中A所示。

2）当驾驶人眼睛、发动机舱盖前缘和道路前边线三点成一直线时，由慢至快向右转动转向盘，如图3-5中B所示。

3）稳住方向，慢速前行，如图3-5中C所示。

4）当车身左侧与路边线接近平行时，向左回正转向盘，如图3-5中D所示。

5）当前排座椅中部到达起始线时停车，此时车身左侧应与路边线相距1.5米左右，如图3-5中E所示。

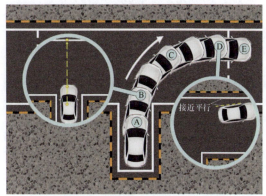

图3-5　由车库驶向起始点的操作方法

二、坡道定点停车和起步

（一）坡道定点停车和起步操作要求

控制车辆准确停车，平稳起步。行驶过程中，车轮不应触轧道路边缘线；停车时，汽车前保险杠位于桩杆线上，车身距离右侧道路边缘线距离不应超过30厘米；起步时，车辆不应后溜。起步时间不应超过30秒。

（二）坡道定点停车和起步操作方法

1. 坡道定点停车操作方法

如图3-6所示，坡道定点停车操作方法是：

1）当车辆行驶到图3-6中A车位时，听到"上坡定点停车"指令，此时打开右转向灯，向右适当转动转向盘，使车辆正直靠道路右侧缓慢行驶，并将车身与右侧边线的距离控制在30厘米以内，如图3-6所示。

2）当车辆行驶到图3-6中B车位时，缓慢、准确、平稳地靠近定位目标。

3）当车辆行驶到图3-6中C车位时，踩离合器踏板，放慢车速，当汽车前保险杠与定点停车线平齐时，立即停车。然后拉紧驻车制动杆，关转向灯，变速杆置于空挡位置，抬离合器踏板。

图3-6 坡道定点停车的操作方法

2. 坡道起步操作方法

如图3-7所示，坡道起步的操作方法是：

1）当听到"上坡起步"指令后，先踩下离合器踏板，挂低速挡。

2）打开左转向灯，鸣喇叭示意车辆即将起步。

3）踩下加速踏板，提高发动机转速，同时抬离合器踏板至半联动（可以根据发动机声音来判断，当抬起离合器踏板时，如果发动机声音开始变得沉闷，说明离合器处于半联动状态）。

4）慢慢松开驻车制动杆，并徐徐踩下加速踏板，同时继续缓抬离合器踏板。当离合器完全接合后，继续下踏加速踏板，使车辆平稳起步。

图3-7 坡道起步操作方法

三、侧方停车

（一）侧方停车操作要求

车辆在库左前方一次倒车入库，再开启左转向灯后前进向左前方出库，出库后关闭转向灯。考试过程中，车轮不应触轧道路边缘线或库位边线，车身不应触碰库位边线，车辆进退途中不应停车。小型汽车项目完成时间不应超过1.5分钟。

（二）侧方停车操作方法

如图3-8所示，侧方停车操作方法是：

1）听到"侧方停车"指令后，汽车挂低速挡，沿停车位慢速平行前进，车身右侧与路边线保持约30厘米的距离。当从右后视镜中看到停车位的④号

点时，随即停车，如图3-8中A所示。

2）开启右转向灯，挂倒挡起步，通过右后车窗观察车位。当车位①号点将要在右后车窗消失时，向右把转向盘转到极限，如图3-8中B所示。

3）当从左后视镜中能看到车位②号点时，由慢至快向左转动转向盘，如图3-8中C所示。

4）当左后轮接近车道连线时，将转向盘向左转到极限位置，如图3-8中D所示。

5）当车头进入车位后，开始向右回正转向盘，并通过右后视镜观察车身，如图3-8中E所示。

6）当车身正直后，随即停车，如图3-8中F所示。

7）开启左转向灯，3秒后汽车起步，并向左转动转向盘，汽车驶出库后关闭转向灯。

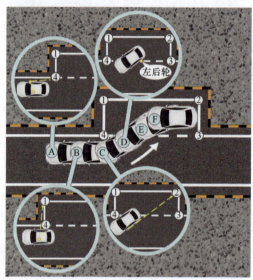

图3-8 侧方停车操作方法

四、曲线行驶

（一）曲线行驶操作要求

驾驶车辆从弯道的一端前进驶入，从另一端驶出。行驶中，车轮不应触轧车道边线，转向、速度应平稳，中途不应停车。

（二）曲线行驶操作方法

如图3-9所示，曲线行驶操作方法是：

1）听到"曲线行驶"的指令后，汽车驶入"S"形路，如图3-9中A所示。

2）在左转弯路段，让车头中间靠右约15厘米附近对准右侧边线前进，这样车右侧距边线约50厘米左右，如图3-9中B所示。

3）当左车头离开右边线，右车头逐渐由右侧进入路中时，向右打转向盘，如图3-9中C所示。

4）在右转弯路段，让车头右边约1/3处压住

左侧弧线,这样车左侧距左边线约 50 厘米左右,如图 3-9 中 D 所示。

5)汽车出弯道时,向左慢回方向,汽车靠左侧行驶摆正,进入直线行驶,如图 3-9 中 E 所示。

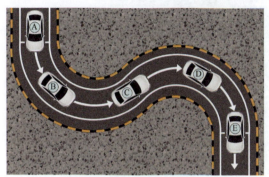

图 3-9　曲线行驶的操作方法

五、直角转弯

(一)直角转弯操作要求

驾驶车辆按车道边线向左或向右直角转弯。转弯前应开启转向灯,完成转弯后应关闭转向灯;行驶中,车轮不应触轧车道边线,中途不应停车。

(二)直角转弯操作方法

如图 3-10 所示,直角转弯的操作方法是:

1)听到"直角转弯"的指令后,开启左转向灯,挂 1 挡起步,车身右侧与路边线相距 10 ～ 15 厘米平行前行,如图 3-10 中 A 所示。

2)当左前车窗上小三角窗后端与突出点重合时,迅速左转转向盘到极限位置,如图 3-10 中 B 所示。

3)当左后轮越过突出点时逐渐向右回转转向盘,如图 3-10 中 C 所示。

4)汽车摆正,驶出弯道,如图 3-10 中 D 所示。

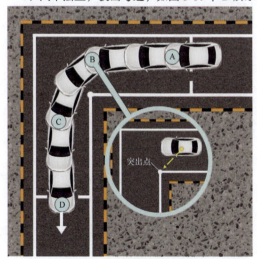

图 3-10　直角转弯的操作方法

第二节　科目二考试

一、考试内容与合格标准

(一)考试内容

依据《机动车驾驶人考试内容和方法》,小型汽车科目二考试内容如下:

1)倒车入库。
2)坡道定点停车和起步。
3)侧方停车。
4)曲线行驶。
5)直角转弯。

(二)合格标准

小型汽车科目二考试满分为 100 分,成绩达到 80 分的为合格。

二、考试方法与考试流程

(一)考试方法

按照报考的准驾车型,选定对应的考场和考试车辆;在考试员监督下,由考生按照规定的考试路线、操作规范和考试指令,独立驾驶考试车辆连续完成考试;使用机动车驾驶人场地驾驶技能考试系统进行评判。

(二)考试场地

小型汽车科目二考试场地将 5 个考试项目连在一起,车辆行驶一个循环完成所有项目的考试,如图 3-11 所示。

(三)考试流程

科目二考试流程如图 3-12 所示。

三、评判标准

(一)通用评判标准

1. 不合格情形

考试时出现下列情形之一的,评判为不合格:

1)不按规定使用安全带。
2)遮挡、关闭车内音 / 视频监控设备的。
3)不按考试员指令驾驶的。
4)不按规定路线、顺序行驶的。
5)不能正确使用灯光、刮水器等车辆常用操纵件的。
6)起动发动机时挡位未置于空挡(驻车挡)的。

图 3-11　科目二考试场地

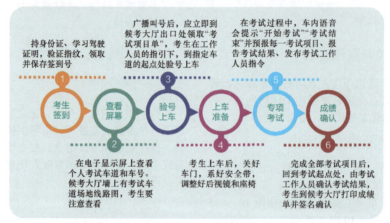

图 3-12　科目二考试流程

7）起步时车辆后溜距离大于30厘米的。

8）不松驻车制动起步，未及时纠正的。

9）起步时未完全关闭车门的。

10）制动气压不足起步的。

11）制动、加速踏板使用错误的。

12）使用挡位与车速长时间不匹配，造成车辆发动机转速过高或过低的。

13）行驶中，双手均离开转向盘的。

14）行驶中，空挡滑行的。

15）行驶中，视线离开行驶方向超过2秒的。

16）行驶中，身体任何部位伸出车外的。

17）行驶中，不能保持安全距离和安全车速的。

18）行驶中，车辆骑轧车道中心实线或者车道边缘实线的。

19）不按交通信号灯、标志、标线或者交通警察指挥信号行驶的。

20）不按规定速度行驶的。

21）对可能出现危险的情形未采取减速、鸣喇叭等安全措施的。

22）因观察、判断或者操作不当发生事故或出现其他危险情况的。

23）违反交通安全法律、法规，影响交通安全的。

24）考生未按照预约考试时间参加考试的。

2. 扣 10 分情形

考试时出现下列情形之一的，扣10分：

1）起动发动机后，不及时松开起动开关的。

2）不松驻车制动起步，但能及时纠正的。

3）驾驶姿势不正确的。

4）起步时车辆后溜距离小于或等于30厘米的。

5）操纵转向盘手法不合理的。

6）起步或行驶中挂错挡，不能及时纠正的。

7）转弯时，转、回方向过早、过晚，或者转向角度过大、过小的。

8）换挡时发生齿轮撞击的。

9）遇情况时不会合理使用离合器半联动控制车速的。

10）因操作不当造成发动机熄火一次的。

11）制动不平顺的。

（二）专项评判标准

1. 倒车入库

1）车身出线的，不合格。
2）倒库不入的，不合格。
3）在倒车前，未将两个前轮触地点均驶过控制线的，不合格。
4）项目完成时间超过规定时间的，不合格。
5）中途停车的，每次扣5分。

2. 坡道定点停车和起步

1）碰擦桩杆的，不合格。
2）倒库或移库不入的，不合格。
3）车身出线的，不合格。
4）项目完成时间超过规定时间的，不合格。
5）中途停车的，每次扣5分。

3. 侧方停车

1）车辆入库停止后，车身出线的，不合格。
2）项目完成时间超过规定时间的，不合格。
3）行驶中车轮触轧道路边缘线或库位边线的，每次扣10分。
4）行驶中车身触碰库位边线的，每次扣10分。
5）出库时不使用或错误使用转向灯的，扣10分。
6）中途停车的，每次扣5分。

4. 曲线行驶

1）车轮轧道路边缘线的，不合格。
2）中途停车的，每次扣5分。

5. 直角转弯

1）车轮轧道路边缘线的，不合格。
2）转弯前不使用或错误使用转向灯的，扣10分。
3）转弯后不关闭转向灯的，扣10分。
4）中途停车的，每次扣5分。

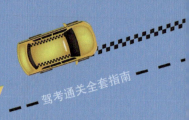

第四章　科目三培训与考试

第一节　科目三培训

小型汽车科目三培训内容包括：上车准备、起步、直线行驶、加减挡位操作、变更车道、通过路口、通过特定区域、会车、超车、掉头、靠边停车、夜间行驶。

一、上车准备

（一）上车准备操作要求

上车前，应沿逆时针方向绕车一周，观察车辆外观和周围环境，确认安全；打开车门前，应观察后方交通情况，确认安全后开门上车。

（二）上车准备操作方法

上车准备操作方法如图 4-1 所示。

图 4-1　上车准备操作方法

二、起步

（一）起步操作要求

起步前，检查车门是否完全关闭，调整座椅、内外后视镜，系好安全带，检查驻车制动器、挡位，起动发动机，检查仪表；开启转向灯，观察内、外后视镜，向左回头观察后方交通情况，挂挡，松驻车制动，起步。起步过程应平稳、无闯动、无后溜，不熄火。

（二）起步操作方法

起步操作方法如图 4-2 所示。

三、直线行驶

（一）直线行驶操作要求

直线行驶过程中应根据道路情况合理控制车速，正确使用挡位，保持车辆沿与车道分界线平行的直线行驶，跟车距离适当，行驶过程中适时观察内、外后视镜，视线离开行驶方向时间不应超过2秒。行驶距离大于或等于 100 米。

（二）直线行驶操作方法

直线行驶操作方法如图 4-3 所示。

图 4-2　起步操作方法

图 4-3　直线行驶操作方法

四、加减挡位操作

（一）加减挡位操作要求

考试过程中，根据路况和车速，合理加减挡，换挡及时、平顺；行驶过程中至少应加至次高挡，不应越级加挡。

（二）加减挡位操作方法

加减挡位操作方法如图 4-4 所示。

五、变更车道

（一）变更车道操作要求

变更车道前，正确开启转向灯，通过内、外后视镜观察，并向变更车道方向回头观察后方道路交通情况，确认安全后变更车道，变更车道完毕关闭转向灯。变更车道时，判断车辆安全距离，控制行驶速度，不应妨碍其他车辆正常行驶。

（二）变更车道操作方法

变更车道操作方法如图 4-5 所示。

六、通过路口

（一）通过路口操作要求

进入路口前减速观察路口交通情况，正确使用转向灯，按所需行进方向驶入对应的导向车道，根据不同路口采取正确的操作方法安全通过路口。通过路口时遵循以下原则：

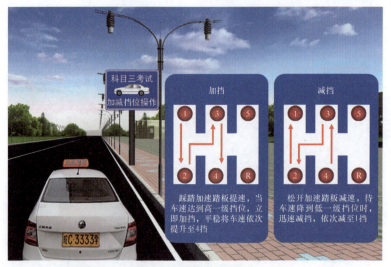

图 4-4 加减挡位操作方法

图 4-5 变更车道操作方法

1）有信号灯控制的路口，遇放行信号时依次通过，遇停止信号时依次停在停止线以外。没有信号灯控制但有交通标志、标线控制的，让优先通行的一方先行。没有交通信号控制的，在进入路口前停车瞭望，让右方道路的来车先行。

2）转弯的车辆让直行的车辆、行人先行；相对方向行驶的右转弯机动车让左转弯车辆先行；准备进入环形路口的让已在路口内的车辆先行。

3）向左转弯时，靠路口中心点左侧转弯。

4）遇到前方交叉路口交通阻塞时，应依次停在路口以外等候，不应进入路口。遇到前方机动车停车排队等候或者缓慢行驶时，应依次排队，不应从前方车辆两侧穿插或者超越行驶，也不应在人行横道、网状线区域内停车等候。在车道减少的路口，遇到前方车辆停车排队等候或者缓慢行驶时，应每车道一辆依次交替驶入车道减少后的路口。

（二）通过路口操作方法

通过路口包括直行通过路口、路口左转弯和路口右转弯，操作方法如图 4-6 所示。

七、通过特定区域

特定区域包括人行横道线、学校区域和公交车站。

（一）通过特定区域操作要求

驶抵人行横道线前减速，观察两侧交通情况，确认安全后合理控制车速通过，遇行人通过时应停车让行。

通过学校区域时，行驶速度不应超过 30 千米/时，注意观察道路情况，文明礼让，确保安全通过；遇到学生横过马路时，应停车让行。

驶抵公交车站前减速，观察公交车进、出站动态和乘客上下车动态，着重注意同向公交车前方或对向公交车后方有无行人横穿道路。

（二）通过特定区域操作方法

通过特定区域操作方法如图 4-7 所示。

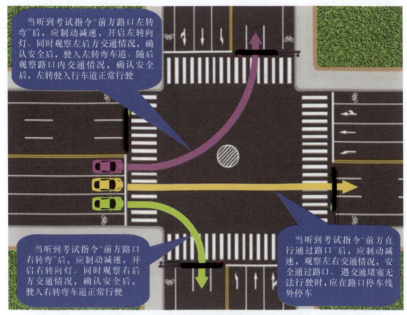

图 4-6 通过路口操作方法

图 4-7 通过特定区域操作方法

八、会车

（一）会车操作要求

正确判断会车地点，会车有危险时，控制车速，提前避让，调整会车地点，会车时与对方车辆保持安全间距。在没有中心隔离设施或者没有中心线但能同时通行的路段上会车时，应提前控制车速减速靠右行驶，并与其他车辆、行人保持必要的安全距离。在无法同时通行或同时通行有危险的路段上时，应按以下要求提前避让：

1）在有障碍的路段，无障碍的一方先行，但有障碍的一方已驶入障碍路段而无障碍的一方未驶入时有障碍的一方先行。

2）在狭窄的坡路，上坡的一方先行，但下坡的一方已行至中途而上坡的一方未上坡时下坡的一方先行。

3）在狭窄的山路，不靠山体的一方先行。

（二）会车操作方法

会车操作方法如图 4-8 所示。

图 4-8　会车操作方法

九、超车

（一）超车操作要求

超车前，保持与拟超越车辆的安全跟车距离。开启左转向灯，通过内、外后视镜观察后方和左侧交通情况，并回头观察，确认安全后，选择合理时机，鸣喇叭或交替使用远、近光灯，从被超越车辆的左侧超越。超车时，观察被超越车辆情况，保持横向安全距离。超越后，开启右转向灯，通过内、外后视镜观察后方和右侧交通情况，并回头观察，确认不影响被超越车辆正常行驶的情况下，逐渐驶回原车道，关闭转向灯。

（二）超车操作方法

超车操作方法如图 4-9 所示。

图 4-9　超车操作方法

十、掉头

（一）掉头操作要求

收到掉头指令后，开启左转向灯，观察前、后交通情况，选择合适的掉头地点，确认安全后，减速或停车，在保证安全的条件下完成掉头。掉头时不妨碍其他车辆和行人的正常通行。

（二）掉头操作方法

掉头操作方法如图 4-10 所示。

图 4-10　掉头操作方法

十一、靠边停车

（一）靠边停车操作要求

收到靠边停车指令后，开启右转向灯，通过内、外后视镜观察后方和右侧交通情况，并回头观察，确认安全后，减速，向右转向靠边，平稳停车；在前后无干扰的条件下，停车后不应再次移动车辆。考试完成后靠边停车时，停车后应挂空挡或驻车挡，拉紧驻车制动器，关闭转向灯，熄火，回头观察左后方交通情况，确认安全后缓慢打开车门，下车后关好车门。停车后，车身应距离道路右侧边缘线或者人行道边缘30厘米以内。

（二）靠边停车操作方法

靠边停车操作方法如图4-11所示。

图 4-11　靠边停车操作方法

十二、夜间行驶

（一）夜间行驶操作要求

小型汽车夜间行驶采用白天模拟夜间灯光使用考试，其操作要求是：

1）在无照明、照明不良的道路上行驶时，使用远光灯。

2）在照明良好的道路上行驶时，使用近光灯。

3）在道路中间无防眩目设施的路段上相对方向来车时，使用近光灯。

4）近距离跟车行驶时，使用近光灯。

5）在有交通信号灯控制的路口转弯时，使用近光灯。

6）超车时，交替使用远、近光灯示意。

7）通过急弯、坡路、拱桥、人行横道或没有交通信号灯控制的路口时，交替使用远、近光灯示意。

（二）夜间行驶操作方法

模拟夜间灯光使用操作有12个项目，每次随机抽取6项进行考试。当考生听到语音提示"下面开始模拟夜间灯光使用，请按照语音提示进行操作"后开始操作。当听到"模拟夜间灯光使用完成，请关闭所有灯光"提示时，在5秒内关闭所有灯光。

模拟夜间灯光使用操作项目及操作方法见表4-1。

表4-1　模拟夜间灯光使用操作项目及操作方法

序号	操作项目（语音提示）	操作方法
1	夜间在照明不良条件下行驶	开示宽灯、远光灯
2	夜间在没有路灯、照明不良条件下的市区行驶	开示宽灯、近光灯
3	请将前照灯变为远光灯	开远光灯
4	夜间同方向近距离跟车行驶	开启近光灯
5	夜间在没有路灯、照明不良条件下的郊区行驶	开示宽灯、远光灯
6	夜间通过急弯、坡路、拱桥，人行横道或者没有交通信号灯控制的路口	远、近光灯交替闪灯2次
7	雾天行驶	开前照灯、前后雾灯、警示灯
8	夜间在窄路、窄桥与非机动车会车	开近光灯
9	夜间与对方会车距对方来车将近150米	开近光灯
10	夜间在道路上发生故障，妨碍交通又难以移动	关前照灯，开示宽灯、警示灯
11	夜间通过没有交通信号灯控制的路口	远、近光灯交替闪灯2次
12	模拟夜间考试完成，请关闭所有灯光	关闭所有灯光即可

第二节　科目三考试

一、考试内容与合格标准

（一）考试内容

依据《机动车驾驶人考试内容和方法》，小型汽车科目三考试内容如下：

1）上车准备。
2）起步。
3）直线行驶。
4）加减挡位操作。
5）变更车道。
6）直行通过路口。
7）路口左转弯。
8）路口右转弯。
9）通过人行横道线。
10）通过学校区域。
11）通过公交车站。
12）会车。
13）超车。
14）掉头。
15）靠边停车。
16）夜间行驶。

（二）合格标准

小型汽车科目三考试满分为100分，成绩达到90分的为合格。

二、考试方法与考试流程

（一）考试方法

按照报考的准驾车型，选定对应考试车辆，在考试员的同车监督下，由考生在随机抽取的考试路线上，并按照考试指令完成考试。道路驾驶技能考试使用机动车驾驶人道路驾驶技能考试系统的，应采取人工随车和机动车驾驶人道路驾驶技能考试系统相结合的方式进行评判。

（二）考试场地

小型汽车科目三考试场地将16个考试项目连在一起，车辆行驶一个来回完成所有项目的考试，如图4-12所示。

（三）考试流程

科目三考试流程见图4-13所示。

图 4-12 科目三考试场地

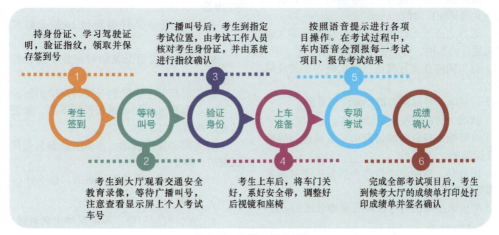

图 4-13 科目三考试流程

三、评判标准

（一）通用评判标准

1. 不合格情形

考试时出现下列情形之一的，评判为不合格：
1）不按规定使用安全带。
2）遮挡、关闭车内音视频监控设备的。
3）不按考试员指令驾驶的。
4）不能正确使用灯光、雨刮器等车辆常用操纵件的。
5）起动发动机时挡位未置于空挡（驻车挡）的。
6）起步时车辆后溜距离大于30厘米的。
7）绿灯亮起后，前方无其他车辆、行人等影响通行时，10秒内未完成起步的。
8）行驶中，双手均离开转向盘的。
9）行驶中，连续使用起步挡行驶距离超过50米的。
10）单手控制转向盘时，不能有效、平稳控制行驶方向的。
11）车辆行驶方向控制不准确，方向晃动，车辆偏离正确行驶方向的。
12）不能根据交通情况合理选择行驶车道、速度的。
13）使用挡位与车速长时间不匹配，造成车辆发动机转速过高或过低的。

14）行驶中，低头看挡或连续2次挂挡不进的。

15）行驶中，空挡滑行的。

16）行驶中，视线离开行驶方向超过2秒的。

17）违反交通安全法律、法规，影响交通安全的。

18）不按交通信号灯、标志、标线或者交通警察指挥信号行驶的。

19）不按规定速度行驶的。

20）行驶中，车辆骑轧车道中心实线或者车道边缘实线的。

21）长时间骑轧车道分界线行驶的。

22）起步、转向、变更车道、超车、靠边停车前不使用或错误使用转向灯的。

23）起步、转向、变更车道、超车、靠边停车前，开转向灯少于3秒即转向的。

24）争道抢行，妨碍其他车辆正常行驶的。

25）行驶中，不能保持安全距离和安全车速的。

26）连续变更两条或两条以上车道的。

27）通过积水路面遇行人、非机动车时，有不减速等不文明驾驶行为的。

28）遇行人通过人行横道不停车让行，不主动避让优先通行的车辆、行人、非机动车的。

29）将车辆停在人行横道、网状线内等禁止停车区域的。

30）行驶中，身体任何部位伸出窗外的。

31）制动、加速踏板使用错误的。

32）对可能出现危险的情形未采取减速、鸣喇叭等安全措施的。

33）因观察、判断或者操作不当发生事故或出现其他危险情况的。

34）考生未按照预约考试时间参加考试的。

2. 扣10分情形

考试时出现下列情形之一的，扣10分：

1）驾驶姿势不正确的。

2）起步时车辆后溜，但后溜距离小于或等于30厘米的。

3）操纵转向盘手法不合理的。

4）起步或行驶中挂错挡，不能及时纠正的。

5）转弯时，转、回方向过早、过晚，或者转向角度过大、过小的。

6）换挡时发生齿轮撞击的。

7）遇情况时不会合理使用离合器半联动控制车速的。

8）因操作不当造成发动机熄火一次的。

9）不能根据交通情况合理使用喇叭的。

10）制动不平顺的。

11）遇后车发出超车信号，不按规定让行的。

12）操作完成后不关闭转向灯的。

（二）专项评判标准

1. 上车准备

1）未沿逆时针方向绕车一周检查车辆外观及周围环境或在检查中未发现存在的安全隐患的，不合格。

2）打开车门前不观察后方交通情况的，不合格。

2. 起步

1）车门未完全关闭起步的，不合格。

2）起步前，未观察内、外后视镜，或未回头观察后方交通情况的，不合格。

3）起动发动机时，挡位未置于空挡（驻车挡）的，不合格。

4）制动气压不足起步的，不合格。

5）不松驻车制动起步，未及时纠正的，不合格。

6）不松驻车制动起步，但能及时纠正的，扣10分。

7）发动机起动后，不及时松开起动开关的，扣10分。

8）具备起步条件但超过10秒未起步的，扣10分。

9）道路交通情况复杂时起步不能合理使用喇叭的，扣5分。

10）起步时车辆发生闯动的，扣5分。

11）起步时，加速踏板控制不当，致使发动机转速过高的，扣5分。

12）起动发动机前，不检查调整驾驶座椅、后视镜的，扣5分。

13）起步前，不检查仪表的，扣5分。

3. 直线行驶

1）方向控制不稳，不能保持车辆直线运行的，不合格。

2）遇前车制动时不及时采取减速措施的，不合格。

3）不适时通过内、外后视镜观察后方交通情况的，扣10分。

4）未及时发现路面障碍物或发现路面障碍物未及时采取减速措施的，扣10分。

4. 加减挡位操作

1）行驶中越级加挡的，不合格。

2）行驶中未加至次高挡及以上的，不合格。

3）车辆运行速度和挡位不匹配的，扣10分。

4）行驶中在次高挡位及以上行驶时间不足5秒的，扣10分。

5. 变更车道

1）变更车道前，未通过内、外后视镜观察，并向变更车道方向回头观察后方道路交通情况的，不合格。

2）变更车道时，判断车辆安全距离不合理，妨碍其他车辆正常行驶的，不合格。

3）变更车道时，控制行驶速度不合理，妨碍其他车辆正常行驶的，不合格。

6. 直行通过路口、路口左转弯、路口右转弯

1）不按规定减速的，不合格。

2）不按规定停车瞭望的，不合格。

3）不观察左、右方交通情况，转弯通过路口时，未观察侧前方交通情况的，不合格。

4）不主动避让优先通行的车辆、行人、非机动车的，不合格。

5）遇有路口交通阻塞时进入路口，将车辆停在路口内等候的，不合格。

6）左转通过路口时，未靠路口中心点左侧转弯的，扣 10 分。

7. 通过人行横道线、学校区域、公交车站

1）不按规定减速慢行的，不合格。

2）不观察左、右方交通情况的，不合格。

3）未停车礼让行人的，不合格。

8. 会车

1）在没有中心隔离设施或者中心线的道路上会车时，不减速靠右行驶，或未与其他车辆、行人、非机动车保持安全距离的，不合格。

2）会车困难时不让行的，不合格。

3）横向安全间距判断差，紧急转向避让对方来车的，不合格。

9. 超车

1）超车前，不通过内、外后视镜观察后方和左侧交通情况并回头观察确认安全的，不合格。

2）超车时机选择不合理，影响其他车辆正常行驶的，不合格。

3）超车时，未观察被超越车辆动态的，不合格。

4）超车时未与被超越车辆保持安全距离的，不合格。

5）超车后，驶回原车道前，不通过内、外后视镜观察后方和右侧交通情况并回头观察确认安全的，不合格。

6）在没有中心线或同方向只有一条行车道的道路上从右侧超车的，不合格。

7）超车时，未根据被超越车辆速度和道路限速选择合理行驶速度的，不合格。

8）当后车发出超车信号时，具备让车条件不减速靠右让行的，扣 10 分。

10. 掉头

1）不能正确观察交通情况选择掉头时机的，不合格。

2）掉头地点选择不当的，不合格。

3）掉头前未开启左转向灯的，不合格。

4）掉头时，妨碍正常行驶的其他车辆和行人通行的，扣 10 分。

11. 靠边停车

1）停车前，不通过内、外后视镜观察后方和右侧交通情况，并回头观察确认安全的，不合格。

2）考试员发出靠边停车指令后，未能在规定的距离内停车的，不合格。

3）停车后，车身超过道路右侧边缘线或者人行道边缘的，不合格。

4）需要下车的，在打开车门前不回头观察左后方交通情况的，不合格。

5）下车后不关闭车门的，不合格。

6）停车后，车身距离道路右侧边缘线或者人行道边缘超出 50 厘米的，不合格。

7）停车后，车身距离道路右侧边缘线或者人行道边缘超出 30 厘米，未超出 50 厘米的，扣 10 分。

8）停车后，未拉紧驻车制动器的，扣 10 分。

9）拉紧驻车制动器前放松行车制动踏板的，扣 10 分。

10）在前后无干扰条件下停车后，再次挪动车辆的，每次扣 10 分。

11）下车前不将发动机熄火的，扣 5 分。

12. 模拟夜间灯光使用

1）不能正确开启灯光的，不合格。

2）同方向近距离跟车行驶时，使用远光灯的，不合格。

3）通过急弯、坡路、拱桥、人行横道或者没有交通信号灯控制的路口时，不交替使用远、近光灯示意的，不合格。

4）会车时不按规定使用近光灯的，不合格。

5）通过路口时使用远光灯的，不合格。

6）超车时未交替使用远、近光灯提醒被超越车辆的，不合格。

7）在有路灯、照明良好的道路上行驶时，使用远光灯的，不合格。

8）在路边临时停车不关闭前照灯和不开启示廓灯的，不合格。

9）进入无照明、照明不良的道路行驶时，不使用远光灯的，扣 5 分。

第五章 科目四培训与考试

第一节 科目四培训

一、培训内容与方法

（一）培训内容

依据《机动车驾驶培训教学与考试大纲》，小型汽车科目四培训内容：

1. 安全、文明驾驶知识

具体包括：安全驾驶生理心理状态、安全驾驶、文明礼让、常见道路交通信号辨识。

2. 危险源辨识知识

具体包括：险情预测与分析。

3. 夜间和高速公路安全驾驶知识

具体包括：夜间驾驶、高速公路驾驶。

4. 恶劣气象和复杂道路条件下的安全驾驶知识

具体包括：雨天驾驶、冰雪道路驾驶、雾（霾）天驾驶、大风天气驾驶、泥泞道路驾驶、涉水驾驶、施工道路驾驶、通过铁路道口、山区道路驾驶、通过桥梁、通过隧道。

5. 紧急情况应急处置知识

具体包括：紧急情况临危处置、高速公路驾驶紧急避险、发生交通事故后的处置。

6. 典型事故案例分析

具体包括：违法行为综合判断与案例分析。

（二）培训方法

科目四培训采用课堂教学与学员自学相结合的方法。课堂教学不少于2学时，主要讲解科目四考试重点、难点及注意事项；学员自学主要围绕科目四考试题库进行练习。

二、重点与难点归纳

（一）安全驾驶

1. 安全起步

1）汽车起步前，应先观察车辆及周围交通情况，确认安全后，才能起步。

2）汽车起步时，应按照操作规范进行操作。

3）汽车起步后，应注意观察车辆左侧道路情况，确认安全后，再缓慢向左转向，安全驶入行车道。

2. 安全汇入车流

1）汇入车流前，应开启转向灯。

2）通过后视镜观察侧后方正常行驶的车辆。

3）正确估计车流速度和安全距离，根据车流情况选择汇入的最佳时机。

4）转向灯开启3秒后，在不影响正常行驶车辆的情况下安全汇入车流。

3. 安全变更车道

1）汽车需要变更车道时，应先观察侧后方及准备变更的车道上的交通情况。

2）确认安全后，开启转向灯。

3）转向灯开启3秒后，在不妨碍其他车辆正常行驶的情况下，平稳转向驶入所需车道。

4）每次只能变更一条车道，不得连续变更两条以上车道。

5）不要频繁变更车道，否则会影响其他车辆正常通行，扰乱交通秩序，易引发交通事故。

4. 安全跟车

1）跟车行驶应与前车保持足以采取紧急制动措施的安全距离。

2）跟车安全距离与车速成正比，车速越快，跟车距离应越大，所以安全跟车距离应随着速度变化而变化。

3）遇雾、雨、雪等不良天气时，应加大跟车距离。

4）跟车行驶时，精力要高度集中，注意观察前车的动态，遇前车制动时，及时采取相应措施。

5. 安全会车

1）会车前，应仔细观察来车及路面等交通情况，选择适当地点会车。如选择的交会位置不理想时，应减速会车或停车让行。

2）会车时，必须遵守交通法规，在狭窄的路段会车时，应做到"礼让三先"，即"先让、先慢、先停"。会车中，遇到对方来车行进有困难需借道时，应尽量让对方先行。

3）在狭窄路面会车，根据路面的宽度降低车速，同时保持两车间足够的横向安全距离，低速通过。

4）夜间会车，应在距对面来车 150 米以外改用近光灯。

5）遇雨、雪、雾等不良气候时，会车应降低车速，加大横向间距，必要时停车避让，确保会车安全。

6. 安全超车

1）超车应尽量选择道路宽直、视线良好、路面无障碍物、对面无来车的路段。在有禁止超车标志的路段，不得超车。不能跨越道路中心实线超车，不能借专用车道超车。

2）超车前，先开左转向灯并鸣喇叭示意。夜间超车时应不断开关灯光示意。

3）超车时，应与被超车保持足够的横向安全间距。

4）超车后，不能过早地驶入原来的行驶路线，在同被超车辆保持必要的安全距离后，打开右转向灯驶回原车道。

7. 安全避让

1）会车时，有障碍的一方让无障碍的一方；但有障碍的一方已驶入障碍路段而无障碍的一方未驶入时，有障碍的一方先行。

2）遇对向车辆占据自己的行车道，不能斗气，应以安全为重，主动避让。

3）当后车发出超车信号，在条件允许时，应主动避让，并降低车速。

8. 安全掉头

1）掉头前，应仔细观察道路前后方情况，确认安全后，才能进行掉头。

2）掉头时不得妨碍正常行驶的其他车辆和行人的通行。

3）掉头过程中，应严格控制车速。

4）在有禁止掉头或者禁止左转弯标志、标线的地点以及在铁路道口、人行横道、桥梁、急弯、陡坡、隧道或者容易发生危险的路段，不得掉头。

9. 安全倒车

1）倒车时，应当察明车后情况，确认安全后，才能进行倒车。

2）倒车过程中要缓慢行驶，注意观察车辆两侧和后方的情况，随时做好停车准备。

3）不得在铁路道口、交叉路口、单行路、桥梁、急弯、陡坡或者隧道中倒车。

10. 安全停车

1）严格遵守停车规定，不得在禁止停车的场所停车。

2）在道路边临时停车前，一定要仔细观察后方和右侧交通情况。确认安全后，打开右转向灯，缓慢地向道路右侧，不得逆向或并列停放。

3）车辆停稳后，才能开车门和上下人，开车门前应仔细观察左后方情况，然后缓慢打开车门。

11. 交叉路口安全驾驶

1）通过交叉路口要严格遵守信号灯、标志、标线及交警的指挥。

2）进入交叉路口前，要提前降低车速，以慢速通过交叉路口。

3）在路口转向应提前驶入相应的车道，不得在路口实线区变更车道。在交叉路口向左转弯时，应靠路口中心点左侧转弯。向右转弯时，应避让非机动车。

4）如路口施划有左转弯待转区，当左转车道为红灯信号、直行车道为绿灯信号时，左转弯的车辆应先进入左转弯待转区，等左转车道变为绿灯信号，再左转弯行驶。

5）通过环形路口应注意：一是驶入环形路口不用开启转向灯，驶出环形路口应打开右转向灯；二是准备进入环形路口的车辆让已在路口内的机动车先行。

12. 铁路道口安全驾驶

1）通过有交通信号或者有人看守的铁路道口时，应按照交通信号或者管理人员的指挥通行。

2）通过无信号控制或无人看守的铁路道口时，在道口外停车观察，做到一停（在停止线以外停车）、二看（观察左右是否有驶来的列车）、三通过（确认安全后，低速通过）。

3）通过铁道路口时，应用低速挡安全通过，中途不得换挡，以避免发动机熄火。

13. 人行横道安全驾驶

1）车辆驶近人行横道时，应注意观察行人、非机动车动态，确认安全后再通过。

2）车辆行经人行横道时，应当减速行驶，遇行人正在通过人行横道，应当停车让行。

3）不得在人行横道区域内停车等候，不要在人行横道及附近超车。

14. 弯道安全驾驶

1）进入弯道前应提前减速，不得进入弯道后再减速，以防发生侧滑或侧翻。

2）在弯道应靠道路右侧行驶。右转弯时，应靠路右侧转小弯；左转弯时，应靠路右侧转大弯。

3）在弯道行驶，不得占用对向车道，不要急转转向盘，不要使用紧急制动，以防发生交通事故。

4）行经有视线盲区的弯道时，应鸣喇叭，提醒对向车注意。

15. 学校区域安全驾驶

1）车辆行至学校区域时，应注意观察标志、标线，及时减速，不要鸣喇叭。

2）在学校区域要注意观察道路两侧及周围的情况，时刻提防学生横过道路，及时减速或停车让行，避免发生事故。

3）遇列队横过道路的学生时，应当停车让行，不得连续鸣喇叭催促或加速抢行。

16. 居民小区安全驾驶

1）车辆通过居民小区时，要遵守限速标志的规定，低速行驶，不得连续鸣喇叭警示或加速抢行。

2）车辆通过居民小区时，要随时注意观察两侧情况，遇到突然情况，要停车让行。

3）在居民小区通行时，要注意避让行人。遇两侧有行人占道行走时，要与行人保持安全距离，低速行驶，待行人让路后再通过。

17. 公交车站安全驾驶

1）车辆接近公交车站时，应降低车速，注意观察交通情况和行人动态。

2）超越停在公交车站的车辆时，要减速慢行，与公交车保持较大的安全间距，应预防会有乘客或行人从公交车前或车后突然横穿道路，做好随时停车的准备。

3）不得占用公交专用车道，距离公交车站30米内不能停车。

（二）文明礼让

1. 人行横道前的礼让

1）人行横道无人行走时，注意观察人行横道两端行人、非机动车动态，减速慢行，提防行人突然横穿道路。

2）人行横道有人行走时，应停车，让行人、非机动车先行。

2. 会车及超车时的礼让

1）会车中遇到对方来车行进有困难需借道时，应尽量礼让对方先行。

2）行车中，当发现后车发出超车信号时，应减速靠右侧让行。

3. 遇校车的礼让

1）遇到校车在道路右侧停车上下学生，校车在同方向只有一条机动车道的道路上停靠时，后方车辆应当停车等待，不得超越。

2）校车在同方向有两条以上机动车道的道路上停靠时，校车停靠车道后方和相邻机动车道上的机动车应当停车等待，其他机动车道上的机动车应当减速通过。

4. 遇特种机动车或异常行驶机动车的礼让

1）行驶中遇到警车、消防车、救护车等特种机动车执行紧急任务时，应迅速让行。

2）行驶中遇到汽车"画龙"、货物捆绑不牢等异常行驶的机动车时，应保持较大跟车距离，以防不测。

5. 遇拥堵道路、路口时的礼让

1）车辆在行驶中，当前方道路出现拥堵时，应依次跟车行驶。

2）当前方交叉路口出现交通阻塞时，车辆应依次停在路口以外等候，不得进入路口，也不得从前方车辆两侧穿插或者超越行驶。

6. 遇行人的礼让

1）在道路上遇到行人，应注意观察动态，做到安全礼让。

2）遇到老人和残疾人，不要鸣喇叭催促，应主动减速慢行，必要时停车避让。

3）遇到儿童在道路上玩耍，应注意儿童动态，减速慢行，必要时停车避让。

4）遇到挑着担子的行人，应考虑到担子的占地空间，要与行人保持较大的安全距离。

5）遇到突然横穿公路的行人，应立即减速，必要时停车。

6）雨天遇到撑雨伞和穿雨衣的行人，应提前轻按喇叭提醒，注意观察行人动态，与行人保持安全距离，适当降低车速通过。遇到积水路面，应低速慢行，以免水花溅到路边行人。

7. 遇牲畜的避让

1）汽车行驶中，当看到注意牲畜标志，应注意观察有没有牲畜窜出，同时要降低车速。

2）遇到牲畜在道路上行走，应注意牲畜动态，并减速慢行，随时避让横过道路的牲畜。

3）遇到牲畜横穿抢道，应及时避让，不能鸣喇叭驱赶，以防牲畜受惊。

8. 遇非机动车的礼让

1）遇到非机动车在路边正常行驶时，应注意观察动态，保持安全间距，适当减速超越。

2）遇到非机动车横穿公路时，应减速，必要时停车避让。

3）遇到路面有积水，路边有非机动车时，应低速行驶，以免水花溅到路边骑车人。

（三）应急避险

行车中遇到紧急情况，应遵循以下避险原则：

一是先人后物。险情发生后，首先要保证人身安全，然后才能顾及车辆和物品。因为车辆和物品可以补偿，人的生命只有一次。所以，遇到险情时，驾驶人首先要保护好乘客和自己，同时不能伤及无辜的第三者。

二是避重就轻。处理险情时，在保证人身安全的前提下，应衡量轻重，采取无损失或损失较小的处理方案。为了避开造成较大的损失，可不受交通法规的限制，以减轻事故的损失后果。

三是先制动后转向。在高速行驶时，应先制动减速，再转向避让，以防高速状态下急打转向造成侧翻事故。

1. 爆胎

1）行驶中，车辆突然爆胎时，驾驶人要保持镇静。如是后轮出现爆胎，要先控制行驶方向并慢慢减速。如是前轮出现爆胎，要在控制住行驶方向后，采取抢挂低速挡的措施减速停车。

2）轮胎气压过高容易导致爆胎，气压过低也同样容易导致爆胎。因为轮胎气压降低，车辆行驶时轮胎的变形量增大，使胎温升高、轮胎变软、强度下降，从而导致爆胎。

3）避免爆胎正确做法是定期检查轮胎、保持轮胎气压正常、及时清理轮胎沟槽里的异物、更换有裂纹或有很深损伤的轮胎。

2. 转向失控

1）机动车转向突然失控后，若前方道路条件能够保持直线行驶，要迅速开启危险报警闪光灯，采取抢挂低速挡或合理使用行车制动和驻车制动减速停车，避免紧急制动。

2）遇到转向失控、行驶方向偏离，事故已经无可避免时，要果断地采取紧急制动，尽快减速，极力缩短停车距离，减轻碰撞程度，减小损失。

3. 制动失效

1）行驶中遇制动突然失灵时，应迅速开启危险报警闪光灯，握稳转向盘以控制方向，然后迅速抢挂低速挡（迅速逐级或越一级减挡）减速，并使用驻车制动器配合减速。在使用驻车制动时，不要一次拉紧驻车制动器操纵杆不放，应缓慢使用。

2）汽车下坡路制动突然失效时，要迅速用抢挡（逐级或越一级减挡）的办法使车辆利用发动机牵阻作用控制车速，或迅速利用避险车道减速停车或上坡道方向行驶。停车后，要利用驻车制动器防止发生溜车造成二次险情。

4. 发动机熄火

汽车行驶中发动机突然熄火，若难以重新起动，应立即开启危险报警闪光灯，缓慢制动减速，及时靠边停车，放置故障车警告标志，检查熄火原因。

5. 碰撞

1）车辆发生正面碰撞且碰撞位置在正前方时，驾驶人应以躲避为主，如离开转向盘、躲向副驾驶座位等。发生撞击的位置不在驾驶人一侧或撞击力量较小时，紧握转向盘，两腿向前蹬，身体向后紧靠座椅。

2）在车速较高可能与前方机动车发生碰撞时，要先制动减速减少正面碰撞力，然后转向避让，以使正面碰撞变成侧面碰撞或刮擦，减小事故伤害和损失。发生正面碰撞已不可避免时，迅速采取紧急制动。

3）在高速公路驾驶机动车意外碰撞护栏时，应握紧转向盘，适量修正行驶方向，切忌迅速转向或制动，以免车辆连续碰撞两侧护栏或翻车。

6. 机动车着火

1）车辆发生火灾时，要设法将车辆停在避免火势蔓延的空旷地带。在高速公路上发生火灾时，不可将车驶入服务区或停车场。停车后，应及时报警，设置警告标志，并进行灭火。

2）使用灭火器灭火时，人要站在上风处，用灭火器瞄准火源灭火，也可用路边沙土、篷布、棉布、工作服等物品灭火。

3）灭火时，要脱去所穿的化纤服装，以免伤害暴露的皮肤，不能张嘴呼吸或高声呐喊，以免烟火灼伤上呼吸道。

4）机动车发生火灾时，应迅速关闭发动机。如果是发动机着火，严禁开启发动机罩灭火。如果是电器、汽油着火，不能用水灭火。

7. 机动车落水

1）机动车落水后，车外水压高，车门打不开，可选择敲碎侧窗玻璃的自救方法逃生，也可等到水快浸满车厢时（此时车门内外水压接近），再设法开启车门或摇下车窗玻璃逃生。

2）错误的逃生方法：一是选择迅速关闭车窗阻挡车内进水（车厢不是密闭的，关闭车窗，车内同样进水）；二是打电话求救（时间来不及）；三是用工具撬开车门（车外水压太高，车门无法撬开）。

8. 发生"水滑"

1）所谓"水滑"是指在大雨天汽车在积水路面上高速行驶时，轮胎与路面间的存水不能排除，水的压力使车轮上浮，形成汽车在积水路面上滑行的现象。可见，形成"水滑"现象必须具备2个条件：一是路面有水，二是高速行驶。所以，只有降低车速，才能避免发生"水滑"现象。

2）一旦发生"水滑"现象时，驾驶人应握紧转向盘，缓抬加速踏板减速，不要使用紧急制动减速或猛转动转向盘。

9. 机动车侧滑与轮胎抱死

1）车辆在冰雪、泥泞等摩擦系数较小的路面上行驶时，车轮容易抱死而导致侧滑。另外，车辆转弯时，如果速度过快，离心力就会过大，也容易发生侧滑。

2）驾驶未安装ABS的机动车在冰雪路面使用制动时，要轻踩或间歇踩制动踏板，以免车轮抱死。

3）制动时，如果前车轮抱死会出现丧失转向能力，如果后车轮抱死会出现侧滑甩尾的情况。

4）机动车发生侧滑时，如果前轮侧滑，要向侧滑相反方向转动转向盘；如果后轮侧滑，要向侧滑方向转动转向盘。

10. 预防二次事故

驾驶机动车遇非常情况或者发生事故时，应开启危险报警闪光灯，在车后设置危险警告标志，将车上人员疏散到安全地带，防止二次事故发生。

11. 高速公路紧急避险

1）高速公路行车紧急情况避险的处理原则是先避人、后避物。在高速公路遇到紧急情况时应采取制动减速措施，不要轻易急转向避让。

2）在高速公路除遇障碍、发生故障等必须停车外，不准停车上下人员或者装卸货物，停车要到服务区或停车场。

3）机动车在高速公路上发生故障时，应立即开启危险报警闪光灯，将车移至应急车道内，并在车后150米以外设置警告标志。驾乘人员应当迅速转移到护栏以外安全的地方，并且迅速拨打救援电话。

4）机动车因故障不能离开行车道时，不能在行车道上抢修车辆，应立即按规定开启危险报警闪光灯，设置警示标志，转移车上人员。

（四）典型事故案例分析

1. 违法行为综合判断

题库中的违法行为综合判断试题都是以动画的形式出现，即通过观看动画画面判断违法行为，其判断方法见表5-1。

表5-1 动画画面与违法行为

序号	动画画面	违法行为
1	驾驶人胸前无安全带	驾驶人未按规定使用安全带
2	驾驶人驾车时使用手机打电话	驾驶人驾车时拨打接听手持电话
3	驾驶人打手机时的通话内容	驾驶人无证驾驶车辆和酒后驾车
4	车辆号牌被圆盘遮挡	故意遮挡号牌
5	对照车速表与交通标志	车辆超速行驶
6	车辆闯红灯	不按交通信号灯行驶
7	车辆在有禁止左转弯的路口驶向左侧	不按交通标志行驶
8	车辆在导向箭头指示直行的车道左转弯行驶	不按交通标线行驶
9	车辆驶入公交专用车道、应急车道或非机动车车道	不按车道划分规定行驶

注：鸣喇叭催促前方机动车，尽管不文明，但不算违法行为。

2. 案例分析

做案例题要把握好审题、析题和答题3个环节。

1）审题。在做题前应当认真阅读案例，特别是应当注意有关细节，这些细节将对分析案例有直接关系。

2）析题。分析案例的依据有两个：案例事实和法律规定。在弄清案例事实的基础上，找出相应的法律规定，并仔细推敲；再用法律规定与案例事实对照，得出是否有违法行为。

3）答题。将分析得出的违法行为与题中选项对照，吻合者即为答案。

例题：陶某驾驶中型客车（乘载33人），行至许平南高速公路163千米处时，以120千米/时的速度与停在最内侧车道上安某驾驶的因事故无法移动的小客车（未设置警示标志）相撞，中型客车撞开右侧护栏侧翻，造成16死亡、15人受伤。双方驾驶人的主要违法行为是什么？

A. 陶某客车超员
B. 陶某超速行驶
C. 安某未按规定设置警示（告）标志
D. 安某违法停车

分析：

第一步，审题。案例中提供了以下重要信息：一是陶某驾驶的中型客车乘载33人；二是陶某驾驶中型客车在高速公路以120千米/时的速度行驶；三是安某驾驶的小客车因事故停在高速公路最内侧车道上；四是安某驾驶的小客车停在高速公路未设置警示标志。

第二步，析题。将案例事实与法律规定对照，见表5-2。

第三步，答题。将分析结果与题中四个选项对照，得出答案为ABC。

表5-2 案例事实与法律规定对照

序号	案例事实	法律规定	分析结果
1	陶某驾驶的中型客车乘载33人	中型客车核载为10～19人	客车超员
2	陶某驾驶中型客车在高速公路以120千米/时的速度行驶	中型客车在高速公路最高车速不得超过100千米/时	超速行驶
3	安某驾驶的小客车因事故停在高速公路最内侧车道上	高速公路车道内禁止停车	此车因事故无法移动，所以不构成违法
4	安某驾驶的小客车停在高速公路未设置警示标志	因事故停在高速公路车道内应设置警示（告）标志	未按规定设置警示（告）标志

三、学习与记忆技巧

科目四学习与记忆技巧与科目一相同。

第二节　科目四考试

一、考试内容与合格标准

（一）考试内容

依据《机动车驾驶人考试内容和方法》，小型汽车科目四考试内容如下：

1）安全行车常识。
2）文明行车常识。
3）道路交通信号在交通场景中的综合应用。
4）恶劣气象和复杂道路条件下安全驾驶知识。
5）紧急情况下避险常识。
6）防范次生事故处置与伤员急救知识。
7）典型事故案例分析。
8）地方试题。

（二）合格标准

科目四考试满分为 100 分，成绩达到 90 分的为合格。

二、考试方法与考试流程

（一）考试方法

科目四考试是在考试员监督下，由考生使用全国统一的机动车驾驶人驾驶理论考试系统独立闭卷完成考试。考试试卷由全国统一的机动车驾驶人驾驶理论考试系统从考试题库中按照规定比例随机抽取生成。试题数量为 50 题，题型有判断题（占 40%）、单项选择题（占 40%）、多项选择题（占 20%）3 种。考试时间为 45 分钟。

（二）考试流程

科目四考试流程与科目一相同。

（三）考试注意事项

科目四考试注意事项与科目一相同。

第三节　科目四考试题库

一、安全行车常识

（一）日常检查与维护

1. 出车前的检查

题 1.【多选题】出车前检查的目的是什么？（　　）
　A. 确认机动车车胎是否损毁
　B. 确认周围是否有障碍物
　C. 确认在车辆附近是否存在安全隐患
　D. 确认出车方向的安全性

题 2. 驾驶人进入驾驶室前，首先要做什么？（　　）
　A. 观察机动车周围情况
　B. 不用观察周围情况
　C. 开启车门直接上车
　D. 注意观察天气情况

题 3. 行车前应逆时针绕车，检查车底或附近有无儿童等人员及障碍物、轮胎气压是否正常、车底是否漏油和漏水。（　　）

题 4. 行车前应对机动车驾驶室、发动机舱、车外部、轮胎进行检查。（　　）

题 5. 出车前检查冷却液、机油、燃油等是否有渗漏现象。（　　）

题 6. 出车前对轮胎进行哪些方面的检查？（　　）
　A. 什么也不用检查
　B. 轮胎有没有清洗
　C. 备胎在什么位置
　D. 轮胎的紧固和气压

题 7.【多选题】出车前，应该做的准备工作是什么？（　　）
　A. 仔细巡视车辆四周的状况，观察车底和车身周围是否有障碍物
　B. 上车后关好车门，调整好座位，系好安全带
　C. 启动车辆，观察仪表，检查车辆工作是否正常
　D. 调整好后视镜

题 8.【多选题】出车前，应进行哪些方面的检查？（　　）
　A. 车底是否漏油、漏水
　B. 车底或附近有无儿童等人员及障碍物
　C. 车辆灯光、牌证是否齐全有效
　D. 检查轮胎的紧固度和气压情况

题 9. 出车前检查刮水器时，应尽量在干燥状态下进行。（　　）

2. 行车中的检查

题 10. 行车中，制动报警灯亮时，应试踩一下制动踏板，只要有效可正常行车。（　　）

题 11. 行车中，当仪表盘上指示灯显示车辆可能有异常情况时，应及时停车处置。（　　）

题 12.【多选题】关于机动车制动灯的使用，以下说法正确的是什么？（　　）
　A. 行车前应检查制动灯是否正常工作
　B. 制动灯若使用错误，很容易造成追尾撞车事故
　C. 主要用来提醒后面的车辆本车要减速或停车
　D. 在踩下制动踏板时，制动灯会自动亮起

3. 车辆的日常维护

题13. 为提高机动车的安全性和可靠性，应定期对车辆设备进行检查，更换和补充车辆机油等运行材料，确保车辆器件及性能完好。（　）

题14. 检查机动车机油时，以下做法正确是什么？（　）
A. 停在平坦的地方，在启动前检查
B. 停在平坦的地方，在急速状态下检查
C. 无需停在平坦的地方，在启动前检查
D. 无需停在平坦的地方，在急速状态下检查

题15. 水温表是用来指示哪个部件的温度？（　）
A. 行驶系　　　　B. 转向系
C. 发动机　　　　D. 变速器

（二）安全驾驶状态

1. 酒精、毒品、药物对驾驶影响

题16.【多选题】饮酒对驾驶人的不利影响有哪些？（　）
A. 判断力下降
B. 注意力下降
C. 易产生冒险和挑衅心理
D. 操作能力降低

题17.【多选题】酒后驾驶会对驾驶人哪些方面产生影响？（　）
A. 驾驶心理　　　B. 操作能力
C. 注意力　　　　D. 判断力

题18.【多选题】驾驶人在下列哪些情况下不能驾驶机动车？（　）
A. 服用国家管制的精神药品后
B. 服用麻醉药品后
C. 过度疲劳影响安全驾驶
D. 饮酒后

题19.【多选题】驾驶人在下列哪种情况下不能驾驶机动车？（　）
A. 注射毒品后　　B. 饮酒后
C. 喝咖啡后　　　D. 服用麻醉药品后

题20.【多选题】吸食注射毒品对驾驶行为的影响主要表现有什么？（　）
A. 可能会有情绪上的亢奋，影响驾驶人交通状况的观察感知
B. 吸毒后驾驶，驾驶人的反应力明显下降
C. 毒品对人体中枢神经产生作用，吸毒以后会产生幻觉
D. 吸毒后驾驶，驾驶人的身体协调能力明显下降

题21. 吸食、注射毒品后驾车会精神亢奋甚至产生幻觉，反应操作变慢甚至丧失判断能力，潜在风险极大。（　）

题22. 驾驶人有哪种情形，交通警察可依法扣留机动车驾驶证？（　）
A. 饮酒后驾驶机动车
B. 超过规定速度10%
C. 疲劳后驾驶机动车
D. 行车中未系安全带

题23.【多选题】下列说法错误的是什么？（　）
A. 饮酒后只要不影响驾驶操作就可以短距离驾驶机动车
B. 服用国家管制的精神药品后可以短途驾驶机动车
C. 饮酒后不得驾驶机动车
D. 服用任何药物都不会影响驾驶，可以驾驶机动车

题24. 饮酒后驾车，酒精的作用会导致驾驶人的判断能力和反应能力下降，对车辆的操作能力降低，遇到紧急情况极易出现事故。（　）

题25.【多选题】机动车驾驶人有下列哪种行为，会被吊销驾驶证？（　）
A. 饮酒后驾驶机动车
B. 因饮酒后驾驶机动车被处罚，再次饮酒后驾驶机动车
C. 醉酒驾驶机动车
D. 饮酒后驾驶营运机动车

题26. 驾驶人应确保自己处于安全的驾驶状态，不能在饮酒后或者疲劳状态下驾车出行。（　）

题27. 发生酒后驾驶机动车违法行为的，机动车交通事故责任强制保险费率将上浮。（　）

2. 身体状态对驾驶的影响

题28. 驾驶人在生病状态下驾驶机动车，会增加发生交通事故的可能性。（　）

题29. 驾驶人因睡眠不足、体力消耗过大等原因导致身体疲惫时，不应驾驶机动车。（　）

3. 不良情绪状态对驾驶影响

题30. 当驾驶人有生气、厌恶、愤怒情绪时，容易诱发攻击性驾驶，对安全行车极为不利。（　）

题31. 夏季天气炎热时，驾驶人容易产生烦躁情绪，应注意调节。（　）

题32. 在极端兴奋或者愤怒的情绪状态下，驾驶人都会倾向于做出更加具有危险性的驾驶行为。（　）

题33. 谨慎驾驶的三原则是集中注意力、仔细观察和提前预防。（　）

题34. 行车中遇到被超车辆明显要再次超越，且带有斗气情绪时，应采取的正确做法是什么？（　）
A. 减速礼让
B. 挡住道路不让它超车
C. 加速行驶甩掉它
D. 并列行驶

题35. 驾驶机动车遇乘客干扰驾驶时，以下做法正

确的是什么？　　　　　　　　（　　）
　A.直接打开车门让该乘客下车
　B.保证安全靠边停车、及时报警
　C.紧急制动
　D.据理力争

题36.【多选题】关于情绪对安全驾驶的影响，以下说法正确的是什么？　　　　　　（　　）
　A.驾驶人较长时间处于强烈情绪之下，容易产生疲劳
　B.驾驶人处于负面情绪之中，可能会增加驾驶时的攻击性
　C.驾驶人情绪波动较大时，容易分散驾驶时的注意力
　D.强烈积极情绪对安全驾驶没有影响

题37.情绪对安全驾驶会产生影响，以下说法错误的是什么？　　　　　　　　（　　）
　A.强烈的情绪，不管正面还是负面的，都可能会影响安全驾驶
　B.驾驶人应注意调节情绪，避免影响自己的驾驶行为
　C.驾驶人有不良情绪时，可以通过飙车来发泄情绪
　D.天气也可能会对驾驶人的情绪产生影响

4.疲劳驾驶的防范知识

题38.【多选题】关于疲劳状态下影响安全驾驶的因素，以下说法正确的是什么？　（　　）
　A.感知能力下降　　B.判断能力下降
　C.操作能力下降　　D.观察能力下降

题39.【多选题】根据驾驶人的疲劳状态，可以分为哪些疲劳驾驶程度？　　　　（　　）
　A.轻微疲劳　　　　B.中度疲劳
　C.低级疲劳　　　　D.重度疲劳

题40.【多选题】不同疲劳程度下驾驶人的状态和表现不同，轻微疲劳的表现是什么？（　　）
　A.短时间睡眠现象
　B.频打哈欠
　C.忘记操作
　D.眼皮沉重

题41.不同疲劳程度下驾驶人的状态和表现不同，中度疲劳的表现是什么？　　（　　）
　A.忘记操作　　　　B.眼皮沉重
　C.短时间睡眠现象　D.频打哈欠

题42.不同疲劳程度下驾驶人的状态和表现不同，重度疲劳的表现是什么？　　（　　）
　A.短时间睡眠现象　B.忘记操作
　C.眼皮沉重　　　　D.频打哈欠

题43.【多选题】下列属于预防疲劳驾驶的措施有哪些？　　　　　　　　（　　）
　A.连续驾驶不得超过4小时
　B.深夜行车不得连续超过2天

　C.一天行车时间不超过8小时
　D.注意劳逸结合，保证充足睡眠

题44.【多选题】关于疲劳驾驶，以下说法正确的是？　　　　　　　　　（　　）
　A.反应迟钝　　　　B.判断能力下降
　C.操作失误增加　　D.易引发交通事故

题45.【多选题】关于有效避免疲劳驾驶，下列做法正确的是？　　　　　　　（　　）
　A.保持良好睡眠
　B.连续驾驶不超过4小时
　C.用餐不宜过饱
　D.餐后适当休息后再驾车

题46.驾驶人过度疲劳影响安全驾驶时，不得驾驶机动车。　　　　　　　　（　　）

题47.轻度疲劳状态下驾驶车辆对驾驶人操作反应能力和判断能力没有影响。　（　　）

题48.只要驾驶人不感觉到疲劳，可以连续长时间驾驶车辆。　　　　　　　（　　）

题49.驾驶人处于疲劳状态时，判断能力下降、反应迟钝和操作失误增加，容易引起道路交通事故。　　　　　　　　　　　　（　　）

题50.【多选题】关于预防疲劳驾驶，以下做法正确的是什么？　　　　　　（　　）
　A.只要驾驶人不感觉疲劳，可以长时间连续驾驶
　B.驾驶人连续驾驶4小时以上，停车休息的时间不得少于20分钟
　C.连续驾驶不得超过4小时
　D.保证充足的睡眠时间

题51.【多选题】下列做法哪些可以有效避免驾驶疲劳？　　　　　　　　（　　）
　A.连续驾驶不超过4小时
　B.用餐不宜过饱
　C.保持良好的睡眠
　D.餐后适当休息后驾车

题52.【多选题】关于疲劳驾驶的危害，以下说法正确的是什么？　　　　　（　　）
　A.疲劳状态下，驾驶人操作反应能力下降
　B.轻度疲劳对安全驾驶没有影响
　C.疲劳状态下，驾驶人判断能力下降
　D.疲劳状态下驾驶车辆，容易注意力不集中

题53.高速公路连续驾驶时间不得超过4小时。　　　　　　　　　　　　（　　）

5.分心驾驶危害与预防

题54.【多选题】驾驶人分心驾驶的危害是什么？　　　　　　　　（　　）
　A.视线离开路面，无法提前观察道路交通信息
　B.会引起操作动作的变化
　C.驾驶人注意力分散

D. 会引起驾驶姿势的变化

题55. 分心驾驶会影响驾驶人的反应速度，在遇紧急情况时，容易因反应不及时、采取措施不当引发事故。（　　）

题56.【多选题】以下做法中属于分心驾驶的是什么？（　　）
A. 驾驶时拨打手持电话
B. 驾驶时观看短视频
C. 驾驶时抽烟
D. 驾驶时与乘客聊天嬉戏

题57.【多选题】驾驶人驾驶机动车时，不得有以下哪种行为？（　　）
A. 拨打手持电话　　B. 化妆
C. 回复信息　　　　D. 观看视频

题58. 关于分心驾驶，以下说法正确的是什么？（　　）
A. 驾驶时接打电话会分散驾驶人注意力
B. 只要专注驾驶，就可以长时间开车不休息
C. 驾驶时操纵导航设备不会影响安全驾驶
D. 驾驶时收听广播不会分散驾驶人注意力

题59. 驾车过程中遇到不熟悉的道路时，可以一边操作导航设备一边驾驶机动车。（　　）

题60. 驾车出行前应提前设置好手机导航系统，驾驶过程中操作手机会导致驾驶人分心。（　　）

题61. 驾驶过程中应保持注意力，不被其他的因素影响安全驾驶。（　　）

（三）危险源与防御性驾驶

1. 危险源的识别与预防

题62.【多选题】行车过程中常见的危险源有哪些？（　　）
A. 环境的不安全因素
B. 车辆的不安全状态
C. 人的不安全行为
D. 道路的不安全因素

题63. 如图所示，当你驾车遇到这种情形时，应注意哪些潜在危险？①B车可能会借道超车；②右侧行人可能会穿越马路；③出口可能有车辆驶出。（　　）

A. ①③　　　　　　B. ②③
C. ①②　　　　　　D. ①②③

题64. 行车中的危险源包括：人的不安全行为，车辆的不安全状态，道路及环境的不安全因素。（　　）

2. 防御性驾驶

题65.【多选题】防御性驾驶又称预见性驾驶，下列哪些属于预见性方法？（　　）
A. 保持安全距离，预留缓冲空间
B. 注意观察周围环境
C. 开车前检查车辆性能
D. 遵守法规，文明礼貌让行

题66.【多选题】下列关于防御性驾驶方法，做法正确的是什么？（　　）
A. 熟悉车辆性能，做好预防性自检
B. 遵守交通法规，文明礼让出行
C. 保持安全距离，预留缓冲空间
D. 环顾周围环境，提前预测险情

题67.【多选题】按照防御性驾驶技术要求，驾驶机动车在道路上行驶，在下列哪种情形下应当提前开启右转向灯？（　　）
A. 向右变更车道　　B. 靠路边停车
C. 向右转弯　　　　D. 超车完毕驶回原车道

题68. 驾驶车辆汇入车流时，按照防御性驾驶技术要求，要环回视野、留有余地，应提前开启转向灯，保持直线行驶，通过后视镜观察左右情况，确认安全后汇入合流。（　　）

题69. 行车时应随时观察各种机动车的动向，尤其注意周围车辆转向灯、制动灯等信号灯的变化，及时调整行车路线和行驶速度。（　　）

题70. 高速行驶状态下，驾驶人对周围环境情况的观察时间和反应时间减少，没有足够的时间发现危险情况，难以及时采取紧急措施。（　　）

题71. 行车中需要借道绕过前方障碍物，但对向来车已接近障碍物时，按照防御性驾驶技术要求，要顾全大局、留有余地，应当降低速度或停车，让对向来车优先通行。（　　）

题72. 行车中，驾驶人应合理地选择观察点，做到"望远、看中、顾近"。（　　）

（四）一般道路安全行车

1. 安全防护

题73. 安全头枕在发生追尾事故时，能有效保护驾驶人的什么部位？（　　）
A. 颈部　　B. 头部　　C. 腰部　　D. 胸部

题74. 怎样调整汽车座椅安全头枕的高度？（　　）
A. 调整到头枕中心对正颈部
B. 调整到头枕中心与颈部平齐
C. 调整到头枕中心高出头顶
D. 调整到头枕中心能支撑头部

题75.【多选题】驾驶机动车起步前的调整，以下说法正确的是什么？（　　）
A. 调整驾驶座椅，保证踩踏踏板舒适
B. 调整安全带的松紧与高低
C. 调整适合驾驶的转向盘位置

D. 调整安全头枕高度，使头枕正对驾驶人的颈椎

题76. 安全头枕要调整到与颈部平齐的高度。（　　）

题77.【多选题】驾驶汽车不系安全带在遇紧急制动或发生碰撞时可能会发生哪些危险？（　　）
A. 撞击风窗玻璃　　B. 减少人员伤亡
C. 被甩出车外　　　D. 造成胸部损伤

题78.【多选题】车辆发生碰撞时，关于安全带作用的说法错误的是什么？（　　）
A. 保护颈部不受伤害
B. 减轻驾乘人员受伤程度
C. 减轻驾驶人疲劳
D. 保持正确驾驶姿势

题79. 事故中造成这个驾驶人致命伤害的原因是什么？（　　）

A. 没有系安全带　　B. 离转向盘距离过近
C. 没有握紧转向盘　D. 安全气囊没有打开

题80. 驾驶装有安全气囊的机动车可以不系安全带。（　　）

题81. 安装ABS的机动车紧急制动时，可用力踏制动踏板。（　　）

题82. 安装ABS的机动车制动时，制动距离会大大缩短。（　　）

题83. 驾驶安装ABS的机动车怎样采取紧急制动？（　　）
A. 用力踏制动踏板
B. 间歇踏制动踏板
C. 缓慢踏制动踏板
D. 逐渐踏下制动踏板

题84. 驾驶安装ABS的机动车，发生侧滑时怎样使用制动？（　　）
A. 将制动踏板踩到底
B. 轻踏制动踏板
C. 间歇踩踏制动踏板
D. 与其他路面一样踏制动踏板

题85. 驾驶安装ABS的机动车，在紧急制动时转向可能会发生侧滑。（　　）

题86. 机动车在紧急制动时，ABS会起到什么作用？（　　）
A. 缩短制动距离　　B. 保持转向能力
C. 减轻制动惯性　　D. 自动控制方向

题87.【多选题】关于影响制动停车距离的因素，以下说法正确的是什么？（　　）

A. 车辆行驶速度　　B. 驾驶人的反应时间
C. 路面状况
D. 载货量的多少以及制动器的结构形式等

题88. 儿童安全座椅能够在汽车发生碰撞情况下，通过减缓对儿童的冲击力和限制儿童的身体移动来减少对他们的伤害。（　　）

题89.【多选题】关于机动车安全装置的使用，以下正确的说法是什么？（　　）
A. 摩托车驾乘人员应配戴安全头盔
B. 驾驶人应系好安全带
C. 应当为婴儿配备合适的安全座椅
D. 后排乘车人应系安全带

2. 安全起步

题90. 机动车在路边起步后应尽快提速，并向左迅速转向驶入正常行驶道路。（　　）

题91. 在这种气象条件下起步要注意哪些方面？（　　）

A. 开启远光灯　　　B. 开启前后雾灯
C. 只能开启左转向灯
D. 长时间鸣喇叭

题92. 在这种环境中安全起步时应怎样使用灯光？（　　）

A. 开启远光灯　　　B. 只能开启左转向灯
C. 开启左转向灯、近光灯
D. 开启危险报警闪光灯

题93. 驾驶汽车在雨天起步前要使用刮水器。（　　）

题94. 在这种能见度的情况下起步前要开启近光灯。（　　）

题95. 驾驶机动车在这种环境条件下起步前要开启远光灯。（　　）

题96. 驾驶机动车在雨天起步前要使用刮水器。
（　　）

题97.【多选题】驾驶机动车起步前，驾驶人对乘车人需要提出什么要求？（　　）
　　A. 系好安全带　　　B. 调整好后视镜
　　C. 别把身体伸出车外
　　D. 别向车外抛洒物品

题98. 如图所示，起步时此灯亮起表示驻车制动放下。（　　）

题99. 车辆起步前，驾驶人应对车辆周围交通情况进行观察，确认安全后再开始起步。（　　）

题100. 车辆临时靠边停车后准备起步时，应先怎样做？（　　）
　　A. 加油起步　　　　B. 鸣喇叭
　　C. 提高发动机转速　D. 观察周围交通情况

3. 安全汇入车流

题101. 行车中从其他道路汇入车流前，应注意观察侧后方车辆的动态。（　　）

题102. 车辆在主干道上行驶，驶近主支干道交汇处时，为防止与从支路突然驶入的车辆相撞，应怎样做？（　　）
　　A. 提前减速、观察，谨慎驾驶
　　B. 保持正常速度行驶
　　C. 鸣喇叭，迅速通过
　　D. 提前加速通过

题103. 在这种情况下，驾驶人需要注意什么？
（　　）

　　A. 左侧机动车　　　B. 右侧机动车
　　C. 后方机动车　　　D. 前方机动车

题104. 驾驶机动车在这种情况下怎样汇入主路车流？（　　）

　　A. 加速直接汇入车流
　　B. 从主路内灰色车后汇入车流
　　C. 从主路内红色车前汇入车流
　　D. 开启转向灯直接汇入车流

题105. 驾驶机动车汇入车流时，不能影响其他机动车通行。（　　）

题106. 驾驶车辆汇入车流时，应提前开启转向灯，保持直线行驶，通过后视镜观察左右情况，确认安全后汇入车流。（　　）

题107. 驾驶机动车从辅路汇入主路车流时要迅速。
（　　）

题108.【多选题】这种情况下怎样安全驾驶？
（　　）

　　A. 提前减速行驶　　B. 观察交汇处车辆
　　C. 提前加速通过　　D. 谨慎驾驶通过

题109.【多选题】驾驶汽车从支线道路怎样安全汇入主干道车流？（　　）
　　A. 提前开启左转向灯
　　B. 仔细观察主干道内情况
　　C. 确认安全后汇入车流
　　D. 加速直接汇入车流

题110. 在这种情况下从主路进入辅路怎样汇入车流？（　　）

A. 注意观察减速慢行
B. 加速进入辅路行驶
C. 从红车后汇入车流
D. 从红车前汇入车流

题111. 机动车从高速公路加速车道汇入行车道车流时，以下做法正确的是什么？（   ）
A. 从正常行驶车辆后驶入行车道
B. 从正常行驶车辆前驶入行车道
C. 停车等待正常行驶车辆通过
D. 加速直接驶入行车道

题112. 关于驾驶机动车汇入主路车流，以下说法正确的是什么？（   ）
A. 不得妨碍主路车辆正常行驶
B. 只要不发生事故可随意行驶
C. 可以碾压实线及导流线
D. 在不发生事故的前提下干扰主路车流也是可以的

题113.【多选题】如图所示，驾驶机动车遇这种情况应如何安全汇入车流？（   ）

A. 加速直接汇入车流
B. 认真观察主路车流情况
C. 提前开启转向灯并降低车速
D. 不得妨碍主路正常行驶车辆

题114. 如图所示，驾驶机动车驶离停车场进主路时，以下做法正确的是什么？（   ）

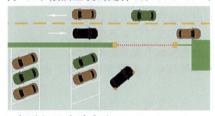

A. 加速汇入主路车流
B. 可以不避让主路车辆
C. 无需观察，鸣喇叭示意后汇入车流
D. 减速慢行，在不妨碍主路车辆行驶的前提下汇入车流

题115. 驾驶机动车汇入车流时应当开启转向灯，认真观察主路上车辆的行驶情况，在不妨碍主路车辆正常行驶的前提下汇入车流。（   ）

4. 安全车速

题116.【多选题】驾驶汽车超速行驶有哪些危害？（   ）
A. 反应距离延长　　B. 视野变窄
C. 加重事故后果　　D. 制动距离延长

题117. 机动车在道路上行驶时，不得超过限速标志、标线标明的速度。（   ）

题118.【多选题】关于超速行驶，以下哪种说法是错误的？（   ）
A. 易发生交通事故　B. 视野变窄
C. 制动距离变短　　D. 反应距离变短

5. 变更车道

题119. 驾驶机动车向左变更车道时，遇到这种情况要注意让行。（   ）

题120. 驾驶机动车遇到这种情况时，要迅速向左变更车道。（   ）

题121. 驾驶机动车在该位置不能变更车道。（   ）

题122. 驾驶机动车可在该路口处向右变更车道。（   ）

题123.【多选题】下列关于驾驶汽车突然变道加塞说法正确的是什么？（   ）
A. 缓解交通拥堵　　B. 易引发交通事故
C. 提高通行效率　　D. 造成道路拥堵

题124.【多选题】驾驶汽车频繁变更车道有哪些危害？（   ）
A. 扰乱交通秩序　　B. 易导致爆胎
C. 影响正常通行　　D. 易引发交通事故

题125.【多选题】驾驶汽车怎样向左安全变更车道？（   ）

A. 观察左侧道路情况
B. 打开左转向灯
C. 不得影响正常通行车辆
D. 迅速向左变道

题126. 在前方交叉路口直行时，要提前在虚线区按导向箭头指示向右变更车道。（ ）

题127. 如图所示，A车在变更车道的过程中，不安全的做法是什么？（ ）

A. 该车没有违法行为
B. 未按规定车道行驶
C. 不按规定标线行驶
D. 未按规定开启转向灯

题128. 行车中变更车道不需要提前开启转向灯。（ ）

题129. 如图所示，若车后50米范围内无其他车辆，可以不打转向灯变更车道。（ ）

题130. 驾驶机动车在向左变更车道前，通过左后视镜看到图中情形时，以下做法正确的是什么？（ ）

A. 开启左转向灯后直接变更车道
B. 在确认左侧无其他车辆后，变更车道

C. 开启左转向灯稍向左行驶，后车让行后再变更车道
D. 开启左转向灯，让后方车辆通过后变更车道

题131. 关于驾驶汽车频繁变更车道的危害，以下说法错误的是？（ ）
A. 扰乱交通秩序　　B. 易导致爆胎
C. 影响正常通行　　D. 易引发交通事故

题132. 驾驶车辆在交叉路口前变更车道时，应怎样驶入要变更的车道？（ ）
A. 在路口前实线区内根据需要变更
B. 进入路口实线区内
C. 在路口停止线前
D. 在虚线区按导向箭头指示

题133. 变更车道时只需开启转向灯，并迅速转向驶入相应的车道，以不妨碍同车道机动车正常行驶。（ ）

题134. 变更车道时，应开启转向灯，迅速驶入侧方车道。（ ）

题135. 驾驶车辆向右变更车道时，应提前开启右转向灯，注意观察，在确保安全的情况下，驶入要变更的车道。（ ）

题136. 驾驶机动车向右变更车道前应仔细观察右侧车道车流情况的原因是什么？（ ）
A. 判断有无变更车道的条件
B. 准备抢行
C. 迅速变更车道　　D. 准备迅速停车

题137. 驾驶人在观察后方无来车的情况下，未开转向灯就变更车道也是合理的。（ ）

题138.【多选题】下列说法正确的什么？（ ）
A. 白色虚线不允许随意变更车道
B. 白色虚线不能变更车道
C. 白色实线可以变更车道
D. 白色实线不能变更车道

题139. 驾驶机动车变更车道，以下做法正确的是什么？（ ）
A. 一次只变更一条车道
B. 频繁来回变更车道
C. 变更车道不用打转向灯
D. 可以连续变更两条车道

6. 安全跟车

题140.【多选题】在道路上怎样安全跟车行驶？（ ）
A. 注意观察前车动态
B. 随时做好减速准备
C. 尽量靠路左侧行驶
D. 保持安全距离

题141. 在行驶中，驾驶人在注意与前车保持安全距离的同时，也要谨慎制动，防止被后车追尾。（ ）

题142. 当你驾车跟车行驶，发现前车制动信号灯闪亮时，应及时减速，保持车距，防止发生追尾事故。（ ）

题143. 在道路上跟车行驶时，跟车距离不是主要的，只需保持与前车相等的速度，即可防止发生追尾事故。（ ）

题144. 在道路上行车时，安全跟车距离无需随着速度变化而变化。（ ）

题145.【多选题】跟车行驶时，要留有足够的安全距离，是因为什么？（ ）
A. 遇到紧急情况时，能有足够的避让空间
B. 跟车越近，越不容易掌握前车前方的情况
C. 防止因前车尾灯损坏，不能及时发现前车制动
D. 跟车太近，容易发生追尾

题146. 多车跟车行驶，为避免追尾事故发生应至少观察前方 2～3 辆车，从而能对减速或停车具有预见性。（ ）

题147. 如图所示，驾驶机动车遇到前方车辆正在停车时，以下做法正确的是什么？（ ）

A. 提前减速并停车等待
B. 借对向车道超越前车
C. 鸣喇叭催促前车让路
D. 继续行驶，靠近前车

题148. 如图所示，驾驶机动车跟车行驶遇到出租车正在接送乘客时，以下做法正确的是什么？（ ）

A. 停车等待　　　B. 从对向车道加速超越
C. 连续鸣喇叭催促　D. 从非机动车道通过

题149.【多选题】驾驶小型汽车跟随装满货物的大货车行驶时，应当注意以下哪些方面？（ ）
A. 大货车制动距离相对较长
B. 大货车可能抛洒货物
C. 大货车盲区较大
D. 大货车遮挡小型机动车视线

题150. 如图所示，驾驶机动车发现前车向后溜车时，以下做法正确的是什么？（ ）

A. 迅速向右方倒车躲避
B. 停车鸣喇叭提示
C. 迅速向左方倒车躲避
D. 直接倒车躲避

题151. 如图所示，驾驶机动车跟车行驶遇到前方大货车行驶缓慢时，以下做法正确的是什么？（ ）

A. 连续鸣喇叭示意其让道
B. 加大安全车距，适时超车
C. 加速行驶，伺机超车
D. 紧跟前方大货车

题152. 驾驶机动车在上坡道路跟车行驶，遇到前车停车时，为防止前车起步时溜车，应适当加大安全距离。（ ）

题153.【多选题】以下跟车情况中，应当注意的情形有哪些？（ ）
A. 跟随出租汽车行驶时，要预防其随时可能靠边停车上下乘客
B. 当前方汽车贴有实习标志时，应该增大跟车距离，预防前车紧急制动
C. 前方为装满货物的大货车时，应增大跟车距离并避免长时间跟随，以预防货物抛洒和车后盲区带来的危险
D. 雾天跟车行驶，注意前车紧急制动

题154. 驾驶机动车遇到前方车辆停车，等待行人通过人行横道时，以下做法正确的是什么？（ ）
A. 从左侧超越前车
B. 鸣喇叭催促前车向前行驶
C. 从右侧超越前车
D. 与前车保持安全距离，排队等待

题155. 驾驶机动车行驶过程中，驾驶人要随时注意与前车的安全距离，安全距离应随着车速的提高而增加。（ ）

题156. 如图所示，驾驶机动车遇到这种情况时，B

车做法正确的是什么？（　　）

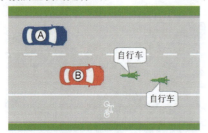

A. 适当鸣喇叭加速通过
B. 长鸣喇叭催促
C. 挤靠自行车　　D. 减速让行

题157. 驾驶机动车与前车距离过近时，容易发生追尾事故。（　　）

题158. 如遇交通流量较大的路段，跟车距离不重要，只需要保持低速行驶即可。（　　）

题159. 如图所示，驾驶机动车跟车行驶遇到前车遮挡路口交通信号灯时，以下做法正确的是什么？（　　）

A. 紧跟前车通过交叉口
B. 减速做好停车准备
C. 立即变更车道　　D. 立即停车

题160. 驾驶机动车在坡道路段跟车行驶时，应保留比平路跟车时更大的安全距离。（　　）

题161.【多选题】如图所示，驾驶机动车遇到前方道路中间有停驶车辆时，以下可能出现的危险情形有哪些？（　　）

A. 前车左侧车门可能突然打开
B. 前车前方可能有行人横穿马路
C. 前车可能突然掉头
D. 前车可能突然倒车

题162. 车辆行驶中发现后车未保持安全跟车距离时，可以采用轻踩制动踏板的方式提醒后车，不必用力踩踏，只要能使制动灯亮起即可。（　　）

题163.【多选题】行驶过程中，如果后车跟车过近时，可以采取什么措施？（　　）

A. 轻踩制动踏板，让制动灯亮起，以警示后车
B. 加速行驶，与后车拉开距离
C. 用力踩踏制动踏板
D. 适时打开右转向灯靠右让行

7. 安全会车

题164. 驾驶机动车在这种道路上，怎样会车最安全？（　　）

A. 靠路中心行驶　　B. 靠路右侧行驶
C. 在路中间行驶　　D. 靠路左侧行驶

题165. 在这种情况下，怎样会车最安全？（　　）

A. 靠中心线行驶　　B. 开前照灯行驶
C. 向路右侧避让　　D. 向车左侧避让

题166. 会车中道路一侧有障碍，双方机动车应如何做？（　　）

A. 无障碍一方让对向先行
B. 速度慢的让速度快的先行
C. 有障碍的一方让对向先行
D. 速度快的让速度慢的先行

题167. 机动车在狭窄的坡路会车时，正确的会车方法是什么？（　　）

A. 下坡车让上坡车
B. 坡顶交会时距离坡顶远的一方让行
C. 上坡车让下坡车
D. 下坡车已行至中途而上坡车未上坡时，让上坡车

题168. 会车遇到这种情况时，要低速会车或停车让行。（　　）

题169.【多选题】驾驶汽车遇雨、雪、雾等视线不清或路面较滑时怎样安全会车？（　　）

A. 降低车速行驶　　B. 加大横向间距

C. 应当加速行驶　　D. 必要时停车避让

题170.【多选题】在这种没有中心线的弯道上怎样安全会车？（　　）

A. 紧靠道路中心　　B. 紧靠道路右侧
C. 保持安全间距　　D. 降低车速行驶

题171.【多选题】在这种情况下怎样安全会车？（　　）

A. 加速缩短会车时间
B. 减速靠右行驶
C. 保持安全间距　　D. 注意避让非机动车

题172.【多选题】在这种情况下怎样安全会车？（　　）

A. 加速绕过障碍物　　B. 向左占道行驶
C. 停车让对方先行　　D. 提前减速让行

题173. 如图所示，行车中遇到这种情况应当如何安全会车？（　　）

A. 鸣喇叭，加速通过
B. 减速靠右，让其先行
C. 靠道路左侧停靠让其先行
D. 抢在对方前先行通过

题174. 夜间会车时，如遇对方持续开启远光灯，应当如何安全会车？（　　）

A. 鸣喇叭，加速通过
B. 及时开启远光灯
C. 使用近光灯，低速会车或停车让行
D. 使用远光灯，低速会车

题175. 如图所示，驾驶机动车在会车过程中遇到这种情况时，应当持续鸣喇叭并提高车速迫使其驶回车道。（　　）

题176. 如图所示，驾驶机动车在这样的狭窄路段会车时，驾驶人应当减速靠右并保持横向安全距离。（　　）

题177. 在狭窄的坡路会车，如遇下坡车不减速、不让行的情况时，应持续鸣喇叭迫使其停车让行。（　　）

题178. 如图所示，驾驶机动车遇到这种情况时，应减速或停车，待前方车辆通过后再通行。（　　）

题179.【多选题】如图所示，驾驶机动车遇到这种情况时，驾驶人应注意的是什么？（　　）

A. 道路左侧儿童可能突然跑进路中
B. 前方行人可能未察觉有机动车驶近
C. 迎面来车可能造成会车困难
D. 右侧停放的机动车可能会突然起步

题180. 在狭窄的路段会车时，应做到礼让三先：先慢、先让、先停。（　　）

题181.行车中需要借道绕过前方障碍物,但对向来车已接近障碍物时,应怎样做?（　　）
A.加速提前抢过
B.鸣喇叭示意对向车辆让道
C.迅速占用车道,迫使对向来车停车让道
D.降低速度或停车,让对向来车优先通行

题182.会车前选择的交会位置不理想时,应怎样做?（　　）
A.加速选择理想位置
B.减速、低速会车或停车让行
C.向左占道,让对方减速让行
D.打开前照灯,示意对方停车让行

8.安全避让

题183.如动画所示,驾驶机动车遇到这种情况要如何处置?（　　）

[动画显示：机动车行驶中,本车道前方出现路障,且左侧车道有行驶的车辆]
A.紧急制动　　　B.急转向迅速绕过
C.迅速躲避不发生碰撞
D.平稳停车

题184.驾驶机动车在这种情况下怎样安全行驶?（　　）

A.加速抢先绕过障碍物
B.占对向车道迫使对向让道
C.停车让对向来车优先通行
D.鸣喇叭或开启前照灯

题185.驾驶机动车在这样的路面怎样安全行驶?（　　）

A.空挡滑行通过　　B.保持高速通过
C.适当加速通过　　D.低速缓慢通过

题186.驾驶机动车遇到这种情况时,对向机动车优先通过。（　　）

题187.驾驶机动车遇到这种情况不要减速。（　　）

题188.如图所示,行驶过程中遇前方有障碍物的情况怎么办?（　　）

A.减速靠右行驶　　B.抢在绿车前绕过障碍
C.开启左转向灯　　D.借对向车道绕过障碍

题189.如动画所示,驾驶机动车遇到这种情况要如何处置?（　　）

[动画显示：机动车行经路边有停车的路段,停放车辆突然打开车门]
A.预留出横向安全距离,减速行驶
B.保持正常速度行驶
C.临近时紧急制动　D.加速通过

题190.驾驶机动车遇到这种情况怎样行驶最安全?（　　）

A. 减速或停车让行　B. 紧靠路中心行驶
C. 保持正常车速　　D. 占对向车道会车

题191. 驾驶机动车遇到这种情况时要向左占道行驶。（　）

题192. 前方遇有大型拉土（石）货车，应当尽量远离、避让。（　）

题193. 如图所示，机动车遇到这种情况，A车应当主动减速让行的原因是什么？（　）

A. 靠近山体一侧的车危险性更高
B. 靠近山体一侧的车更加容易减速
C. 临崖一侧的车危险性更高
D. 临崖一侧的车更容易通过

题194. 如图所示，驾驶机动车遇到这种主路左侧来车的情况时，以下说法正确的是什么？（　）

A. 左侧来车应该给己车让行
B. 己车应该给左侧来车让行
C. 不需让行，谁车速快谁先过
D. 不需让行，己车有优先通行权

题195. 驾驶机动车行驶到路口绿灯亮时，拥有优先通行权，可以不给行人或非机动车让行。（　）

题196. 如图所示，在这种无信号灯控制情况下，A车、B车、C车的通行权顺序是什么？（　）

A. B车、A车、C车
B. C车、A车、B车
C. A车、B车、C车
D. A车、C车、B车

题197. 如图所示，驾驶机动车遇到这种情况时，我方车辆享有优先通行权。（　）

题198. 如图所示，在这种情况下，A车应该让路口内的B车先行。（　）

题199. 如图所示，图中车辆如何通行才符合安全文明行车要求？（　）

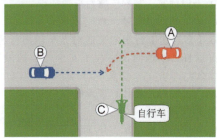

A. 按照B车、C车、A车的顺序通行
B. 按照A车、B车、C车的顺序通行
C. 按照C车、A车、B车的顺序通行
D. 按照C车、B车、A车的顺序通行

题200. 如图所示，驾驶机动车遇到左侧支路白色汽车不减速让行时，以下做法正确的是什么？（　）

A. 加速，并超越白色汽车通过路口

B. 减速，注意避让
C. 持续鸣喇叭，并保持原有车速
D. 用车灯闪烁，示意对方让行

题201. 如何为特种车辆让路？（　　）
A. 向左减速让路，直到紧急车辆过去
B. 向右减速让路，直到紧急车辆过去
C. 立即停车，即使你在交叉口也是如此
D. 向前车鸣喇叭，自己在特种车辆前开路

题202. 遇后车发出超车信号后，只要具备让超条件应怎样做？（　　）
A. 靠道路右侧加速行驶
B. 主动减速并靠右侧行驶
C. 让出适当空间加速行驶
D. 迅速减速或紧急制动

题203. 驾驶的车辆正在被其他车辆超越时，应怎样做？（　　）
A. 靠道路中心行驶　　B. 加速让路
C. 继续加速行驶　　　D. 减速，靠右侧行驶

题204. 驾驶的车辆同时被紧跟的两辆车超车时，应该怎样安全驾驶？（　　）
A. 继续加速行驶
B. 稍向右侧行驶，保证横向安全距离
C. 靠道路中心行驶　　D. 加速向右侧让路

题205. 行车中遇到后方车辆要求超车时，应怎样做？（　　）
A. 保持原有车速行驶
B. 及时减速、观察后靠右行驶让行
C. 靠右侧加速行驶　　D. 不让行

题206.【多选题】行车中突遇对方车辆强行超车，占据自己车道时，不利于安全行车的做法是什么？（　　）
A. 尽可能减速避让、直至停车
B. 挡住其去路
C. 保持原车速行驶　　D. 加速行驶

9. 安全超车

题207.【多选题】驾驶汽车行车中，怎样选择超车路段？（　　）
A. 视线良好　　　　　B. 对面无来车
C. 路面无障碍物　　　D. 道路宽直

题208. 驾驶机动车在这个路段允许超车。（　　）

题209.【多选题】驾驶机动车遇到图中的标志，以下正确的说法是什么？（　　）

A. 该标志表示禁止超车路段结束
B. 该标志设在禁止超车路段的终点
C. 该标志通常与禁止超车标志成对使用
D. 该标志表示禁止超车

题210. 驾驶机动车在这种情况下可以越过中心实线超车。（　　）

题211. 驾驶机动车在这种道路上超车可借对向车道行驶。（　　）

题212. 如动画所示，在道路上超车时，应尽量加大横向距离，必要时可越实线超车。（　　）

[动画显示：黄色车辆在行经交叉路口前跨越黄色实线超越蓝色车辆]

题213. 道路划设专用车道的，在专用车道内，其他机动车可以借道超车。（　　）

题214. 超车时前方机动车不减速、不让道，驾驶人怎么办？（　　）
A. 连续鸣喇叭，加速超越
B. 加速继续超越
C. 停止继续超车　　　D. 紧跟其后，伺机再超

题215. 驾驶机动车在这种道路上从前车右侧超越最安全。（　　）

题216. 驾驶机动车在这样的道路上只能从左侧超越。（　　）

题217. 超车时，发现前方机动车正在超车，驾驶人怎么办？（　　）
A. 紧跟其后，伺机超越
B. 加速强行超越
C. 连续鸣喇叭，催前车让路
D. 停止超车，让前方机动车先超车

题218. 驾驶机动车遇到这种情况怎样行驶？（　　）

A. 减速，让非机动车先行
B. 连续鸣喇叭，告知让道
C. 从非机动车左侧绕过
D. 占对向车道加速超越

题219. 驾驶机动车遇到这种情况怎样做最安全？（　　）

A. 尽快加速超越前车
B. 主动减速放弃超车
C. 鸣喇叭让前车让路
D. 开前照灯让对向让速

题220. 驾驶机动车在这样的道路上怎样行驶最安全？（　　）

A. 尽快加速超越前车
B. 鸣喇叭，让前车让路
C. 保持距离，跟车行驶
D. 从前车的右侧超越

题221. 驾驶机动车在这种情况下怎样做？（　　）

A. 从前车左侧超越　B. 占对向车道超越
C. 从前车右侧超越　D. 跟在前车后行驶

题222. 机动车在这种情况下可以超车。（　　）

题223. 驾驶机动车在这种情况下不能超车。（　　）

题224. 预计在超车过程中与对面来车有会车可能时，应提前加速超越。（　　）
题225. 机动车通过急转弯路段时，在机动车较少的情况下可以超车。（　　）
题226. 通过铁路道口时，不得超车。（　　）
题227. 通过窄路、窄桥时，不得超车。（　　）
题228. 驾驶机动车超车时，遇到这样的情况怎样保证安全？（　　）

A. 减速，保持安全距离
B. 连续鸣喇叭提示
C. 保持距离，加速通过
D. 占用对向车道超越

题229. 如动画所示，前车遇到这种情况要如何处置？（　　）

〔动画显示：黄色车辆准备超越红色车辆〕

A. 迅速减速或紧急刹车
B. 让出适当空间加速行驶
C. 减速靠道路右侧让行
D. 靠道路右侧加速行驶

题230. 驾驶机动车遇到这种情况怎样礼让？（　　）

A. 迅速加速行驶　　B. 紧跟前车行驶
C. 靠右加速行驶　　D. 靠右减速让行

题231. 驾驶机动车遇到这种情况要主动减速让后车超越。（　　）

题232. 在这种情况下被超机动车驾驶人怎样应对？（　　）

A. 鸣喇叭进行警告　　B. 减速或靠右停车
C. 开远光灯抗议　　D. 加速反超后告诫

题233. 如图所示，在这种情况下可以借用快速车道超车。（　　）

题234. 如图所示，当与对向车辆有会车可能时，不得超车。（　　）

题235.【多选题】关于超车，以下说法正确的是什么？（　　）

A. 提前开启左转向灯
B. 夜间交替使用远近光灯
C. 鸣喇叭提示　　D. 加速从右侧超越

题236.【多选题】关于超车，以下说法正确的是什么？（　　）

A. 超车时从前车左侧超越
B. 超车时从前车右侧超越
C. 超车完毕，立即开启右转向灯驶回原车道
D. 超车完毕，与被超车拉开必要的安全距离后开启右转向灯驶回原车道

题237.【多选题】夜间驾驶机动车准备超越右侧非机动车时，以下做法正确的是什么？（　　）

A. 加速从右侧超越
B. 交替变换远近光灯示意
C. 保持足够的横向安全距离
D. 从其左侧超越

题238. 驾驶机动车发现后车开启左转向灯发出超车信号时，以下做法正确的是什么？（　　）

A. 在有让超车条件，保证安全的情况下，减速靠右让路
B. 加速行驶，使他不能超越
C. 开启危险报警闪光灯，暗示他不要超越
D. 向左行驶，阻止他超越

题239. 驾驶机动车不得超越正在超车的车辆。（　　）

题240. 如图所示,造成事故的原因是B车掉头行驶,B车负全部责任。（ ）

题241. 进入左侧道路超车,无法保证与正常行驶前车的横向安全间距时,应怎样做?（ ）
A. 谨慎超越　　　B. 放弃超车
C. 并行一段距离后再超越
D. 加速超越

题242. 行车中超越右侧停放的车辆时,为预防其突然起步或开启车门,应怎样做?（ ）
A. 加速通过　　　B. 长鸣喇叭
C. 保持正常速度行驶
D. 预留出横向安全距离,减速行驶

题243.【多选题】同车道行驶的机动车,出现下列哪种情形时,后车不得超车?（ ）
A. 前车在左转弯、掉头、超车
B. 行经没有超车条件的路段
C. 前车为执行紧急任务的警车、消防车、救护车、工程救险车
D. 与对面来车有会车可能

10. 安全停车

题244. 驾乘人员下车时要怎样做以保证安全?（ ）
A. 停车后立即开门下车
B. 观察前方交通情况
C. 先开车门再观察侧后情况
D. 先观察侧后情况,再缓开车门

题245. 机动车在雨天临时停车时,应开启什么灯?（ ）
A. 前后防雾灯　　　B. 危险报警闪光灯
C. 前照灯　　　　　D. 倒车灯

题246. 机动车在雾天临时停车时,应开启什么灯?（ ）
A. 危险报警闪光灯、示廓灯和后位灯
B. 左转向灯、示廓灯和后位灯
C. 前照灯、示廓灯和后位灯
D. 倒车灯、示廓灯和后位灯

题247. 机动车在夜间临时停车时,应开启什么灯?（ ）
A. 前后防雾灯、示廓灯和后位灯
B. 前照灯、示廓灯和后位灯
C. 危险报警闪光灯、示廓灯和后位灯
D. 倒车灯、示廓灯和后位灯

题248. 机动车在雪天临时停车时,应开启什么灯?（ ）
A. 前后防雾灯、示廓灯和后位灯
B. 倒车灯、示廓灯和后位灯
C. 前照灯、示廓灯和后位灯
D. 危险报警闪光灯、示廓灯和后位灯

题249. 机动车停车的错误做法是什么?（ ）
A. 应当在规定地点停放
B. 禁止在人行道上停放
C. 在道路上临时停车时,不得妨碍其他机动车和行人通行
D. 可以停放在非机动车道上

题250. 在这个区域内可以临时停车。（ ）

题251. 在这个区域内不允许长时间停放机动车。（ ）

题252.【多选题】驾驶人在下车前应注意什么?（ ）
A. 车门开的幅度不要过大
B. 开门下车动作要迅速
C. 仔细观察左后方情况
D. 开车门的动作要缓慢

题253. 这辆小型汽车驾驶人错在哪里?（ ）
A. 没有开启转向灯　　B. 没有鸣喇叭警示
C. 未观察左后方情况
D. 驾驶人没有错误

题254. 驾驶人下车前要观察后视镜和侧头观察左后侧情况。（ ）

题255.【多选题】驾驶汽车在道路上临时停车时,怎样选择停车路段和地点?（ ）
A. 路面平坦坚实　　B. 可以随意停放
C. 无禁止停车标志　D. 不妨碍交通

题256.【多选题】当你驾车准备停车时,应注意什么?（ ）
A. 应当在规定地点停放

B. 禁止在人行道上停放
C. 在道路上临时停车时，不得妨碍其他机动车和行人通行
D. 可以随意停放

题257. 在立交桥上可以临时停车。　　（　）

题258. 在隧道中可以临时停车休息一会儿，避免疲劳驾驶。（　）

题259. 如图所示，只要没有警察在场就可以在此地点停车。（　）

题260. 如图所示，红色汽车在此地点停车等候是违法行为。（　）

题261.【多选题】关于停车，以下说法正确的是什么？（　）
A. 应靠道路右侧
B. 开关车门不得妨碍其他车辆和行人通行
C. 交叉路口50米以内不得停车
D. 开左转向灯

题262.【多选题】应该选择什么地点停车？（　）
A. 停车场
B. 道路施划的停车泊位内
C. 人行横道　　　D. 施工路段

题263.【多选题】以下什么地点不能停车？（　）
A. 人行横道　　　B. 停车场
C. 山区容易塌方、泥石流路段
D. 道路施划的停车泊位内

题264.【多选题】机动车在以下哪些地点不得停车？（　）
A. 陡坡　　　　　B. 隧道
C. 急弯路　　　　D. 交叉路口

题265.【多选题】关于停车，以下做法错误的是什么？（　）
A. 在交叉路口停车　B. 在铁路道口停车
C. 在山区易落石路段停车
D. 在停车场停车

题266.【多选题】停车时，以下做法正确的是什么？（　）
A. 按顺行方向停放
B. 车身不得超出停车泊位
C. 关闭电路　　　D. 锁好车门

题267. 如图所示，固定停车位停车时，以下停放方式不正确的车辆是？（　）
A. A车　B. B车　C. C车　D. D车

题268. 如图所示，D车的停放方式是正确的。
（　）

题269. 机动车可以在人行横道上临时停放，但不得长时间停放。（　）

题270. 社会车辆可以在出租车停车位临时停车。（　）

题271. 停车后，驾驶人应当提醒乘车人开启车门前注意观察后方来车。（　）

题272.【多选题】临时停车，要注意什么？（　）
A. 紧靠道路右侧
B. 开关车门不得妨碍其他车辆和行人通行
C. 交叉路口50米以内不得停车
D. 开左转向灯

题273.【多选题】停车时，以下做法不正确是？（　）
A. 在交叉路口停车　B. 在铁道路口停车
C. 在停车泊位内停车
D. 在停车场内停车

题274.【多选题】驾驶机动车行经下列哪种路段不得临时停车？（　）
A. 在设有禁停标志的路段
B. 施工路段
C. 人行横道
D. 在设有禁停标线的路段

题275. 机动车在道路边临时停车时，应怎样做？（　）
A. 不得逆向或并列停放
B. 只要出去方便，可随意停放
C. 可逆向停放　　　D. 可并列停放

题276. 图中小型汽车的停车地点是正确的。
（　）

11. 安全掉头

题 277. 驾驶机动车在前方路口怎样掉头？（　　）

A. 经左弯待转区进行掉头
B. 在路口虚线处进行掉头
C. 左转信号灯亮时方可掉头
D. 直行信号灯亮时方可掉头

题 278. 驾驶机动车在前方路口掉头前先进入左转直行车道。（　　）

题 279. 驾驶机动车在这个路口允许掉头。（　　）

题 280. 驾驶机动车进入左侧车道可以掉头。（　　）

题 281. 驾驶机动车需要掉头时，只要不影响正常交通可以在虚线处掉头。（　　）

题 282. 驾驶机动车在该处不影响行人正常通行的情况下可以掉头。（　　）

题 283. 驾驶机动车在这个路口可以沿掉头车道直接掉头。（　　）

题 284. 在路口掉头时，应提前开启左转向灯进入导向车道，不得妨碍行人和其他车辆正常通行。（　　）

题 285. 在路口掉头时，为了保证通畅，应加速迅速完成掉头。（　　）

题 286. 在路口掉头时，可以不避让直行车辆。（　　）

题 287.【多选题】掉头时，以下做法正确的是什么？（　　）
A. 不开转向灯　　B. 提前开启左转向灯
C. 在掉头车道掉头　D. 在直行车道掉头

题 288. 如图所示，驾驶机动车在这个路段想要掉头时，以下做法正确的是什么？（　　）

A. 鸣喇叭提示行人后掉头
B. 对面黄色车辆通过后掉头
C. 行人通过后掉头
D. 继续直行，寻找可掉头路段

题 289. 在路口掉头时，只要不妨碍行人通行可以在人行横道完成掉头。（　　）

题 290. 掉头过程中，应严格控制车速，仔细观察道路前后方情况，确认安全后方可前进或倒车。（　　）

12. 安全倒车

题 291. 机动车倒车时遇到这种情况，怎样做以保证安全？（　　）

A. 低速缓慢倒车　　B. 主动停车避让
C. 连续鸣喇叭示意　D. 向右转向倒车

题 292. 发生该事故的主要原因是驾驶人倒车前没有进行安全确认。（　　）

题 293. 机动车倒车时,后方道路条件较好的,应加速倒车,迅速完成操作。( )

题 294. 机动车可以选择交叉路口进行倒车。
( )

题 295. 机动车不得在隧道中倒车。( )

题 296.【多选题】驾驶机动车在以下哪些路段不能倒车？( )
A. 交叉路口　　B. 隧道
C. 急弯　　　　D. 陡坡

题 297. 在一般道路倒车时,若发现有过往车辆通过,应怎样做？( )
A. 鸣喇叭示意　　B. 主动停车避让
C. 加速倒车　　　D. 继续倒车

题 298. 倒车过程中要缓慢行驶,注意观察车辆两侧和后方的情况,随时做好停车准备。( )

13. 灯光使用

题 299. 夜间驾驶机动车在窄路或者窄桥遇自行车对向驶来时,要怎样使用灯光？( )
A. 连续变换远、近光灯
B. 使用示廓灯
C. 使用远光灯　　D. 使用近光灯

题 300. 机动车在夜间通过没有交通信号灯控制的交叉路口时,要怎样使用灯光？( )
A. 使用远光灯　　B. 使用近光灯
C. 使用危险报警闪光灯
D. 交替使用远、近光灯示意

题 301. 夜间机动车通过照明条件良好的路段时,要怎样使用灯光？( )
A. 前后雾灯　　B. 近光灯
C. 远光灯　　　D. 危险报警闪光灯

题 302. 夜间驾驶机动车遇到这种情况,怎样使用灯光？( )

A. 临近时关闭前照灯
B. 使用近光灯
C. 使用远光灯　　D. 提前关闭所有灯光

题 303. 夜间驾驶机动车在照明条件良好的路段跟车行驶时,怎样使用灯光？( )
A. 关闭前照灯　　B. 使用远光灯
C. 关闭所有车灯　D. 使用近光灯

题 304. 机动车驶入双向行驶隧道前,要如何使用灯光？( )
A. 开启危险报警闪光灯
B. 开启远光灯
C. 开启雾灯　　D. 开启近光灯

题 305. 夜间驾驶机动车在照明条件良好的路段可以不使用灯光。( )

题 306. 夜间驾驶汽车通过十字交叉路口交替使用远近光灯的目的是什么？( )
A. 使其他交通参与者更容易发现自己
B. 更容易看清路面情况
C. 提醒其他车辆我在让行
D. 以上说法都不对

题 307. 驾驶机动车遇到沙尘、冰雹、雾、雨、雪等低能见度条件时,应该怎样做？( )
A. 开启前照灯、示廓灯和后位灯
B. 高频率鸣喇叭使其他交通参与者知道自己的位置
C. 同向跟车较近时,应使用远光灯
D. 适当提高车速,尽快到达目的地,结束行车

题 308. 黄昏时分,光线若明若暗,容易产生视觉误差,驾驶机动车应提前打开什么灯以便被其他驾驶人发现？( )
A. 远光灯　　B. 前雾灯
C. 近光灯　　D. 示廓灯

题 309. 夜间行车时,全车灯光突然熄灭,应当立即迅速制动,靠边停车。( )

题 310. 驾驶机动车在路口转弯过程中,应当持续开启转向灯,以提醒周围车辆和行人。( )

题 311. 路边停车起步、变更车道、超车、掉头、驶离环岛、靠边停车时,应至少提前 5 秒开启相应的转向灯。( )

题 312. 关于机动车灯光的使用,以下说法正确的是什么？( )
A. 夜间驾驶机动车在照明条件良好的路段必须使用远光灯
B. 夜间驾驶机动车在照明条件良好的路段可以不使用灯光
C. 机动车灯光的作用仅仅是为了在夜间的照明
D. 机动车灯光一个重要的作用是提示其他机动车驾驶人和行人

题 313.【多选题】驾驶机动车应使用转向灯的情形有哪些？( )
A. 准备变更车道　B. 靠路边停车
C. 路口转弯　　　D. 驶离停车地点

题 314.【多选题】夜间驾车时,不得在下列哪种情况下使用远光灯？( )
A. 没有路灯或照明差的道路上
B. 与其他车辆交会时

C. 尾随其他车辆时
D. 通过有交通信号控制的交叉路口

题315. 夜间驾驶车辆遇自行车对向驶来时，应怎样做？（   ）
A. 连续变换远、近光灯
B. 不断鸣喇叭
C. 使用近光灯，减速或停车避让
D. 使用远光灯

题316.【多选题】夜间驾驶机动车与同方向行驶的前车距离较近时，以下说法错误的是什么？（   ）

A. 使用远光灯，有利于观察路面情况
B. 禁止使用远光灯，避免灯光照射至前车后视镜造成前车驾驶人眩目
C. 使用远光灯，有利于告知前方驾驶人后方有来车
D. 禁止使用远光灯，避免灯光照射至前车后视镜造成自己眩目

题317. 危险报警闪光灯可用于下列什么场合？（   ）
A. 在道路上跟车行驶时
B. 遇到道路拥堵时
C. 机动车发生故障停车时
D. 引领后车行驶时

14. 其他安全行车

题318. 驾驶机动车通过无划分车道的道路时，机动车在道路中间通行，非机动车和行人在道路两侧通行。（   ）

题319.【多选题】关于超载的危害，以下说法正确的是什么？（   ）
A. 影响车辆安全性能
B. 使轮胎超负荷运行，容易爆胎
C. 制动距离增加　　D. 容易发生侧翻

题320.【多选题】驾驶机动车牵引挂车时，以下说法错误的是什么？（   ）
A. 半挂牵引车可以牵引 2 辆挂车
B. 载货汽车所牵引挂车的载质量可以超过货汽车本身的载质量
C. 低速载货汽车可以牵引挂车
D. 三轮汽车不得牵引挂车

题321. 驾驶机动车经过凹凸路面时，以下哪种做法是正确的？（   ）
A. 低速缓慢平稳通过

B. 保持原速通过
C. 挂空挡滑行通过　　D. 依靠惯性加速冲过

题322.【多选题】驾驶证有效期满换证的，以下说法正确的是什么？（   ）
A. 申请人需到医疗机构体检
B. 需要驾驶人的身份证明
C. 不需要提交身份证明复印件
D. 需提前填写《机动车驾驶证申请表》

题323. 驾驶机动车在道路上行驶遇到大型车辆，以下错误的说法是什么？（   ）
A. 与大货车并排行驶
B. 大车转弯盲区大，不要抢行
C. 被大车跟随时应及时变道
D. 避免在大车后方行驶

题324. 驾驶机动车在道路行驶过程中遇大型车辆时，以下说法正确的是什么？（   ）
A. 避免在大车后方行驶
B. 可与大型车辆并排行驶
C. 可近距离跟车
D. 可在转弯处超越大车

题325. 驾驶小型汽车可以与大型车辆长时间并排行驶。（   ）

（五）复杂路段安全行车

1. 通过桥梁安全驾驶

题326. 驾驶机动车怎样经过公路跨线桥？（   ）

A. 加速行驶，尽快通过
B. 车速控制在 15 公里 / 小时以内
C. 按照标志限定速度行驶
D. 尽量靠桥中心行驶

题327. 通过这种路面条件较好的窄桥怎样控制车速？（   ）

A. 不超过 60 公里 / 小时
B. 不超过 50 公里 / 小时
C. 不超过 40 公里 / 小时
D. 不超过 30 公里 / 小时

题328. 车辆通过桥梁时，只要空间足够，尽可能超车提高通行效率。（   ）

题329.驾驶机动车行经此路段多少米内不得停车?（ ）

A. 30米　B. 50米　C. 80米　D. 100米

题330.驾驶机动车夜间通过拱桥时,应当交替使用远近光灯示意。（ ）

2. 通过隧道安全驾驶

题331.驾驶机动车遇到这种情况,怎样安全通过?（ ）

A. 靠右侧正常通过
B. 鸣喇叭,加速通过隧道
C. 停车礼让对面车先通过
D. 开前照灯告知对面车让行

题332.驾驶机动车遇到这种情况要靠右侧停车等待。（ ）

题333.驾驶机动车在这种隧道内要尽量靠左侧行驶。（ ）

题334.驾驶机动车在这个时候要减速慢行。（ ）

题335.当车辆驶出隧道时,驾驶人易出现图中所示的"明适应"现象,以下做法正确的是什么?（ ）

A. 加速驶出隧道
B. 减少与前车距离,利用前车挡住强光
C. 与前车保持安全距离,降低行驶车速,驶出隧道
D. 变更至车辆较少的车道,迅速驶出隧道

题336.【多选题】当车辆驶出隧道时,驾驶人易出现"明适应"现象,以下做法错误的是什么?（ ）

A. 变更至车辆较少的车道,迅速驶出隧道
B. 减少与前车距离,利用前车挡住强光
C. 加速驶出隧道
D. 与前车保持安全距离,降低行驶车速,驶出隧道

题337.如图所示,驾驶机动车遇到这种情形应尽快将车速提高到规定速度。（ ）

题338.驾驶机动车驶出隧道时,应注意明暗视力的变化,控制车速。（ ）

题339.【多选题】机动车通过隧道时,禁止以下哪些行为?（ ）

A. 超车　B. 停车　C. 掉头　D. 倒车

题340.【多选题】在隧道内通行时,哪些行为是不正确的?（ ）

A. 会车使用远光灯　B. 在隧道内超车
C. 会车时保持安全间距
D. 开启近光灯行驶

题341.【多选题】驾驶汽车进入双向通行的隧道时应注意什么?（ ）

A. 开启近光灯　　B. 靠右侧行驶
C. 开启远光灯　　D. 注意对向来车

题342.驾驶汽车在进出隧道时应注意什么?（ ）

A. 开启远光灯　　B. 适当提高车速
C. 关闭近光灯　　D. 提前降低车速

题343.驾驶机动车在隧道内行驶,车辆出现故障时,应该立刻靠边停车,拦截过往车辆,帮助检修。（ ）

题344.驾驶机动车在双向行驶的隧道内行驶,如对向无来车,可借道超车。（ ）

题345.驾驶机动车在距离隧道前多少米内不得停车？（ ）
A.30米　B.50米　C.80米　D.100米

题346.驾驶机动车在隧道中超车时,应该注意观察、谨慎驾驶。（ ）

题347.通过隧道时,不得超车。（ ）

题348.遇到图中这种情况,不用减速靠右行驶。（ ）

题349.【多选题】驾驶机动车在隧道中行驶,以下做法不正确的是什么？（ ）
A.注意和前车保持安全距离
B.按照规定限速行驶
C.提高车速,尽快驶离
D.在隧道内紧急停车带停车休息

题350.驾驶机动车进入隧道口前,按照隧道口标志上规定的速度调整车速。（ ）

题351.驾驶机动车到达隧道出口时要握稳转向盘,预防出口处的强横向风。（ ）

题352.【多选题】驾驶机动车在隧道内遇交通拥堵缓行时,以下正确的做法是什么？（ ）
A.穿插前行
B.耐心等待,跟随车流行驶
C.随时关注前方交通拥堵原因及状态
D.鸣喇叭催促

题353.在隧道内发生火灾等紧急情况需要疏散逃生时,驾驶人应按照图中标识的指引驶入对向隧道或者其他安全通道逃生。（ ）

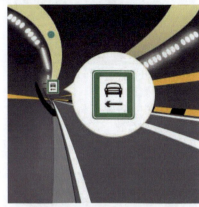

题354.【多选题】关于隧道内车辆容易打滑的原因,以下说法正确的是什么？（ ）
A.受环境影响隧道路面易返潮湿滑
B.隧道路面平坦,驾驶人容易提高车速行驶
C.汽车尾气油烟沉积在路面上,使路面形成一层油膜
D.寒冷天气靠近隧道出口容易遇冷结冰

题355.关于隧道内车辆容易打滑的原因,以下说法不正确的是什么？（ ）
A.受环境影响隧道路面易返潮湿滑
B.隧道路面平坦,驾驶人容易提高车速行驶
C.汽车尾气油烟沉积在路面上,使路面形成一层油膜
D.寒冷天气靠近隧道出口容易遇冷结冰

题356.【多选题】驾驶机动车在隧道内遇前方路面发黑、反光发亮等情形时应减速慢行,前方可能会出现下列哪些险情？（ ）
A.积水、结冰　　B.障碍物
C.油污泥渍　　　D.坑洼路面

3.通过弯道安全驾驶

题357.如动画所示,驾驶机动车遇到这种情况要如何处置？（ ）

[动画显示：机动车在山区道路行驶,前方是向左的急弯路]
A.借对向车道行驶　B.急剧制动低速通过
C.靠弯道外侧行驶
D.充分减速并靠右侧行驶

题358.驾驶机动车遇到这种情况时,怎样行驶最安全？（ ）

A. 鸣喇叭或开前照灯
B. 减速靠右侧行驶
C. 尽量靠路中心行驶
D. 沿道路左侧行驶

题359. 在这种条件的道路上怎样行驶才安全？（　　）

A. 靠路左侧转大弯　　B. 靠弯路中心转弯
C. 靠路右侧转小弯　　D. 借对向车道转弯

题360. 在这种条件的道路上怎样安全行驶？（　　）

A. 靠路右侧转小弯　　B. 靠弯路中心转弯
C. 借对向车道转弯　　D. 靠路右侧转大弯

题361. 驾驶机动车在这种条件的弯道处怎样转弯最安全？（　　）

A. 减速靠右侧行驶　　B. 骑轧路中心行驶
C. 靠弯道外侧行驶　　D. 借对向车道行驶

题362. 机动车遇有急弯路时，要在进入弯路后减速。（　　）

题363.【多选题】机动车行驶至转弯路段时，易引发事故的驾驶行为有什么？（　　）
A. 机动车占对向道行驶
B. 在弯道内急转转向盘
C. 在驶入弯道前不减速
D. 机动车靠路右侧行驶

题364.【多选题】驾驶汽车在转弯路段易引发事故的驾驶行为有哪些？（　　）
A. 占道行驶　　　　B. 急转转向盘
C. 弯道前不减速　　D. 靠路右侧行驶

题365.【多选题】驾驶汽车在道路急转弯处怎样行驶？（　　）
A. 减速靠路右侧行驶
B. 不能占用方车道
C. 注意对面来车　　D. 鸣喇叭示意

题366. 如图所示，在这个弯道上行驶时的最高速度不得超过30公里/小时。（　　）

题367. 如图所示，在这种情况下要充分减速靠右行驶。（　　）

题368. 如图所示，驾驶机动车行驶至此路段时，应当减速靠右侧行驶。（　　）

题369. 如图所示，驾驶机动车遇到这种情况时，可以借对向车道超越前车。（　　）

题370. 如图所示，驾驶机动车遇弯道会车时，以下做法正确的是什么？（　　）

A. 加速通过　　　　B. 占用对向车道
C. 靠边停车　　　　D. 减速靠右通过

题371. 山区道路车辆进入弯道前，在对面没有来车的情况下，应怎样做？（　　）

A. 可靠弯道外侧行驶
B. 可短时间借用对方的车道
C. 可加速沿弯道切线方向通过
D. 应"减速、鸣喇叭、靠右行"

题372. 驾驶车辆行至道路急转弯处，应怎样做？
（　）
A. 紧急制动，低速通过
B. 靠弯道外侧行驶
C. 充分减速并靠右侧行驶
D. 借对向车道行驶

题373. 车辆转弯时应沿道路右侧行驶，不要侵占对方的车道，做到"左转转大弯，右转转小弯"。（　）

题374. 车辆行至急转弯处时，应减速并靠右侧行驶，防止与越过弯道中心线的对方车辆相撞。（　）

题375. 驾驶机动车在对向没有来车的情况下可以超车。（　）

题376.【多选题】 在这种路面较窄的急弯处行车时要注意什么？（　）

A. 集中注意力　　B. 降低车速
C. 注意鸣喇叭　　D. 做好停车准备

题377. 驾驶汽车可以在这种急弯处超车。（　）

题378.【多选题】 怎样安全通过这种较窄的弯道？
（　）

A. 沿道路右侧行驶　B. 挂低速挡减速通过
C. 沿道路左侧行驶　D. 挂高速挡加速通过

4. 通过坡道安全驾驶

题379. 下长坡时，控制车速的正确方法是什么？
（　）
A. 空挡滑行　　　B. 挂低速挡
C. 踏下离合器踏板滑行
D. 使用驻车制动器

题380. 下长坡时，连续使用行车制动会造成什么不良后果？（　）
A. 缩短发动机使用寿命
B. 驾驶人容易疲劳
C. 容易造成机动车倾翻
D. 制动器制动效果下降

题381. 驾驶机动车通过短而陡的上坡坡道时，采用加速冲坡的方法，在接近坡顶时应提前松开加速踏板，利用惯性冲过坡顶。（　）

题382. 驾驶机动车在下坡路段停车时，怎样使用行车制动？（　）
A. 比在平路时提前　B. 比在平路时推迟
C. 和平路时一样　　D. 要轻踏制动踏板

题383. 上坡路段停车怎样使用行车制动？（　）
A. 比在平路时提前　B. 比在平路时推迟
C. 和平路时一样　　D. 要重踏制动踏板

题384. 下长坡控制车速最安全的方法是什么？
（　）
A. 挂入空挡滑行　B. 踏下离合器滑行
C. 利用发动机制动　D. 持续踏制动踏板

题385. 驾驶机动车上坡行驶如何保持充足动力？
（　）
A. 在车速下降前减挡
B. 在车速下降后减挡
C. 在车速过低时减挡
D. 尽量使用越级减挡

题386. 驾驶机动车在这种情况下临时停车后，为避免机动车后溜可将转向盘向左转。（　）

题387. 驾驶机动车在这种情况下临时停车后，为避免机动车前溜可将转向盘向右转。（　）

题388. 驾驶机动车遇到这种道路要提前减挡，以保持充足动力。（　）

题389. 驾驶机动车遇到这种道路要提前减速减挡，利用发动机制动控制速度。（　　）

题390. 驾驶机动车遇到这种道路，可充分利用空挡滑行。（　　）

题391. 驾驶机动车在这种情况下要加速冲过坡顶。（　　）

题392. 驾驶机动车下长坡时，车速会因为重力作用越来越快，以下控制车速的方法，正确的是什么？（　　）
　　A. 空挡滑行
　　B. 减挡，充分利用发动机制动
　　C. 踏下离合器滑行
　　D. 长时间使用驻车制动器制动

题393.【多选题】驾驶机动车在下坡行驶过程中行车制动器失效，以下做法正确的是什么？（　　）
　　A. 驶入紧急避险车道
　　B. 使用发动机制动
　　C. 使用驻车制动器制动
　　D. 必要时，可用车体刮擦路边障碍物减速

题394. 驾驶机动车下长坡时，连续使用行车制动器，以下说法正确的是什么？（　　）
　　A. 会缩短发动机寿命
　　B. 增加车辆油耗
　　C. 会使制动器温度升高而使制动效能急剧下降
　　D. 容易造成车辆倾翻

题395.【多选题】长下坡禁止挂空挡的原因，下列说法正确是什么？（　　）
　　A. 长下坡挂低速挡可以借助发动机控制车速
　　B. 避免因制动失灵发生危险
　　C. 长下坡空挡滑行导致车速过高时，难以抢挂低速挡控制车速
　　D. 下坡挂空挡，省油

题396. 驾驶机动车下长坡时，空挡滑行会导致再次挂挡困难。（　　）

题397. 驾驶机动车下长坡时，仅靠行车制动器制动，容易引起行车制动器失灵。（　　）

5. 通过路口安全驾驶

题398. 在有这种标志的路口时，怎样通过最安全？（　　）

　　A. 停车观察路口情况
　　B. 加速尽快进入路口
　　C. 减速观察左后方情况
　　D. 减速缓慢进入路口

题399. 在有这种标志的路口时，怎样通过最安全？（　　）

　　A. 停车观察路口情况
　　B. 加速尽快进入路口
　　C. 减速缓慢进入路口
　　D. 减速观察左后方情况

题400. 如动画所示，驾驶机动车遇到这种情况要如何处置？（　　）

［动画显示：车辆前方是无交通信号的交叉路口，有一位行人正在路口横穿道路］
　　A. 减速或停车让行
　　B. 鸣喇叭示意其让道
　　C. 抢在行人之前通过
　　D. 立即变道绕过行人

题401.驾驶机动车直行通过前方路口怎样行驶？
（　　）

A. 接近路口时减速慢行
B. 进入路口后再减速慢行
C. 可以不减速直接通过
D. 提前加速通过交叉路口

题402.驾驶机动车在这个路口怎样左转弯行驶？
（　　）

A. 沿直行车道左转　B. 进入左转弯待转区
C. 进入直行等待区　D. 沿左车道左转弯

题403.【多选题】如图所示，该机动车行驶至该路口，以下说法正确的是什么？
（　　）

A. 应在直行绿灯亮起后再进入左转弯待转区
B. 左转灯亮起后才可进入左转弯待转区
C. 此时可以直接进入左转弯待转区等候放行
D. 此时不可以直接进入左转弯待转区

题404.在这个路口时，怎样右转弯行驶？　（　　）

A. 沿直行车道右转弯
B. 停止线前停车等待
C. 沿右侧道路右转弯
D. 借非机动车道右转

题405.如图所示，驾驶机动车直行通过路口，遇对向车辆左转时，让已在路口内的左转车辆优先通过路口。
（　　）

题406.驾驶机动车在路口直行，遇到这种情况怎么办？
（　　）

A. 鸣喇叭示意其让行
B. 加速从车前通过
C. 开前照灯示意其让行
D. 减速或停车让行

题407.驾驶机动车在交叉路口遇到这种情况可以不让行。
（　　）

题408.驾驶机动车在路口遇到这种情况的行人怎么办？
（　　）

A. 及时减速停车让行
B. 鸣喇叭示意其让道
C. 加速从行人前通过
D. 开前照灯示意其让道

题409.驾驶机动车驶近前方主支干道交汇处要注意什么？
（　　）

A. 提前减速，注意机动车
B. 保持正常速度行驶
C. 鸣喇叭，迅速通过
D. 提前加速，快速通过

题 410. 如动画所示，驾驶人的行为是正确的。
（　　）

［动画显示：黄色车辆从路口左转车道向右转弯驶向右侧路口］

题 411. 驾驶机动车通过这个路口要注意观察左侧情况。（　　）

题 412. 驾驶机动车在这个路口右转弯可以不变更车道。（　　）

题 413. 驾驶机动车在这个路口可以直接向右转弯。
（　　）

题 414. 在这个路口要靠路口中心点左侧转弯。
（　　）

题 415. 驾驶机动车在这个路口左转弯要提前按导向箭头指示向左变更车道。（　　）

题 416. 驾驶机动车此时可以加速通过路口。
（　　）

题 417. 驾驶机动车在这个路口右转弯时要避让非机动车。（　　）

题 418. 如图所示，驾驶机动车在路口前遇黄灯亮时，应停车等待。（　　）

题 419. 如图所示，驾驶机动车行驶至此路段时，应当提前减速慢行，注意前方可能出现的行人及车辆。（　　）

题 420.【多选题】如图所示，当驾车行驶到此路口右转弯时，应怎样做。（　　）

A. 注意观察是否有行人将要过街
B. 让对面来车先左转
C. 鸣喇叭催促　　D. 抢在对面车前右转弯

题 421. 如图所示，这种情况下，B 车优先通行。
（　　）

题422. A车、B车按如图所示路线行驶,如果在此时发生碰撞,怎样划分两车的事故责任?（　　）

A. 右侧方向的车辆具有优先通行权,所以A车负全责
B. B车闯红灯,所以B车负全责
C. B车可以右转,但不得妨碍被放行的直行车辆,所以B车负全责
D. 直行车辆不得妨碍右转车辆,所以A车负全责

题423. 驾驶机动车驶入拥堵的环形路口时,以下做法正确的是什么?（　　）
A. 注意避让已在路口内车辆
B. 优先驶入环形路口
C. 鸣喇叭示意其他车辆让行
D. 超越前方车辆进入路口

题424. 如图所示,驾驶机动车在这种情况下,可以直行也可以右转。（　　）

题425. 如图所示,驾驶机动车驶近这样的路口时,应保持视线移动,时刻关注着周围可能出现的潜在危险。（　　）

题426. 如图所示,驾驶机动车通过这样的路口时,应注意行人、非机动车,提前减速,随时准备停车避让。（　　）

题427. 驾驶机动车在遇到有前方机动车停车排队等候或者缓慢行驶时,可进入网状线区域停车等候。（　　）

题428. 驾驶机动车进入这个路口时,怎样使用灯光?（　　）

A. 开启右转向灯
B. 开启危险报警闪光灯
C. 不用开启转向灯
D. 开启左转向灯

题429. 驾驶机动车驶出这个环岛路口时,怎样使用灯光?（　　）

A. 开启左转向灯　　B. 开启报警闪光灯
C. 不用开转向灯　　D. 开启右转向灯

题430. 如图所示,驾驶机动车驶出环岛时,应先驶入最右侧车道,不用开启转向灯,驶离即可。（　　）

题431.【多选题】驾驶机动车通过未设置交通信号灯的交叉路口时,下列说法正确的是什么?（　　）
A. 相对方向行驶的右转弯机动车让左转弯的车辆先行
B. 相对方向行驶的左转弯机动车让右转弯的车辆先行
C. 没有交通标志、标线时,在进入路口前停车瞭望,让右方道路的来车先行
D. 转弯的机动车让直行的车辆、行人先行

题432.【多选题】机动车通过没有交通信号灯控制和交通警察指挥的交叉路口时的注意事项是什么?（　　）
A. 有交通标志、标线的,让优先通行的一方先行
B. 没有交通标志、标线的,让右方道路的来车先行

C. 转弯的机动车让直行的车辆先行
D. 相对方向行驶的右转弯的机动车让左转弯的车辆先行

题433. 在堵车的交叉路口绿灯亮时，车辆应怎样做？（　　）
A. 可直接驶入交叉路口
B. 不能驶入交叉路口
C. 可借对向车道通过路口
D. 在保证安全的情况下驶入交叉路口

题434. 驾驶车辆进入交叉路口前，应降低行驶速度，注意观察，确认安全。（　　）

题435. 车辆在交叉路口有优先通行权的，遇有车辆抢行时，应怎样做？（　　）
A. 抢行通过　　　B. 提前加速通过
C. 按优先权规定正常行驶不予避让
D. 减速避让，必要时停车让行

题436. 如图所示，右侧标志表示前方路口要停车让行。（　　）

题437. 如图所示，驾车遇到此情况时，应当注意什么？（　　）

A. 后面有车辆将超车
B. 对向车道车辆将要掉头
C. 左侧A柱盲区内可能有行人将要通过
D. 右侧车道有车辆将要通过

题438. 如图所示，当驾车行驶到该交叉路口时，应如何通过？（　　）

A. 鸣笛催促行人
B. 注意观察，减速避让行人
C. 加速通过
D. 保持原速度继续行驶

题439.【多选题】如图所示，A车在交叉路口左转时遇到B车强行超越，以下做法错误的是什么？（　　）

A. 加速靠左侧绕行　　B. 持续鸣喇叭警告
C. 与其抢行　　　　　D. 保持车速继续行驶

题440. 遇前方路段车道减少，车辆行驶缓慢时，为保证安全有序行驶，应该怎样做？（　　）
A. 穿插到前方排队车辆中通过
B. 依次交替通行
C. 加速从前车左右超越
D. 借对向车道迅速通过

题441.【多选题】如图所示，当车辆驶进这样的路口时，以下说法正确的是什么？（　　）

A. 因为视野受阻，应当鸣喇叭提醒侧方道路来车
B. 右前方路口视野受阻，如有车辆突然冲出容易引发事故
C. 为避免车辆从路口突然冲出引发危险，应适当降低车速
D. 本车有优先通行权，可加速通过

题442.【多选题】如图所示，当驾车在路口直行遇前方道路拥堵时，应如何安全驾驶？（　　）

A. 跟随前车继续行驶
B. 不得在人行横道停车
C. 应在路口停止线前停车
D. 可以进入黄色网格线区域临时停车等待

6. 通过铁路道口安全驾驶

题443. 驾驶机动车怎样通过这个铁路道口？（　　）

A. 换入空挡，滑行通过
B. 一停、二看、三通过
C. 加速、观察、快通过
D. 减速、观察、慢通过

题444. 驾驶机动车怎样安全通过铁路道口？　　　　　　　　　　　（　　）

A. 换空挡利用惯性通过
B. 进入道口后换低速挡
C. 进入道口前减速减挡
D. 道口内停车左右观察

题445. 如动画所示，机动车通过铁路道口的做法是正确的。　　　　　（　　）

［动画显示：车辆行驶到无人看守的铁路道口前，将车停下，进行观察］

题446. 驾驶机动车通过这个铁路道口时，要减速停车。　　　　　　　（　　）

题447. 驾驶机动车不能快速通过这种情况的铁路道口。　　　　　　　（　　）

题448. 驾驶车辆通过无人看守的铁路道口时，应怎样做？　　　　　　（　　）
A. 减速通过　　　B. 匀速通过
C. 一停、二看、三通过
D. 加速通过

题449. 驾驶车辆驶入铁路道口前减速降挡，进入道口后应怎样做？　　（　　）
A. 不能变换挡位　　B. 可以变换挡位
C. 可换为高挡　　　D. 停车观察

题450. 车辆通过铁道路口时，应用低速挡安全通过，中途不得换挡，以避免发动机熄火。（　　）

题451. 驾驶机动车在铁路道口发生熄火时，以下做法正确的顺序是什么？①迅速尝试重新启动发动机；②车辆无法重启时，应立即设法使车辆离开轨道；③车辆无法离开轨道的，人员应离开车辆，立即报警；④人员应在车内等待救援。（　　）
A. ①②③　　　　B. ①②③④
C. ①②④　　　　D. ②③④

7. 通过人行横道安全驾驶

题452. 如动画所示，驾驶机动车遇到这种情况要如何处置？（　　）

［动画显示：车辆通过道路上的人行横道］
A. 加速通过　　　B. 立即停车
C. 鸣喇叭示意行人让道
D. 先注意观察行人、非机动车动态，再通过

题453. 驾驶机动车在这个位置怎样安全通过？（　　）

A. 加速从行人前通过
B. 从行人后绕行通过
C. 减速、鸣喇叭示意
D. 停车等待行人通过

题454. 驾驶机动车遇到这种情况的人行横道怎样通过？（　　）

A. 减速通过　　　B. 加速通过
C. 鸣喇叭通过　　D. 紧急制动

题455. 造成这起事故的主要原因是行人从车前横穿。（　　）

题456. 驾驶机动车遇到这种情况的人行横道线可以加速通过。（　　）

题457. 驾驶机动车在人行横道前遇到这种情况一定要减速慢行。（　　）

题458. 如图所示，驾车行经此路段不用减速慢行。
（　　）

题459. 如图所示，造成这起事故的主要原因是机动车未按规定避让行人。（　　）

题460.【多选题】机动车行经没有交通信号的道路，遇行人横过道路时，以下做法错误的是什么？
（　　）
A. 减速或停车避让　　B. 鸣喇叭催促
C. 寻找间隙穿插驶过
D. 绕前通过

题461.【多选题】如图所示，驾驶机动车驶近这样的人行横道时，驾驶人应注意的是什么？
（　　）

A. 前方行人可能滞留在人行横道内
B. 左前方骑自行车者可能突然右转弯
C. 右前方骑摩托车者可能突然向左变更车道横穿道路
D. 右前方白色机动车行驶动态

题462. 车辆驶近人行横道时，应怎样做？（　　）
A. 加速通过　　　　　B. 立即停车
C. 鸣喇叭示意行人让道
D. 先减速注意观察行人、非机动车动态，确认安全后再通过

题463. 驾驶人在道路上行驶，要时刻留意人行横道标志，遇有行人通过人行横道时，应停车让行。（　　）

题464. 行驶车道绿灯亮时，但车辆前方人行横道仍有行人行走，应怎样做？（　　）
A. 直接起步通过
B. 起步后从行人后方绕过
C. 等行人通过后再起步
D. 起步后从行人前方绕过

题465. 驶近没有人行横道的交叉路口时，发现有人横穿道路，应怎样做？（　　）
A. 减速或停车让行
B. 鸣喇叭示意其让道
C. 立即变道绕过行人
D. 抢在行人之前通过

题466. 驾驶车辆通过人行横道线时，应注意礼让行人。（　　）

题467. 通过没有交通信号灯控制的人行横道时，驾驶机动车加速抢行或绕过行人，容易发生与行人相撞的交通事故。（　　）

8. 通过学校安全驾驶

题468. 驾驶机动车看到路边有这种标志时怎样行驶？（　　）

A. 采取紧急制动　　B. 减速注意观察
C. 断续鸣喇叭　　　D. 做好绕行准备

题469. 当车辆行驶至学校附近区域时，要特别注

意观察儿童,因为儿童身材矮小,很容易进入车辆的视线盲区。( )

题470.驾驶机动车在学校门口遇到这种情况怎样行驶?( )

A. 从列队前方绕过　　B. 减速慢行通过
C. 及时停车让行　　　D. 从列队空隙穿过

题471.行车中遇列队横过道路的学生时,应怎样做?( )

A. 提前加速抢行　　　B. 停车让行
C. 降低车速、缓慢通过
D. 连续鸣喇叭催促

题472.驾驶机动车看到这个标志时要及时减速。( )

题473.在学校门口遇到这种情况要做好随时停车的准备。( )

题474.驾驶机动车在学校附近遇到这种情况要尽快加速通过。( )

题475.【多选题】驾驶机动车通过学校时要注意什么?( )

A. 观察标志、标线　　B. 减速慢行
C. 不要鸣喇叭　　　　D. 快速通过

题476.【多选题】驾驶机动车通过学校门口时应注意什么?( )

A. 注意观察标志标线
B. 注意减速慢行
C. 不要鸣喇叭　　　　D. 快速通过

题477.如图所示,驾驶机动车看到路边有这种标志时,表示前方接近学校区域,因此要提前减速注意观察。( )

题478.驾驶机动车行经学校门前遇到放学时段,为了保证道路的车流通畅,应勤鸣喇叭督促学生让开主车道。( )

题479.【多选题】红色车辆遇到图中的情形时,下列做法错误的是?( )

A. 按照前方交通信号灯指示直接通行
B. 鸣喇叭提醒,让学生队伍中空出一个缺口,从缺口中穿行过去
C. 停车等待,直到学生队伍完全通过
D. 鸣喇叭,催促还未通过的学生加快速度通过

9. 通过居民小区安全驾驶

题480.驾驶机动车通过居民小区,遇到这种情况怎样安全行驶?( )

A. 鸣喇叭提示行人　　B. 加速,尽快通过
C. 保持正常行驶　　　D. 减速,准备停车

题481.驾驶机动车通过居民小区,遇到这种情况怎样处置?( )

A. 立即停车　　　　　B. 加速通过
C. 连续鸣喇叭　　　　D. 减速慢行

题482.驾驶机动车通过居民小区,遇到这种情况要紧跟其后行驶。( )

题 483. 驾驶机动车进入居民小区不能以超过限速标志限定的速度行驶。（　　）

题 484. 驾驶机动车在小区内遇到这样的情况要在自行车前加速通过。（　　）

题 485.【多选题】通过居民小区时需要注意什么？
（　　）
A. 遵守标志　　　B. 低速行驶
C. 不鸣喇叭　　　D. 避让居民

题 486. 如图所示，驾驶机动车通过小区遇到这种情况，应减速行驶，随时准备停车。（　　）

题 487. 如图所示，驾驶机动车进入该居民小区，车速不能超过 5 公里 / 小时。（　　）

题 488.【多选题】如图所示，在居民区内为了预防突发情况出现，驾驶人应如何安全驾驶？
（　　）

A. 注意观察，随时准备停车

B. 进入小区前应降低车速
C. 不与行人抢行
D. 鸣喇叭示意行人让行

题 489.【多选题】如图所示，驾驶机动车在居民区遇到这种情形，应如何安全驾驶？（　　）

A. 紧跟其后行驶
B. 低速慢行
C. 连续鸣喇叭示意
D. 保持必要的安全距离

题 490. 驾驶机动车驶出小区上道路行驶，以下做法正确的是什么？（　　）
A. 无需观察直接汇入主路车流
B. 无需避让主路车辆
C. 在不妨碍主路车辆正常行驶的前提下汇入车流
D. 鸣喇叭示意主路车避让

题 491. 如图所示，驾驶机动车行经该路段时，以下说法错误的是什么？（　　）

A. 注意儿童　　　B. 禁止停车
C. 禁止鸣喇叭　　D. 前方禁止通行

题 492. 行车过程中遇到以下情况，正确的做法是什么？（　　）

A. 鸣笛并继续直行　B. 减速并随时准备停车
C. 转向道路左侧并继续行驶
D. 匀速驶过该区域

题 493. 车辆通过学校和小区时，应注意观察标志标线，低速行驶，不要鸣喇叭。（　　）

题 494. 驾驶机动车在居民小区内行驶时，一定要注意儿童安全，因为儿童安全意识较差且身材矮小，不容易被发现。（　　）

10. 通过公交车站安全驾驶

题 495.【多选题】驾驶汽车驶近停有公交车的车站需要注意什么？（　　）
A. 做好随时停车的准备
B. 预防公交车突然起步
C. 预防行人从车前窜出
D. 与公交车保持安全间距

题 496. 驾驶机动车在这种情况下需要注意什么？（　　）

A. 行人从车后窜出　B. 行人从车前窜出
C. 公交车突然倒车　D. 公交车突然起步

题 497. 在这种公交车站怎样预防公交车突然起步？（　　）

A. 在公交车后停车　B. 迅速超越公交车
C. 减速，缓慢超越　D. 连续鸣喇叭提醒

题 498. 驾驶机动车遇到这种情况，应怎样行驶？（　　）

A. 加速，从左侧超越
B. 连续鸣喇叭告知
C. 紧跟在自行车后
D. 减速，避让自行车

题 499. 驾驶机动车遇到这种情况时，可以占用公交车站临时停车。（　　）

题 500. 侵占公交车专用道会妨碍公交车进出站，扰乱道路交通秩序。（　　）

题 501. 驾驶机动车在公交车站遇到这种情况时，要迅速停车让行。（　　）

题 502. 如图所示，驾驶机动车在公交车站遇到这种情况时，应特别注意行人横穿马路。（　　）

题 503. 如图所示，驾驶机动车在公交车站遇到这种情况时，要迅速向左变更车道绕行。（　　）

题 504. 如图所示，在这种情况下可以在公交车站临时停车。（　　）

题 505.【多选题】如图所示，驾驶机动车临近停在车站的公交车时，以下做法正确的是？（　　）

A. 降低车速　　　　B. 随时准备停车
C. 尽快超越　　　　D. 加大横向安全距离

题 506.【多选题】如图所示，驾驶机动车遇到这种情形时，应如何安全通过？（　　）

A. 减速慢行　　　　B. 注意观察
C. 拉开横向安全距离
D. 预防突然横穿的行人

题507. 如图所示，驾驶机动车驶近这样的公交车站时，既要注意到路侧行人的活动情况随时准备减速避让，又要考虑前方道路可能存在拥堵，不应跟车过近，防止视线受阻。（　　）

题508.【多选题】如图所示，驾驶机动车驶近公交车站时，驾驶人应注意的是什么？（　　）

A. 下车的乘客可能从公交车前方横穿道路
B. 公交车可能即将启动并向左变更车道
C. 右侧摩托车可能驶入机动车道并穿插变更车道
D. 对向车道内的机动车可能违法跨越道路中心线超车

题509. 如动画所示，驾驶人的行为是正确的。
（　　）

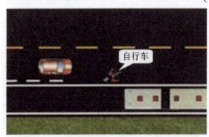

［动画显示：一辆自行车窜入机动车道，超越前方的公交车，红色轿车立即减速避让］

题510. 车辆驶近停在车站的公交车辆时，为预防公交车突然起步或行人从车前窜出，应怎样做？（　　）
A. 减速，保持足够间距，随时准备停车
B. 保持正常车速行驶
C. 鸣喇叭提醒，加速通过
D. 随时准备紧急制动

二、文明行车常识

（一）保护其他交通参与者

1. 遇行人的礼让

题511. 驾驶机动车遇到这种情况时，应该注意什么？（　　）

A. 在路中心行驶　　B. 持续鸣喇叭
C. 加速超越　　　　D. 注意观察动态

题512. 驾驶机动车突然遇到这种情况时，应怎样做？（　　）

A. 减速或停车让行　B. 从行人前方绕行
C. 持续鸣喇叭提醒　D. 从行人后方绕行

题513. 如图所示，当机动车驾驶人通过此路口时，应当鸣笛催促行人，无需减速。（　　）

题514. 驾驶机动车遇到这种情况时，应该注意什么？（　　）

A. 预防机动车侧滑　B. 预防行人横穿
C. 尽快加速通过　　D. 持续鸣喇叭

题515.驾驶机动车遇到这种情况时,要如何行驶?
（　　）

A.低速缓慢通过　　B.加速通过
C.连续鸣喇叭通过　D.保持正常车速通过

题516.驾驶机动车遇到这种情况时,应怎样行驶?

A.连续鸣喇叭　　B.快速通过
C.减速慢行　　　D.从一侧绕行

题517.驾驶机动车看到这样的儿童时,应怎样行驶?
（　　）

A.紧跟在后面行驶　B.从左侧加速让过
C.鸣喇叭示意让道　D.减速或停车避让

题518.当行人出现交通安全违法行为时,车辆可以不给行人让行。（　　）

题519.驾驶机动车遇到这样的行人时,应怎样礼让?
（　　）

A.加速从前方绕过　B.加速从身后绕行
C.减速或停车让行　D.连续鸣喇叭提醒

题520.驾驶机动车遇到这样的行人时,应怎样行驶?（　　）

A.从其前方绕过　　B.从其身后绕行
C.鸣喇叭提醒　　　D.主动停车礼让

题521.驾驶机动车在雨天遇到撑雨伞和穿雨衣的行人在路边行走时,应怎样礼让?（　　）
A.以正常速度行驶　B.临近鸣喇叭示意
C.加速从左侧绕行　D.提前减速鸣喇叭

题522.行车中对出现这种行为的人不能礼让。
（　　）

题523.行车中遇到这种行人需要保持较大的安全距离。（　　）

题524.驾驶机动车遇到这种情况时,要快速向左绕过。（　　）

题525.突然出现这种情况时,驾驶人要及时减速或停车避让。（　　）

题526.驾驶机动车遇到这种情况时,可连续鸣喇叭催其让道。（　　）

题527.【多选题】雨天遇到这些撑雨伞和穿雨衣的行人在路边行走时,应怎样通行? （　　）

A. 注意观察行人动态
B. 适当降低车速
C. 保持安全距离
D. 提前轻按喇叭提醒

题528. 在这种情况下要避让左侧从公交车后横穿的行人。 （　　）

题529. 在这种路口遇到行人突然横穿怎么办? （　　）

A. 减速或停车让行　B. 鸣喇叭示意其让道
C. 抢在行人之前通过
D. 向右变道绕过行人

题530. 驾驶机动车遇到成群青少年绕过路边停放的机动车时,要主动减速让行。 （　　）

题531.【多选题】如图所示,驾驶机动车遇到这种情况时,驾驶人应注意的是什么? （　　）

A. 左前方行人可能在前方机动车驶过后马上横穿道路
B. 左前方行人对是否横穿马路可能犹豫不决,无法准确判断
C. 前方机动车可能遇到其他横穿道路的行人而减速或紧急停车
D. 前方机动车可能躲避横穿道路的行人而突然变更车道

题532. 如图所示,驾驶机动车遇到这种情况时,应注意左前方行人可能在前方机动车驶过后马上横穿道路。 （　　）

题533. 如图所示,驾驶机动车看到这个标志时,应及时减速、注意观察。 （　　）

题534. 如图所示,驾驶机动车遇到这种情况时,应该考虑到路边儿童可能会因为打闹而突然冲入路内。 （　　）

题535. 如图所示,驾驶机动车在乡间道路上行驶时,以下做法正确的是什么? （　　）

A. 在成人和儿童之间快速通过
B. 连续鸣喇叭提示后通过
C. 从成人身后绕行
D. 减速鸣喇叭提示,做好随时停车准备

题536.【多选题】驾驶机动车过程中遇到专注于使用手机的行人时，以下说法正确的是什么？（　　）

A. 注意观察　　　B. 从一侧加速绕过
C. 谨慎驾驶　　　D. 做好停车准备

题537. 如图所示，驾驶机动车遇到这种情况时，应鸣喇叭提醒行人注意避让，加速通过。（　　）

题538. 驾驶机动车遇到图中情形时，以下错误的说法是什么？（　　）

A. 与其保持一定的横向距离
B. 鸣喇叭提示
C. 提前减速行驶　　D. 加速从行人左边通过

题539. 驾驶机动车在这种情况下怎样礼让行人？（　　）

A. 等行人通过后再起步
B. 起步从行人前方绕过
C. 鸣喇叭告知行人让道
D. 起步后缓慢靠近行人

题540. 驾驶机动车遇到这样的情况要停车让行。（　　）

题541. 如动画所示，驾驶人的行为是否正确？（　　）

〔动画显示：车辆行至交叉路口，有一行人在人行横道横穿道路，当信号灯由红变绿后，车辆从行人后方快速驶过〕

题542. 如图所示，夜间驾驶机动车遇到这种情况时，以下做法正确的是什么？（　　）

A. 交替变换远近光灯绕过行人
B. 开启近光灯绕过行人
C. 使用远光灯绕过行人
D. 停车让行人优先通过

题543. 在路口遇到这种情况的行人，如何做到礼让？（　　）

A. 在远处鸣喇叭催促
B. 从行人间低速穿过
C. 加速从行人前绕过
D. 停车等待行人通过

题544.【多选题】驾驶汽车通过人行横道时，要注意下列哪些情况？（　　）

A. 突然横穿的儿童
B. 急速通过的自行车
C. 缓慢通过的行人　　D. 准备横过的行人

题545.【多选题】如图所示，接近人行横道线时怎样安全行驶？（　　）

A. 提前减速观察　　B. 注意避让行人
C. 随时准备停车　　D. 抢先加速通过

题546. 如图所示，遇到这种情况要停车让行。（　　）

题547.【多选题】如图所示,当您看到这个标志时,应该想到什么?（　　）

A. 前方有人行横道　B. 应当相应减速行驶
C. 视野范围内无行人,可以保持原速行驶
D. 视野范围内无行人,可以适当加速通过

题548.如图所示,驾驶机动车遇到这种情况时,以下做法正确的是什么?（　　）

A. 适当鸣喇叭,加速通过
B. 在行人或骑车人通过前提前加速通过
C. 减速,停车让行　D. 连续鸣喇叭使其让行

题549.如图所示,夜间驾驶机动车行经没有行人通过的人行横道时,可加速通过。（　　）

题550.如图所示,驾驶机动车遇到这种情况时,应当停车让行。（　　）

题551.【多选题】如图所示,驾驶机动车遇到这种情形时,以下做法错误的是什么?（　　）

A. 加速通过　　　B. 连续鸣喇叭警示
C. 停车让行
D. 迅速超越前方非机动车

题552.行经有积水、泥泞、碎石或者易产生扬尘的道路,遇到行人或非机动车时,应如何安全驾驶?（　　）
A. 加速通过　　　B. 绕开行人
C. 减速慢行　　　D. 鸣笛催促

2. 遇非机动车的礼让

题553.驾驶机动车在这种情况下正确的做法是什么?（　　）

A. 立即超越　　　B. 连续鸣喇叭提醒
C. 保持安全距离超越
D. 鸣喇叭加速超越

题554.行车中遇到非机动车准备绕过停放的车辆时,应怎样做?（　　）
A. 鸣喇叭示意其让道
B. 让其先行
C. 紧随其后鸣喇叭　D. 加速绕过

题555.行车中遇到非机动车抢行时,应怎样做?（　　）
A. 加速通过　　　B. 鸣喇叭警告
C. 减速让行　　　D. 临近时突然加速

题556.行车中超越同向行驶的自行车时,应怎样做?（　　）
A. 连续鸣喇叭提醒其让路
B. 持续鸣喇叭并加速超越
C. 让自行车先行
D. 注意观察动态,减速慢行,留有足够的安全距离

题557.驾驶机动车遇到这种情况怎样应对?（　　）

A. 连续鸣喇叭警告　　B. 加速从前方绕过
C. 出现危险再减速　　D. 主动减速让行

题558. 驾驶机动车在这种情况下要尽快加速通过。
（　　）

题559.【多选题】遇到这种同向行驶的非机动车时，应怎样行驶？（　　）

A. 注意观察动态　　B. 适当减速慢行
C. 保持安全间距　　D. 鸣喇叭加速超越

题560. 如图所示，在这种情况下要注意右侧的非机动车。（　　）

题561. 驾驶机动车行经两侧有非机动车行驶且有积水的路面时，应怎样做？（　　）
A. 减速慢行　　　　B. 正常行驶
C. 加速通过　　　　D. 连续鸣喇叭

题562. 驾驶机动车遇到非机动车违法在机动车道上行驶，并阻碍机动车前进时，以下做法错误的是什么？（　　）
A. 注意非机动车辆的动向，减速行驶
B. 谨慎驾驶低速通过
C. 持续鸣喇叭警告非机动车避让
D. 保持与非机动车安全车距

题563. 如图所示，驾驶机动车行经交叉路口遇到这种情况时，以下做法正确的是什么？（　　）

A. 加速通过
B. 在骑车人通过前提前加速通过
C. 停车让行　　　D. 连续鸣喇叭使其让行

题564. 如图所示，A车在这样的路口可以借用非机动车道右转弯。（　　）

题565. 如图所示，驾驶机动车右转遇到这种情况时，可以不给非机动车和行人让行。（　　）

题566. 夜间驾驶机动车在窄路遇到对面驶来非机动车时，以下做法正确的是什么？（　　）
A. 连续变换远近光灯
B. 开启危险报警闪光灯
C. 使用远光灯，减速避让
D. 使用近光灯，减速避让

题567. 如图所示，驾驶机动车遇到非机动车占道行驶时，以下做法正确的是什么？（　　）

A. 减速并鸣喇叭提示
B. 交替变换远近光灯提示
C. 加速通过　　　D. 持续鸣喇叭催促

题568. 如图所示，驾驶机动车遇到这种情形时，可以从左侧超越。（　　）

题 569. 夜间驾驶机动车在农村道路行驶，遇到对向驶来畜力车时，以下做法正确的是什么？（　　）

A. 持续鸣喇叭警示
B. 交替使用远近光灯提示
C. 使用近光灯，减速，靠右避让
D. 加速通过

题 570. 如图所示，A 车正确的做法是什么？（　　）

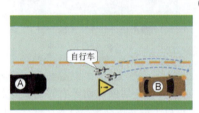

A. 鸣喇叭，从左侧超越自行车
B. 减速，待自行车通过后再从 B 车左侧超越
C. 停车，等待 B 车驶离后，在原车道行驶
D. 借用对向车道加速通过

3. 遇牲畜的避让

题 571. 驾驶机动车看到这种标志需要注意什么？（　　）

A. 减速、观察、慢行
B. 鸣喇叭驱赶牲畜
C. 从牲畜的空隙中穿过
D. 低速行驶，冲开牲畜群

题 572. 驾驶机动车在这样的路段要注意观察，随时避让横过道路的动物。（　　）

题 573. 驾驶汽车遇到牲畜横穿抢道的情况时，要及时鸣喇叭进行驱赶。（　　）

题 574.【多选题】如图所示，驾驶机动车遇到这种情况时，以下做法正确的是什么？（　　）

A. 停车，等待动物穿过
B. 鸣喇叭驱赶动物
C. 下车驱赶动物
D. 与动物保持较远距离

题 575. 行车中遇牲畜通过道路影响通行时，可采取连续鸣喇叭的方式进行驱赶。（　　）

题 576.【多选题】如图所示，驾驶机动车遇到这种情况时，以下做法正确的是什么？（　　）

A. 减速缓慢通过
B. 鸣喇叭警示牲畜，以免牲畜冲入行车道发生事故
C. 不能鸣喇叭，避免牲畜因惊吓窜入行车道
D. 加速通过此事故隐患路段

（二）与其他车辆共用道路

1. 会车、超车、跟车时的礼让

题 577. 夜间会车前，两车在相距 150 米之外交替变换前照灯远近光的作用是什么？（　　）

A. 会车前两车之间相互提示
B. 驾驶操作的习惯行为
C. 便于双方观察前方情况
D. 驾驶人之间的一种礼节

题 578.【多选题】夜间会车时，对面来车不关闭远光灯怎么办？（　　）

A. 及时减速让行，必要时靠边停车
B. 开启远光灯，迫使来车变换灯光
C. 视线向右平移，防止眩目
D. 交替变换远近光灯，提醒来车

题 579. 会车中遇到对方来车行进有困难需借道时，应尽量礼让对方先行。（　　）

题 580. 超车过程中，被超车辆突然加速怎么办？（　　）

A. 加速迅速超越　　B. 变换远近光灯超越
C. 减速放弃超车　　D. 持续鸣喇叭超越

题 581. 夜间遇到这种后车发出超车信号时，应怎样行驶？（　　）

A. 靠路中心减速行驶
B. 加速甩掉后车
C. 开启左转向灯警示
D. 减速，靠右侧让行

题582. 夜间在这种情况下跟车，要注意观察前车信号灯的变化，随时做好减速或停车的准备。（　　）

题583.【多选题】夜间在这种道路条件下怎样跟车行驶？（　　）

A. 注意前车信号灯变化
B. 使用近光灯
C. 保持安全距离
D. 做好减速或停车准备

题584. 如图所示，驾驶机动车遇到右侧车道车辆突然变更车道时，应当如何避让？（　　）

A. 减速让行　　　　B. 加速行驶
C. 向左打转向迅速超越
D. 连续鸣喇叭

题585. 如图所示，当遇到右侧车辆开启转向灯准备变更车道时，应当怎样做？（　　）

A. 保持较快车速，不予让行
B. 加速超过，不予让行
C. 减速保持间距，注意避让
D. 保持较快车速，压黄线超车

题586. 如图所示，夜间驾驶机动车遇到其他机动车突然驶入本车道时，可加速从右侧车道绕行。（　　）

题587. 如图所示，夜间驾驶机动车遇到其他机动车突然驶入本车道时，应当如何避让？（　　）

A. 及时减速让行
B. 向左猛打转向盘躲避
C. 向右猛打转向盘躲避
D. 加速从右侧绕行

题588.【多选题】驾驶机动车行经驼峰桥会车时，以下做法正确的是什么？（　　）
A. 降低车速　　　　B. 靠右通行
C. 鸣喇叭示意　　　D. 抢行通过

题589. 如图所示，驾驶机动车遇到前车插入本车道时，可以向右转向，从前车右侧加速超越。（　　）

题590.【多选题】如图所示，驾驶机动车跟随前车右转弯时，应当注意的是什么？（　　）

A. 前面的车可能停下
B. 右侧视野盲区内可能有自行车直行
C. 行人可能突然进入本车前的人行横道
D. 直行的黄色车辆可能影响本车右转弯

题591. 如图所示，驾驶机动车遇到这种情形时，

以下做法正确的是什么？　　　（　　）

A. 加速行驶，在对面来车交会前超过行人
B. 减速靠右，等对向车辆通过后，再缓慢超越行人
C. 鸣喇叭提示行人后，保持原速行驶
D. 鸣喇叭提示左侧车辆后，保持原速行驶

题592. 如图所示，驾驶机动车在窄桥上会车，选择的交会位置不理想时，以下做法正确的是什么？　　　　　　　　　　（　　）

A. 加速行驶，在前方继续选择理想位置
B. 停车选择会车地点，必要时倒车，让对方通过
C. 靠左占道行驶，让对方停车让行
D. 变换远近光灯，示意对方停车让行

题593. 驾驶机动车行驶过程中，如遇到前方车辆行驶速度缓慢时，应持续鸣喇叭催促。（　　）

题594. 行驶缓慢路段遇其他车辆要强行"加塞"时，为确保行车安全，正确的做法是什么？
　　　　　　　　　　　　　　　（　　）
A. 连续鸣喇叭，以示警告
B. 加速行驶，紧跟前车，不让其进入
C. 主动礼让，保持适当的跟车距离
D. 挤靠"加塞"车辆，逼其离开

2. 遇校车的礼让

题595.【多选题】驾驶机动车遇到校车在道路右侧停车上下学生时，应注意什么？（　　）
A. 同向只有一条机动车道，后方机动车应当停车等待
B. 同向有两条机动车道，左侧车道后方机动车可以减速通过
C. 同向有三条机动车道，中间车道后方机动车应当停车等待
D. 同向有三条机动车道，左侧车道后方机动车可以减速通过

题596.【多选题】在同方向有三条机动车道的路段，校车在右侧车道停靠上、下学生时，以下说法正确的是什么？（　　）
A. 校车停靠车道上的后方机动车应停车等待
B. 此时可以超越校车
C. 可鸣喇叭催促校车
D. 和校车相邻机动车道上的机动车应停车等待

题597. 驾驶机动车遇到校车在道路右侧停车上下学生，同向只有一条机动车道时，后方机动车应当停车等待。（　　）

题598. 驾驶机动车遇到校车在道路右侧停车上下学生，同向只有三条机动车道时，左侧车道后方机动车应当停车等待。（　　）

题599. 驾驶机动车遇到校车在道路右侧停车上下学生，同向有两条机动车道时，左侧车道后方机动车应当停车等待。（　　）

题600. 如图所示，驾驶机动车遇到这种情况时，以下做法正确的是什么？（　　）

A. 放慢车速，缓缓绕过
B. 鸣喇叭示意该车让路
C. 立即停车等待，直至该车离开
D. 保持原车速绕行

题601. 如图所示，驾驶机动车遇到校车停车上下学生时，以下做法正确的是什么？（　　）

A. 停车等待　　　B. 借对向车道绕行
C. 鸣喇叭催促
D. 变换远、近光灯示意学生让行

题602. 同方向有三条机动车道的路段，校车在右侧车道停靠上、下学生时，校车停靠车道后方和相邻机动车道上的机动车应停车等待。（　　）

3. 遇特种机动车或异常行驶机动车的礼让

题603. 驾驶机动车遇到这种特殊情况怎样行驶？
　　　　　　　　　　　　　　　（　　）

A. 靠左侧减速让行　B. 靠右侧减速让行
C. 加速靠左侧让行　D. 保持原行驶路线

题604.驾驶机动车遇到这种情形要迅速靠右侧减速让行。（　　）

题605.驾驶机动车遇到这种情形怎么办？（　　）

A. 迅速从车左侧超越
B. 保持较大跟车距离
C. 连续鸣喇叭告知　D. 迅速从车右侧超越

题606.驾驶机动车遇到这种情况怎么办？（　　）

A. 紧跟前车后方行驶
B. 迅速从车左侧超越
C. 保持较大跟车距离
D. 迅速从车右侧超越

题607.【多选题】当遇到以下车辆时，需要礼让的是什么？（　　）
A. 救护车　　　　B. 消防车
C. 警车　　　　　D. 校车

题608.如图所示，驾驶机动车遇到执行紧急任务的救护车时，以下做法正确的是什么？（　　）

A. 救护车违反交通信号通行，不予避让
B. 减速，避让救护车
C. 按照信号灯指示，正常通行
D. 加速通过

题609.【多选题】行车中发现异常行驶的车辆时，车辆驾驶人可能存在什么行为？（　　）
A. 可能驾驶经验不足
B. 可能处于醉驾或毒驾状态
C. 可能在打电话、玩手机或在找路
D. 可能处于疲劳驾驶状态

题610.如图所示，驾驶机动车A遇到异常行驶的车辆B时，A车应当减速避让，确保安全。（　　）

题611.当看到前方车辆行驶线路左右摆动时，以下说法正确的是什么？（　　）
A. 车内驾驶人可能为酒后驾车，应当保持距离
B. 车内驾驶人可能为酒后驾车，可以加速超过
C. 车内驾驶人可能为吸毒后驾车，可以加速超过
D. 此情况较为安全，可以紧密跟随

题612.驾驶机动车，遇到前方停驶的油料运输车起火冒烟时，以下做法正确的是什么？（　　）
A. 为减少交会时间，加速通过
B. 立即停车，上前查看是否有被困人员
C. 停车后围观
D. 立即停车，尽量远离，拨打报警电话

题613.驾驶机动车，遇到后方执行任务的特种车辆时，以下做法正确的是什么？（　　）
A. 主动减速让行　　B. 加速行驶
C. 即使有让行条件也不让
D. 靠道路中心行驶

题614.如图所示，驾驶机动车遇到对向来车正在强行超车时，以下做法正确的是什么？（　　）

A. 减速避让　　　　B. 向左打转向盘避让
C. 向右借用人行道避让
D. 迎着来车鸣喇叭，将其逼回

题615.驾驶机动车经过医院区域时，以下正确的做法是什么？（　　）
A. 连续鸣喇叭警告
B. 减速让行，必要时停车

C. 加速行驶通过　　D. 无需观察

4. 遇拥堵道路、路口时的礼让

题 616. 驾驶机动车在交叉路口遇到这种情况时，应怎样做？　　　　　　　　　　（　　）

A. 直接进入路口内等待
B. 在路口停止线外等待
C. 从右侧非机动车道通过
D. 借对向车道通过路口

题 617. 驾驶机动车在拥堵的路口遇到这种情况时，应怎样做？　　　　　　　　　（　　）

A. 逼其回原车道　　B. 紧跟前车不让行
C. 礼让通行　　　　D. 鸣喇叭开前照灯

题 618. 如动画所示，驾驶人应当怎样做？（　　）

［动画显示：车辆在道路上行驶，本车道前方出现拥堵，左侧车道通行正常］

A. 寻找机会超越前车
B. 从机动车空间穿插通过
C. 减速停车，依次排队等候
D. 鸣喇叭催促

题 619. 驾驶机动车在路口遇到这种情况要随时准备停车礼让。　　　　　　　　　（　　）

题 620. 驾驶机动车在这种情况下要跟前车进入路口等待。　　　　　　　　　　　（　　）

题 621. 遇到这种前方拥堵路段通行缓慢时，怎样行驶？　　　　　　　　　　　　（　　）

A. 依次跟车行驶　　B. 从右侧超越
C. 靠边停车等待　　D. 从左侧超越

题 622. 如图所示，驾驶机动车通过交叉路口但右转遇到人行横道有行人通过时，以下做法正确的是什么？　　　　　　　　　　（　　）

A. 保持较低车速通过
B. 停车让行，等行人通过后再通过
C. 连续鸣喇叭冲开人群
D. 确保安全的前提下绕行通过

题 623. 【多选题】如图所示，A 车在交叉路口左转时遇到 B 车强行超越，以下做法错误的是什么？　　　　　　　　　　　　　（　　）

A. 持续鸣喇叭警告　　B. 保持车速继续行驶
C. 与其抢行　　　　　D. 加速靠左侧绕行

题 624. 如图所示，驾驶机动车遇到这种情形时，应减速在其后保持安全距离通过路口。（　　）

题 625. 如图所示，机动车 A 的行为是正确的。
　　　　　　　　　　　　　　　　　　（　　）

题626.【多选题】驾驶机动车准备进入拥堵的环形路口时,以下做法错误的是什么? （　　）
A.继续驶入拥堵路口
B.鸣喇叭让路口内的车让行
C.快速驶入路口　　D.让路口内的车先行

题627.如图所示,驾驶机动车路遇右前方施工路段,应提前减速慢行。（　　）

（三）文明驾驶行为

1.文明行车

题628.行车中发现前方道路拥堵时,应怎样做? （　　）
A.寻找机会超越前车
B.从车辆空间穿插通过
C.减速停车,依次排队等候
D.鸣喇叭催促

题629.行车中遇儿童时,应怎样做? （　　）
A.减速慢行,必要时停车避让
B.长鸣喇叭催促
C.迅速从一侧通过　　D.加速绕行

题630.驾驶人行车中看到"注意儿童"的标志的时候,应怎样做? （　　）
A.加速行驶　　B.绕道行驶
C.保持正常车速行驶
D.谨慎选择行车速度

题631.行车中遇残疾人影响通行时,应主动减速礼让。 （　　）

题632.行车中发现行人突然横过道路时,应迅速减速避让。 （　　）

题633.行车中遇抢救伤员的救护车从本车道逆向驶来时,应怎样做? （　　）
A.靠边减速或停车让行
B.占用其他车道行驶
C.加速变更车道避让

D.在原车道内继续行驶

题634.遇到路口情况复杂时,应做到"宁停三分,不抢一秒"。 （　　）

题635.车辆行至交叉路口,遇到转弯的车辆抢行,应怎样做? （　　）
A.提高车速抢先通过
B.鸣喇叭抢先通过
C.停车避让　　D.保持正常车速行驶

题636.遇到道路交通事故时,过往车辆驾驶人应当予以协助。 （　　）

题637.行车中遇到前方发生交通事故,需要帮助时,应怎样做? （　　）
A.尽量绕道躲避
B.立即报警,停车观望
C.协助保护现场,并立即报警
D.加速通过,不予理睬

题638.行车中遇交通事故受伤者需要抢救时,应怎样做? （　　）
A.及时将伤者送医院抢救或拨打急救电话
B.尽量避开,少惹麻烦
C.绕过现场行驶　　D.借故避开现场

2.文明使用灯光

题639.行车中不开转向灯强行并线不是违法行为。 （　　）

题640.驾驶人在确认后方无来车的情况下,可以不开转向灯变更车道。 （　　）

3.文明使用喇叭

题641.机动车行驶中遇到自行车借道通行时,可急促鸣喇叭示意让道。 （　　）

题642.如图所示,驾驶机动车遇到这种情况时,可以鸣喇叭。 （　　）

题643.驾驶员行车中前方遇到自行车影响通行时,可鸣笛提示,加速绕行。 （　　）

题644.驾驶机动车遇到自行车占道影响通行时,可连续鸣喇叭加速从其左侧绕行。 （　　）

题645.机动车临时靠边停车后准备起步时,驾驶人应鸣喇叭示意左侧车道机动车让道。 （　　）

题646.驾驶机动车驶离停车场进入主路时,驾驶人应当鸣喇叭示意主路车辆让行。 （　　）

题647.机动车行经视线受阻的急弯路段时,如遇对方车辆鸣喇叭示意,也应当及时鸣喇叭进行

回应。 （ ）

题648. 驾驶机动车在居民小区遇到这种情形时，要连续鸣喇叭。 （ ）

题649. 驾驶机动车在非禁鸣路段遇到复杂交通情况时，可合理使用喇叭。 （ ）

题650. 如图所示，驾驶机动车在居民小区遇到这种情形时，要连续鸣喇叭，示意行人让路。 （ ）

题651. 驾驶机动车驶入居民小区时，为了警告出入口处车辆及行人应连续鸣喇叭。 （ ）

题652. 驾驶机动车在这种情况下可以适当鸣喇叭加速通过。 （ ）

题653. 当驾驶机动车会车且视线受阻不利于观察到对向来车时，双方都应做到减速靠右通过，并鸣喇叭示意。 （ ）

（四）常见不文明行为

1. 交通陋习

题654. 机动车在道路上行驶时，属于交通陋习的是什么行为？ （ ）
A. 按规定使用灯光　B. 带行驶证、驾驶证
C. 随意向车外抛洒物品
D. 遵守交通信号

题655. 驾驶机动车变更车道时，属于交通陋习的是什么行为？ （ ）
A. 提前开启转向灯
B. 仔细观察后变更车道
C. 随意并线
D. 不得妨碍其他车道正常行驶的车

题656. 发现前方机动车停车排队缓慢行驶时，属于交通陋习的是什么行为？ （ ）
A. 加塞抢行　　　B. 不强行超车
C. 停车或依次行驶

D. 不占用非机动车道行驶

题657. 驾驶机动车时，长时间左臂搭在车门窗上，或者长时间右手抓住变速杆，是一种驾驶陋习。 （ ）

题658.【多选题】行车中不应该有以下哪些行为？ （ ）
A. 经常观察后视镜
B. 变更车道不开启转向灯
C. 左臂长时间搭在车门窗上
D. 长时间抓变速杆

题659. 驾驶人边驾车边吸烟的做法有什么影响？ （ ）
A. 妨碍安全驾驶　B. 可提高注意力
C. 可缓解驾驶疲劳　D. 不影响驾驶操作

题660. 驾驶人一边驾车，一边吸烟对安全行车无影响。 （ ）

题661. 女驾驶人穿高跟鞋驾驶机动车，不利于安全行车。 （ ）

2. 车窗抛物

题662. 如图所示，前车乘车人的行为是不文明的。 （ ）

题663.【多选题】驾驶车辆时在道路上抛撒物品，以下说法正确的是什么？ （ ）
A. 为了保持车内整洁可以偶尔做出这种行为
B. 破坏环境，影响环境整洁，甚至造成路面损坏
C. 抛洒纸张等轻质物品会阻挡驾驶人视线，分散驾驶人的注意力
D. 有可能引起其他驾驶人紧急躲避等应激反应，进而引发事故

3. 争道抢行

题664. 在正常行车中，尽量靠近中心线或压线行驶，不给对向机动车留有侵占行驶路线的机会。 （ ）

题665. 驾驶机动车应尽量骑轧可跨越车道分界线行驶，便于根据前方道路情况选择车道。 （ ）

题666. 车辆在拥挤路段低速行驶时，遇其他车辆强行穿插，为确保行车安全，要主动礼让，保持适当的安全距离。 （ ）

题667. 行车中遇到对向来车占道行驶时，应怎样做？ （ ）

A. 逼对方靠右行驶　B. 用灯光警示对方
C. 主动给对方让行　D. 紧靠道路中心行驶

题668. 车辆在交叉路口绿灯亮后，遇到非机动车抢道行驶时，可以不让行。（　）

4. 接打手机

题669.【多选题】行车中驾驶人接打手机或发短信有什么危害？（　）
A. 影响乘车人休息　B. 分散驾驶注意力
C. 影响正常驾驶操作
D. 遇紧急情况反应不及

题670. 关于驾驶时拨打手持电话，以下说法正确的是什么？（　）
A. 驾驶经验丰富的驾驶人在驾驶时拨打手持电话不会影响驾驶安全
B. 驾驶时拨打手持电话会造成驾驶人分心驾驶，影响驾驶安全
C. 车流量较小时拨打手持电话不会影响驾驶安全
D. 车速较慢时拨打手持电话不会影响驾驶安全

题671. 驾驶人一边驾车，一边打手持电话是违法行为。（　）

题672. 如图所示，驾驶机动车接打电话容易导致发生交通事故。（　）

题673. 驾驶机动车遇紧急事务，可以边开车边接打电话。（　）

题674. 在车流量较小的道路上驾驶机动车时，可以拨打接听手持电话。（　）

题675. 驾驶机动车时接打电话容易引发事故，以下原因错误的是什么？（　）
A. 单手握转向盘，对机动车控制力下降
B. 驾驶人注意力不集中，不能及时判断危险
C. 电话的信号会对机动车电子设备的运行造成干扰
D. 驾驶人对路况观察不到位，容易导致操作失误

5. 随意并线

题676. 驾驶人频繁变更车道不属于驾驶陋习。（　）

题677. 变更车道前确认后方无来车时，可以不开转向灯变道。（　）

6. 积水溅到行人

题678. 如图所示，前车通过积水路段的方式是不文明的。（　）

题679. 当驾驶车辆行经两侧有行人且有积水的路面时，应怎样做？（　）
A. 加速通过　　　　B. 正常行驶
C. 连续鸣喇叭　　　D. 减速慢行

题680. 驾驶机动车经过两侧有行人且有积水的路面时，应连续鸣喇叭提醒行人。（　）

题681.【多选题】如图所示，驾驶机动车在雨天行驶遇到这种情形时，以下做法正确的是什么？（　）

A. 随时准备停车
B. 减速行驶，防止泥水溅到行人身上
C. 减速行驶，注意行人动态
D. 鸣喇叭提醒行人后，加速通过

题682. 驾驶机动车通过积水路段时，应注意两侧的行人和非机动车，降低车速，防止路面积水飞溅。（　）

7. 其他不文明行为

题683. 如图所示，驾驶机动车时，前风窗玻璃处悬挂或放置干扰视线的物品是错误的。（　）

题684.【多选题】这个小型客车驾车人有哪些违法行为？（　）

A. 接打手持电话　　　B. 无证驾驶
C. 酒后驾驶　　　　　D. 未系安全带

题685. 驾驶过程中应做到安全文明驾驶，不开斗气车。　　　　　　　　　　　　　　（　）

（五）交通违法行为

题686.【多选题】道路交通安全违法行为的处罚种类包括哪些？　　　　　　　　　（　）
A. 警告　　　　　　　B. 罚款
C. 暂扣或者吊销机动车驾驶证
D. 拘留

题687.【多选题】驾驶机动车上道路行驶，如尚未取得机动车号牌或者已申领号牌但未悬挂、未粘贴时，将面临什么样的后果？（　）
A. 吊销机动车驾驶证
B. 行政拘留
C. 警告或者20元以上200元以下罚款
D. 扣留机动车，直至提供相应的牌证或者补办相应手续

题688.【多选题】以下属于机动车驾驶证审验内容的是什么？　　　　　　　　　　（　）
A. 记满12分后参加学习和考试情况
B. 道路交通安全违法行为、交通事故处理情况
C. 驾驶人身体条件
D. 驾驶车辆累计行驶里程

题689.【多选题】机动车驾驶人出现以下哪些情形时，会被注销驾驶证？　　　　　（　）
A. 70周岁以上超过规定时间1年以上未提交身体条件证明的
B. 机动车驾驶证有效期超过1年以上未换证的
C. 依法被责令社区戒毒、社区康复或者决定强制隔离戒毒的
D. 身体条件不适合驾驶机动车的

题690.【多选题】持有大型客车、牵引车、城市公交车、中型客车、大型货车驾驶证的驾驶人从业单位等信息发生变化的，以下说法正确的是什么？　　　　　　　　　　　　　　　（　）
A. 应该向从业单位所在地车辆管理所备案
B. 应当在信息变更后90日内向车管所备案
C. 应该向驾驶证核发地车辆管理所备案
D. 应在信息变更后30日内向车管所备案

题691.【多选题】机动车驾驶人存在下列哪种交通违法行为的，一次记12分？　　（　）
A. 使用伪造、变造的机动车号牌、行驶证、驾驶证、校车标牌的
B. 驾驶故意遮挡、污损机动车号牌的机动车上道路行驶的
C. 驾驶未悬挂机动车号牌机动车上道路行驶的

D. 使用其他机动车号牌、行驶证的

题692.【多选题】驾驶以下哪种车型在高速公路、城市快速路上行驶超过规定时速20%以上，一次记12分？　　　　　　　　　　　　（　）
A. 中型以上载客汽车
B. 校车
C. 中型以上载货汽车
D. 危险物品运输车

题693.【多选题】机动车驾驶人存在下列哪种交通违法行为的，一次记6分？　　（　）
A. 驾驶7座以上载客汽车载人超过核定人数50%以上未达到100%的
B. 驾驶载货汽车载物超过最大允许总质量50%以上的
C. 驾驶7座以上载客汽车载人超过核定人数20%以上未达到50%的
D. 驾驶7座以下载客汽车载人超过核定人数20%以上未达到50%的

题694.【多选题】机动车驾驶人存在下列哪种交通违法行为的，一次记3分？　　（　）
A. 驾驶机动车遇前方机动车停车排队或者缓慢行驶时，借道超车或者占用对面车道、穿插等候车辆的
B. 驾驶机动车在高速公路或者城市快速路上不按规定车道行驶的
C. 驾驶机动车不按规定使用灯光的
D. 驾驶机动车行经人行横道不按规定减速、停车、避让行人的

题695.【多选题】机动车驾驶人存在下列哪种交通违法行为的，一次记3分？　　（　）
A. 连续驾驶中型以上载客汽车、危险物品运输车辆超过4小时未停车休息的
B. 连续驾驶载货汽车超过4小时未停车休息的
C. 连续驾驶载货汽车超过4小时且停车休息时间少于20分钟的
D. 连续驾驶载货汽车未超过4小时且停车休息时间大于30分钟的

题696.【多选题】校车驾驶人存在下列哪种交通违法行为的，一次记3分？　　　（　）
A. 驾驶校车上道路行驶前，未对校车车况是否符合安全技术要求进行检查的
B. 未取得校车驾驶资格驾驶校车的
C. 驾驶存在安全隐患的校车上道路行驶的
D. 驾驶校车在高速公路、城市快速路上行驶超过规定时速未达到20%的

题697.【多选题】机动车驾驶人存在下列哪种交通违法行为的，一次记1分？　　（　）
A. 驾驶机动车违反禁令标志、禁止标线指示的
B. 驾驶机动车在高速公路、城市快速路以外

的道路上逆行的
C. 驾驶机动车在高速公路、城市快速路以外的道路上不按规定倒车、掉头的
D. 驾驶机动车在高速公路上行驶低于规定最低时速的

题698.【多选题】公安机关交通管理部门对累积记分达到规定分值的驾驶人怎样处理？（　　）
A. 依法追究刑事责任
B. 处15日以下拘留
C. 扣留机动车驾驶证
D. 进行法律法规教育，重新考试

题699.【多选题】有下列哪些情形的，应依法扣留机动车驾驶证？（　　）
A. 将机动车交由未取得机动车驾驶证或者机动车驾驶证被吊销、暂扣的人驾驶的
B. 驾驶有拼装或者达到报废标准嫌疑的机动车上道路行驶的
C. 饮酒后驾驶机动车的
D. 机动车行驶超过规定时速50%的

三、道路交通信号在交通场景中的综合应用

（一）交通信号灯

题700.驾驶机动车在这种信号灯亮的路口，可以右转弯。（　　）

题701.驾驶机动车在路口看到这种信号灯亮时，要加速通过。（　　）

题702.如图所示，驾驶机动车在路口遇到这种信号灯可以左转、直行，但不得右转。（　　）

题703.遇到这种情况时怎样行驶？（　　）

A. 禁止车辆在两侧车道通行
B. 减速进入两侧车道行驶
C. 进入右侧车道行驶
D. 加速进入两侧车道行驶

题704.这辆红色轿车可以在该车道行驶。（　　）

题705.驾驶机动车遇到这种信号灯不断闪烁时，应怎样行驶？（　　）

A. 尽快加速通过　　B. 靠边停车等待
C. 注意瞭望，安全通过
D. 禁止通行

题706.遇到这样的路口，以下哪种做法是正确的？（　　）

A. 快速闪烁前照灯，提醒前方车辆快速驶离路口
B. 紧急制动，保证车辆能够在停车线前停止
C. 降低车速，确认安全后通过
D. 以上行为都是正确的

题707.驾驶机动车在这种情况下可以左转弯。（　　）

题 708. 驾驶机动车在这种情况下可以直行和左转弯。 (　　)

题 709. 这个路口允许车辆怎样行驶？ (　　)

A. 向左、向右转弯　　B. 直行或向左转弯
C. 向左转弯　　　　　D. 直行或向右转弯

题 710. 驾驶机动车在铁路道口看到这种信号灯时，应怎样行驶？ (　　)

A. 边观察边缓慢通过
B. 不换挡加速通过
C. 在火车到来前通过
D. 不得越过停止线

题 711. 在铁路道口遇到两个红灯交替闪烁时，要停车等待。 (　　)

（二）交通标志

1. 警告标志

题 712. 右侧标志警示前方是什么路口？ (　　)

A. T 形交叉路口　　B. Y 形交叉路口
C. 十字交叉路口　　D. 环行交叉路口

题 713. 右侧标志警告前方是向右急转弯路。 (　　)

题 714. 右侧标志警示前方道路有连续三个或三个以上的弯路。 (　　)

题 715. 右侧标志警告前方道路是向左连续弯路。 (　　)

题 716. 右侧标志警告前方是向右反向弯路。 (　　)

题 717. 右侧标志警告前方是上陡坡路段。 (　　)

题 718. 右侧标志警告前方是连续下坡路段。 (　　)

题 719. 右侧标志警告前方是下陡坡路段。 (　　)

题720. 右侧标志警告前方路面两侧变窄长度为5公里。（ ）

题721. 右侧标志警告前方道路右侧变宽。（ ）

题722. 右侧标志警告前方道路左侧变宽。（ ）

题723. 右侧标志警告前方进入两侧变窄路段。（ ）

题724. 右侧标志警告前方路段要注意儿童。（ ）

题725. 右侧标志提醒前方是野生动物保护区。（ ）

题726. 右侧标志提醒前方经常有牲畜横穿、出入。（ ）

题727. 右侧标志警告前方路段要注意儿童。（ ）

题728. 右侧标志警告前方路段设有信号灯。（ ）

题729. 右侧标志提醒前方是左侧傍山险路。（ ）

题730. 右侧标志提醒注意左侧有落石危险。（ ）

题731. 右侧标志提醒前方山口注意横风。（ ）

题732. 右侧标志提醒前方是连续急转弯道路。（　　）

题733. 右侧标志提醒注意前方是傍山险路。（　　）

题734. 右侧标志提醒注意前方200米是堤坝道路。（　　）

题735. 右侧标志提醒前方200米有村庄。（　　）

题736. 右侧标志提醒前方是单向行驶隧道。（　　）

题737. 右侧标志提醒前方是减速丘。（　　）

题738. 右侧标志提醒注意前方是驼峰桥。（　　）

题739. 右侧标志提醒前方路面不平。（　　）

题740. 右侧标志提醒前方是过水路面。（　　）

题741. 右侧标志警告前方是无人看守的有多股铁路与道路相交铁路道口。（　　）

题742. 右侧标志警告前方是有人看守铁路道口。（　　）

题743. 右侧标志警告前方铁路道口有多股铁路与道路相交。（　　）

题744.右侧标志警告距前方有人看守铁路道口100米。（ ）

题745.右侧标志警告距前方有人看守铁路道口150米。（ ）

题746.右侧标志警告前方150米是无人看守铁路道口。（ ）

题747.右侧标志提醒前方是非机动车道。（ ）

题748.右侧标志提醒车辆驾驶人谨慎驾驶，注意电动自行车。（ ）

题749.右侧标志提醒前方注意残疾人。（ ）

题750.右侧标志提醒前方路段注意保持车距。（ ）

题751.图中标志提醒障碍物在路中，车辆从两侧绕行。（ ）

题752.图中标志提醒障碍物在路中，车辆从右侧绕行。（ ）

题753.图中标志提醒障碍物在路中，车辆从左侧绕行。（ ）

题754.右侧标志提醒前方路段有塌方，禁止通行。（ ）

题755.右侧标志提醒前方道路正在施工。（ ）

题 756. 右侧标志提醒前方有村庄或集镇，建议速度 30 公里/小时。　　　　　　　　　（　）

题 757. 右侧标志警告进入隧道减速慢行。（　）

题 758. 左侧标志警告前方注意左侧路口有汇入车辆。　　　　　　　　　　　　　（　）

题 759. 右侧标志警告前方注意右侧路口有汇入车辆。　　　　　　　　　　　　　（　）

题 760. 右侧标志提醒前方右侧有避险车道。（　）

2. 禁令标志

题 761. 右侧标志表示前方路口要停车让行。（　）

题 762.【多选题】行车过程中遇下图标志时，应注意什么？　　　　　　　　　　　（　）

A. 车辆会车时，必须停车让对向车先行
B. 车辆必须在停止线前停车瞭望，确认安全后才可以通行
C. 车辆必须停车，观察干道行车情况，在确保干道车辆优先通行且安全的前提下，可进入路口
D. 在限定的范围内，禁止一切车辆临时或长时停放

题 763. 右侧标志表示前方路段会车时，应停车让对方车先行。　　　　　　　　　（　）

题 764. 左侧标志表示前方路段允许进入。（　）

题 765. 右侧标志表示一切车辆都不能驶入。
　　　　　　　　　　　　　　　　　（　）

题 766. 右侧标志表示哪种车型不能通行？（　）

A. 大型货车　　　　B. 大型客车
C. 各种机动车　　　D. 小型客/货车
题767. 右侧标志表示前方路口不准车辆左转。
（　　）

题768. 右侧标志表示前方路口不准车辆右转。
（　　）

题769. 左侧标志表示前方路口不准掉头。（　　）

题770. 右侧标志表示前方路段允许超车。（　　）

题771. 右侧标志表示前方路段不允许超车。
（　　）

题772. 右侧标志表示临时停车不受限制。（　　）

题773. 右侧标志表示不允许长时鸣喇叭。（　　）

题774. 右侧标志表示前方道路限宽3米。（　　）

题775. 隧道上方标志表示限制高度3.5米。（　　）

题776. 右侧标志表示前方路段解除最高车速40公里/小时的限制。（　　）

题777. 右侧标志表示前方路段解除最高车速40公里/小时的限制。（　　）

题778. 驾驶机动车看到这个标志时，将车速迅速提高到40公里/小时以上。（　　）

题 779. 如图所示，驾车行经该路段时，应当将车速调整至不超过 50 公里/小时。（　　）

题 780. 右侧标志表示前方 100 米是停车接受检查的地点。（　　）

题 781. 右侧标志是何含义？（　　）
A. 不允许停放车辆　　B. 允许临时停车
C. 允许停车上下客　　D. 允许停车装卸货

题 782. 右侧标志是何含义？（　　）

A. 允许长时停放车辆
B. 可以临时停车
C. 允许长时停车等客
D. 不允许停放车辆

3. 指示标志

题 783. 右侧标志表示车辆只能向左转弯。
（　　）

题 784. 右侧标志表示车辆只能向右转弯。（　　）

题 785. 右侧标志表示车辆只能靠分隔带左侧行驶。
（　　）

题 786. 这个标志表示硬路肩允许行驶路段开始。
（　　）

题 787. 这个标志提示什么？（　　）

A. 硬路肩允许行驶路段开始
B. 硬路肩允许行驶路段即将结束
C. 硬路肩允许行驶路段结束
D. 右侧车道为弯道

题 788. 右侧标志表示什么？（　　）

A. 前方道路靠右侧行驶
B. 前方道路不允许直行
C. 前方是直行单行路
D. 前方注意右侧路口

题789. 前方标志表示向左是单向行驶道路。 (　　)

题790. 前方标志表示向右是单向行驶道路。 (　　)

题791. 右侧标志表示注意避让直行方向来的机动车。 (　　)

题792. 右侧标志表示前方路口7：30—10：00允许车辆直行。 (　　)

题793. 右前方标志表示该路段在规定时间内只供行人步行。 (　　)

题794. 右侧标志表示此处不准鸣喇叭。 (　　)

题795. 右侧标志表示鸣喇叭提醒。 (　　)

题796. 右侧标志表示最高车速不准超过50公里/小时。 (　　)

题797. 右侧标志表示大型货车应靠右侧车道行驶。 (　　)

题798. 右侧标志表示会车时对向车辆先行。 (　　)

题799. 前方标志表示车辆按箭头示意方向选择行驶车道。 (　　)

题800. 前方标志表示除公交车以外的其他车辆不准进入该车道行驶。 (　　)

题801. 红色圆圈内标志表示左侧道路只供小型车行驶。（ ）

题802. 按照下图红框内的标志，机动车应当在B区域内行驶。（ ）

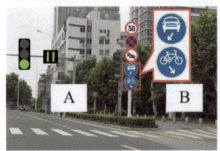

题803. 红色圆圈内标志表示除非机动车以外的其他车辆不准进入该车道行驶。（ ）

题804. 前方标志表示除大客车以外的其他车辆不准进入右侧车道行驶。（ ）

题805. 左侧标志表示此处允许机动车掉头。（ ）

题806. 前方标志预告交叉路口通往方向的信息。（ ）

题807. 前方标志告知前方道路各行其道的信息。（ ）

题808. 前方标志告知各个路口出口方向的信息。（ ）

题809. 前方标志指示前方所要经过的重要地名和距离。（ ）

题810. 前方标志告知前方200米处是露天停车场。（ ）

题 811. 前方标志告知向右 100 米为室内停车场。
（　　）

题 812. 右侧标志指示前方设有避让来车的处所。
（　　）

题 813. 右侧标志告知右前方 100 米是应急避难场所。（　　）

题 814. 右侧标志指示前方路口绕行的路线。
（　　）

题 815. 右前方标志指示前方路口左转弯绕行的路线。（　　）

4. 一般道路指路标志

题 816. 右侧标志指示前方是 T 形路口。（　　）

题 817. 右侧标志表示前方车道数量增加。（　　）

题 818. 右侧标志提示该路段已实行交通监控。
（　　）

题 819. 路两侧的标志提示前方道路线形变化。
（　　）

题 820. 右侧标志警示前方道路两侧不能通行。
（　　）

题 821. 左侧标志警示前方道路右侧不能通行。
（　　）

题 822. 以下哪个标志表示会车先行？（　　）

A.　　　　B.　　　　C.　　　　D.

5. 高速公路、城市快速路指路标志

题 823. 前方标志预告距离下一出口 4 公里。
（　　）

题824．前方标志预告距离高速公路入口1公里。
（　　）

题825．前方标志预告高速公路入口在路右侧。
（　　）

题826．左侧标志指示高速公路两个行驶方向的目的地。
（　　）

题827．前方标志预告高速公路终点距离信息。
（　　）

题828．前方标志指示高速公路的名称和编号。
（　　）

题829．前方标志预告距离下一左侧出口1公里。
（　　）

题830．右侧标志指示前方是高速公路的终点。
（　　）

题831．前方标志预告前方距高速公路终点还有2公里。
（　　）

题832．这个标志指示高速公路交通广播和无线电视频道。
（　　）

题833．左侧标志指示前方收费口停车领卡。
（　　）

题834．右侧标志指示前方收费站设有电子不停车收费行驶车道。
（　　）

题835．右侧标志指示距离设有电子不停车收费车道的收费站1公里。
（　　）

题 836. 右侧标志指示高速公路紧急电话的位置。
（   ）

题 837. 右侧标志指示距离前方加油站入口 200 米。
（   ）

题 838. 前方标志指示路右侧是高速公路临时停车处。（   ）

题 839. 右侧标志预告距离高速公路东芦山服务区 2 公里。（   ）

（三）交通标线

1. 指示标线

题 840. 路面中心黄虚线指示在保证安全的情况下可以越线超车。（   ）

题 841. 路面中心黄色虚线指示任何情况都不允许越线绕行。（   ）

题 842. 道路右侧白色虚线指示可以越线变更车道。（   ）

题 843. 路面中心两条双黄虚线并列组成的双黄虚线指示潮汐车道的位置。（   ）

题 844. 路面中心两条双黄虚线表示禁止压线或越线。（   ）

题 845. 道路右侧白色实线标示机动车道与人行道的分界线。（   ）

题 846. 道路右侧车行道边缘白色虚线指示允许跨越。（   ）

题 847. 路面白色虚实线指示变道或靠边停车时允

题848. 路面白色虚线实线指示实线一侧允许跨越。（ ）

题849. 左转弯车辆可直接进入左转弯待转区，等待放行信号。（ ）

题850. 左转弯车辆不可以直接进入左转弯待转区，等待放行信号。（ ）

题851. 路口导向线用于辅助车辆转弯行驶。（ ）

题852. 路口导向线用于辅助车辆转弯行驶。（ ）

题853. 进入交叉路口前，车辆不允许跨越白色实线变更车道。（ ）

题854. 路面可变导向车道线指示可以随意选择通行方向。（ ）

题855. 路口内人行横道线警示行人优先横过道路。（ ）

题856. 路面上菱形标识预告前方道路设置人行横道。（ ）

题857. 高速公路上的白色折线为行车中判断行车速度提供参考。（ ）

题858. 高速公路两侧白色半圆状的间隔距离是50米。（ ）

题859. 路面上的出口标线用于引导驶出该高速公路。（ ）

题860. 允许沿着图中箭头方向驶入高速公路行车道。（ ）

题861. 路面右侧黄色矩形标线框内表示允许临时停车。（ ）

题862. 路面右侧白色矩形虚线框内表示允许长时间停车。（ ）

题863. 该车道路面导向箭头指示前方道路仅可直行。（ ）

题864. 该车道路面导向箭头指示前方道路仅可左转。（ ）

题865. 该车道路面导向箭头指示在前方路口仅可直行。（ ）

题866. 该车道路面导向箭头指示在前方路口仅可右转弯。（ ）

题867. 该车道路面导向箭头指示前方路口仅可左转弯。（ ）

题868. 该车道路面导向箭头指示前方路口可左转弯或掉头。（ ）

题869. 该车道路面导向箭头指示前方路口仅能掉头。（ ）

题870. 该车道路面导向箭头指示前方道路仅可左、右转弯。（ ）

题871. 该车道路面导向箭头提示前方道路需向左合流。（ ）

题 872. 该车道路面导向箭头提示前方道路右侧有路口。　　　　　　　　　　　（　　）

题 873. 图中红框内所示车辆可以怎样行驶？（　　）

A. 不可左转弯
B. 可以右转，但要避让同向直行车辆
C. 可以左转，但要避让对向直行车辆
D. 可以直行

题 874. 路面标记指示这段道路上最高限速为 50 公里 / 小时。　　　　　　　　（　　）

题 875. 路面标记指示这段道路上最高限速为 80 公里 / 小时。　　　　　　　　（　　）

题 876. 路面标记指示这段道路上最低限速为 60 公里 / 小时。　　　　　　　　（　　）

题 877. 右侧路面标记表示可以暂时借用超车。（　　）

题 878. 路面同向车行道分界线指示允许跨越变换车道。　　　　　　　　　　　（　　）

题 879. 路面同向车行道分界线指示不允许跨越超车。　　　　　　　　　　　　（　　）

2. 禁止标线

题 880. 遇到这种情况的骑车人可以借对向车道超越。　　　　　　　　　　　　（　　）

题 881. 路面中心黄色实虚线指示允许超车时越过。（　　）

题882.路面中心黄色虚实线指示允许暂时越过超车。（   ）

题883.路面中心黄色双实线指示可以暂时跨越超车。（   ）

题884.黄色斜线填充线指示该区域禁止进入或压线行驶。（   ）

题885.路缘石上的黄色虚线指示路边不允许停车上下人员或装卸货物。（   ）

题886.路缘石的黄色实线指示路边允许临时停、放车辆。（   ）

题887.前方路口停车让行线表示减速让干道车先行。（   ）

题888.前方路口减速让行线表示要停车让干道车先行。（   ）

题889.路口两侧导流线表示直行或右转弯不得压线或越线行驶。（   ）

题890.路口内中心圈表示左小转弯要沿内侧行驶。（   ）

题891.路面网状线表示允许进入该区域内等待。（   ）

题892.路面网状线表示不准进入该区域内停车等待。（   ）

题893.图中红框内行驶车辆存在交通违法行为。（   ）

题894.右侧车道路面标线表示可以临时借公交专

用车道行驶。　　　　　　　　　（　）

题895.路面标记指示前方路口禁止车辆掉头。
（　）

题896.路面标记指示前方路口仅允许车辆向右转弯。
（　）

3.警告标线

题897.路面白色反光虚线警告前方路段要减速慢行。　　　　　　　　　　　（　）

题898.路面中心黄色斜线填充标记警告前方有固定性障碍物。　　　　　　　（　）

题899.路面菱形块虚线警告前方道路要减速慢行。（　）

（四）交通警察手势信号

题900.看到这种手势信号时怎样行驶？（　）

A.停车等待　　　　B.直行通过路口
C.在路口向右转弯　D.在路口向左转弯

题901.看到这种手势信号时怎样行驶？（　）

A.直行通过路口　　B.停在停止线外等待
C.在路口向左转弯　D.在路口减速慢行

题902.看到这种手势信号时怎样行驶？（　）

A.直行通过路口　　B.停车等待
C.在路口向右转弯　D.在路口向左转弯

题903.看到这种手势信号时怎样行驶？（　）

A.在路口向左转弯　B.停车等待
C.在路口直行　　　D.进入左弯待转区

题904.看到这种手势信号时怎样行驶？（　）

A.直行通过路口　　B.靠路边停车

C. 进入左弯待转区　　D. 在路口向右转弯

题905. 驾驶机动车在路口遇到这种情况时，如何行驶？（　　）

A. 遵守交通信号灯　　B. 靠右侧直行
C. 停车等待　　　　　D. 可以向右转弯

题906. 交通警察发出的是禁止通行手势信号。
（　　）

题907. 交通警察发出的是右转弯手势信号。
（　　）

题908. 看到交通警察这种姿势时，可以直行通过。
（　　）

题909. 交通警察发出这种手势信号时，可以向左转弯。（　　）

题910. 交通警察发出这种手势信号时，可以向左转弯。（　　）

题911. 交通警察发出这种手势信号时，可以直行通过。（　　）

题912. 看到这种手势信号时，可以向左转弯。
（　　）

题913. 交通警察发出的是左转弯待转手势信号。
（　　）

题914. 交通警察发出这种手势信号时，可以左转弯。（　　）

题915. 交通警察发出这种手势信号时，可以直行通过。（　　）

题916. 交通警察发出这种手势信号时，允许在路口向右转弯。（　　）

题917. 交通警察发出这种手势信号时要减速慢行。（　　）

四、恶劣气象和复杂道路条件下安全驾驶知识

（一）夜间安全驾驶

1. 夜间灯光的使用

题918. 机动车在夜间行驶的主要影响是什么？（　　）
A. 驾驶人易产生幻觉
B. 路面复杂
C. 驾驶人体力下降
D. 能见度低，不利于观察道路情况

题919. 夜间驾驶机动车开启灯光，不仅为了看清路况，更重要的是让其他交通参与者能够观察到我方车辆。（　　）

题920. 夜间驾驶机动车起步应首先开启近光灯。（　　）

题921. 夜间驾驶汽车在急弯道超车时，要不断变换远、近光灯。（　　）

题922. 夜间驾驶汽车在急弯道停车时，要开启危险报警闪光灯。（　　）

题923. 夜间驾驶机动车遇到对向来车未关闭远光灯时，以下做法正确的是什么？（　　）
A. 变换使用远、近光灯提示
B. 长时间鸣喇叭
C. 使用远光灯　　D. 鸣喇叭并使用远光灯

题924. 如图所示，对面来车在会车过程中未关闭远光灯的做法是错误的。（　　）

题925. 夜间驾驶机动车在道路上会车，为避免对方驾驶人眩目，应距离对向来车多远改用近光灯？（　　）
A. 150米以内　　B. 150米以外
C. 100米以内　　D. 50米以内

题926.【多选题】夜间行车时，以下做法错误的是什么？（　　）
A. 直接超越前车，未交替使用远、近光灯
B. 会车时开启远光灯
C. 在照明良好的路段使用远光灯
D. 在没有信号灯控制的路口交替使用远、近光灯

题927.【多选题】夜间驾驶机动车通过坡道时，怎样使用灯光？（　　）
A. 开启车上所有灯光
B. 上坡路段时交替使用远、近光灯
C. 驶近坡顶时使用远光灯
D. 下坡行驶时使用远光灯

题928. 如图所示，在这种路况下驾车跟车行驶时，应当开启远光灯照明。（　　）

2. 夜间安全行驶

题929. 夜间驾驶机动车遇到这种情况时，怎样处理？（　　）

A. 保持正常车速行驶
B. 高速行驶避开灯光
C. 减速或停车让行　　D. 开启远光灯对射

题930. 夜间驾驶机动车遇到这种情况时，怎样超车？（　　）

A. 开远光灯　　B. 交替使用远、近光灯
C. 开近光灯　　D. 开危险报警闪光灯

题931. 夜间驾驶机动车超车遇前车不让路时，怎样处置？（　　）
A. 连续鸣喇叭提示

B. 开远光灯尾随行驶
C. 保持距离等待让行
D. 连续变换前照灯远、近光

题932. 夜间行车，后方车辆提示超车，前方遇到这种情况时，不能盲目让超。（　　）

题933. 夜间超车时，应选择道路平坦、视线开阔的路段，提示注意前车，待前车让路后，再实施超越。（　　）

题934. 机动车在夜间行驶如何保证安全？（　　）
A. 以最高设计车速行驶
B. 降低速度，谨慎驾驶
C. 保持现有速度行驶
D. 以超过规定的最高车速行驶

题935. 夜间会车遇到这种情况时，要警惕两车前照灯交汇处（视线盲区）的危险。（　　）

题936. 如图所示，夜间会车时灯光交汇处容易出现视线盲区，应当加速通过。（　　）

题937.【多选题】夜间驾驶汽车驶近上坡路坡顶怎样行驶？（　　）
A. 加速冲过坡顶　　B. 开启远光灯
C. 合理控制车速　　D. 交替变换远、近光灯

题938.【多选题】如图所示，驾驶机动车遇到这种情况时，应注意哪些情况？（　　）

A. 我方车辆灯光照向路外，前方即将进入弯道

B. 前方有灯光出现，可能即将发生会车
C. 左前方视线受阻，转弯后可能遇到突发情况
D. 为提高会车安全，改用远光灯

题939. 夜间驾驶机动车应谨慎选择行驶速度，以便能够在灯光有限的范围内及时发现情况，保证行车安全。（　　）

题940.【多选题】夜间驾驶机动车会车时，对方一直使用远光灯，以下做法正确的是什么？（　　）
A. 不停变换远近光灯以及鸣喇叭提醒对方
B. 视线适当右移，避免直视灯光
C. 降低车速，靠右行驶
D. 变换远光灯行驶

题941. 如图所示，夜间驾驶机动车通过没有交通信号灯的人行横道时，以下做法正确的是什么？（　　）

A. 减速，停车让行
B. 交替变换远、近光灯加速通过
C. 连续鸣喇叭后通过
D. 确保安全加速通过

题942. 夜间行车，遇对面来车未关闭远光灯时，应减速行驶，以防两车灯光的交汇处有行人通过时发生事故。（　　）

题943.【多选题】夜间在没有路灯的道路驾车时，应如何安全驾驶？（　　）
A. 避免疲劳驾驶
B. 注意观察道路周边情况
C. 尽量选择中间车道行驶
D. 尽量减少跟车距离

题944. 夜间行车时，要警惕穿着深色衣服的行人和骑车人，避免躲避不及发生事故。（　　）

3. 夜间车辆发生故障的处置

题945.【多选题】机动车在夜间发生故障时，驾驶人要做什么以确保安全？（　　）
A. 选择安全区域停车
B. 开启危险报警闪光灯
C. 开启示廓灯和后位灯
D. 按规定设置警告标志

题946.【多选题】夜间行车中汽车发生故障需要停车时怎么办？（　　）
A. 尽量选择安全区域停车
B. 开启危险报警闪光灯

C. 开启示廓灯和后位灯
D. 按规定设置警告标志

题947.【多选题】驾驶机动车在夜间发生故障时,以下做法正确的是什么? ( )
A. 选择安全区域停车
B. 开启危险报警闪光灯、示廓灯和后位灯
C. 按规定设置警告标志
D. 给朋友打电话,坐在车内等待救援

(二)恶劣气候条件下安全驾驶

1. 雨天安全驾驶

题948. 在普通道路驾车遇暴雨,刮水器无法改善驾驶人视线,此时要采取的措施是什么? ( )
A. 减速行驶
B. 集中注意力谨慎驾驶
C. 立即减速靠边停驶
D. 以正常速度行驶

题949. 最容易发生侧滑的路面是什么? ( )
A. 干燥水泥路面   B. 下雨开始时的路面
C. 潮湿水泥路面   D. 大雨中的路面

题950. 在雨天哪类路面最容易发生侧滑? ( )
A. 刚下雨的路面   B. 大雨过后路面
C. 暴雨中的路面   D. 大雨中的路面

题951. 驾驶机动车在雨天临时停车时,应注意什么? ( )
A. 开启危险报警闪光灯
B. 开启前后雾灯
C. 开启近光灯   D. 在车后设置警告标志

题952. 在雨天临时停车时,应开启什么灯? ( )
A. 前后雾灯   B. 危险报警闪光灯
C. 前照灯   D. 倒车灯

题953. 当机动车在湿滑路面上行驶时,路面附着力随着车速的增加如何变化? ( )
A. 急剧增大   B. 逐渐增大
C. 急剧减小   D. 没有变化

题954. 雨天超车要开启前照灯,连续鸣喇叭迅速超越。

题955.【多选题】雨天遇到这种行人占道行走时怎样通行? ( )

A. 提前减速行驶   B. 提前鸣喇叭提醒
C. 不得急加速绕行   D. 保持安全间距

题956.【多选题】雨天影响安全行车的主要因素有哪些? ( )
A. 视线受阻   B. 路面湿滑
C. 附着力变小   D. 行驶阻力增大

题957. 在这种大雨中,跟车行驶时使用近光灯的目的是? ( )

A. 不干扰前车视线,有利自己看清道路
B. 提醒前方车辆让行
C. 提醒前方车辆减速
D. 以上说法都正确

题958.【多选题】如图所示,驾驶机动车遇到这种情况时,应注意哪些可能发生的危险? ( )

A. 行人通过速度较慢,可能滞留在道路内
B. 电动自行车可能发生故障,无法及时通过道路
C. 右侧驶来的机动车可能未能及时停车而进入路口
D. 考虑雨天路面湿滑,应注意按照限速规定控制车速

题959. 如图所示,驾驶机动车路遇这种情况时,应注意施工地点情况,预防前方机动车由于异常情况紧急减速停车,还应提前减速慢行,小心谨慎通过。 ( )

题960.【多选题】如图所示,驾驶机动车在雨天行驶,驾驶人应当注意的是什么? ( )

A. 视线不清,不能及时发现行人

B. 行人可能滑倒
C. 行人可能突然进入行车道
D. 行人可能会横过道路

题961. 驾驶机动车遇暴雨，无法看清路面情况，以下做法正确的是什么？（   ）
A. 保持原速行驶　　B. 减速行驶
C. 打开危险报警闪光灯，将机动车停到路外
D. 减速行驶，不断鸣喇叭，提醒周边驾驶人

题962. 如图所示，在这种情况下，应该减速慢行。（   ）

题963.【多选题】雨天驾驶机动车，减速慢行的主要原因是什么？（   ）
A. 影响驾驶人视野
B. 过快的速度会使得机动车油耗增加
C. 制动距离会增大
D. 紧急制动易发生侧滑

题964.【多选题】雨天驾驶机动车，不宜超车的主要原因是什么？（   ）
A. 不能准确判断周围车辆距离
B. 周围车辆驾驶人不容易看清超车信号
C. 道路湿滑，车辆易出现侧滑现象
D. 不能够及时发现危险情况

题965.【多选题】雨天驾驶机动车，不可以急踩制动踏板的主要原因是什么？（   ）
A. 易导致后车追尾　　B. 会相应增大油耗
C. 易产生侧滑　　　　D. 会相应减少油耗

题966. 下雨后路面湿滑，驾驶机动车紧急制动易导致什么？（   ）
A. 发生侧滑、引发交通事故
B. 引起发动机熄火
C. 不被其他车辆驾驶人发现
D. 爆胎

题967. 如图所示，驾驶机动车在雨天行经交叉口时必须鸣喇叭，并加速通过，以免造成交通混乱。（   ）

题968. 如图所示，驾驶机动车在暴雨天气条件下行驶，当刮水器无法刮净雨水影响行车安全时，以下做法正确的是什么？（   ）

A. 减速行驶　　　　B. 集中注意力谨慎驾驶
C. 注意观察，减速靠边停车
D. 以正常速度行驶

题969. 如图所示，驾驶机动车在这种情况下，由于前车相隔较远，可先观察情况后，临近再做调整。（   ）

题970. 雨天驾驶机动车，由于光线会受到雨点的散射，照明效能降低，因此应降低车速，使用近光灯、谨慎驾驶。（   ）

题971. 如图所示，驾驶机动车遇到这种情况时，应注意什么？①B车可能会借道超车；②右侧行人可能会横穿马路；③出口可能有车辆驶出。（   ）

A. ①③　　　　　　B. ①②
C. ①②③　　　　　D. ②③

题972. 如图所示，在这种情况下通过路口，驾驶人应减速或者停车观察，以应对两侧路口可能出现的危险。（   ）

题973. 如图所示，在这种情况下，应加大跟车距离。（   ）

2. 冰雪道路安全驾驶

题974. 在冰雪路面上减速或停车时，要怎样降低车速？（ ）
A. 充分利用行车制动器
B. 充分利用发动机的牵制作用
C. 充分利用驻车制动器
D. 充分利用缓速器

题975. 驾驶机动车在山区冰雪道路上遇前车正在爬坡时，应如何处置？（ ）
A. 前车通过后再爬坡
B. 迅速超越前车爬坡
C. 低速超越前车爬坡
D. 紧随前车后爬坡

题976. 驾驶机动车在冰雪路面行车注意什么？（ ）
A. 制动距离延长　　B. 抗滑能力变大
C. 路面附着力变大　D. 制动距离变短

题977. 雪天行车中，在有车辙的路段要循车辙行驶。（ ）

题978. 在冰雪路面处理情况时，不能紧急制动，但可采取急转向的方法躲避。（ ）

题979. 车辆在雪天临时停车时，应开启什么灯？（ ）
A. 前后雾灯　　　　B. 倒车灯
C. 前大灯　　　　　D. 危险报警闪光灯

题980. 在雪天临时停车要开启前照灯和雾灯。（ ）

题981.【多选题】在冰雪道路上怎样安全行车？（ ）
A. 必要时安装防滑链
B. 必须降低车速
C. 开启雾灯行驶　　D. 利用发动机制动

题982.【多选题】在这种有车辙的冰雪路段怎样行驶？（ ）

A. 避免紧急制动　　B. 循车辙行驶
C. 避免急转方向　　D. 降低车速行驶

题983.【多选题】冰雪路面会对行车产生哪些不利影响？（ ）
A. 车辆操控难度增大
B. 制动距离延长
C. 易产生车轮滑转　D. 极易发生侧滑

题984. 在山区的冰雪道路上遇到这种前车正在上坡的情况时，应如何处置？（ ）

A. 前车通过后再上坡
B. 迅速超越前车上坡
C. 低速超越前车上坡
D. 紧随前车后上坡

题985. 在这种结冰的道路上怎样会车？（ ）

A. 两车临近时减速　B. 适当加速交会
C. 提前减速缓慢交会
D. 尽量靠近中线交会

题986. 在这种冰雪路面怎样跟车行驶？（ ）

A. 保持较大的跟车距离
B. 开启危险报警闪光灯
C. 不断变换远近光灯
D. 持续鸣喇叭提示前车

题987. 由于冰雪路面不能紧急制动，遇到突然情况可采取急转向的方法躲避。（ ）

题988. 在积雪覆盖的冰雪路行车时，可根据路边树木、电杆等参照物判断行驶路线。（ ）

题989.雪天行车,车轮的附着力大大减小,跟车距离不是主要的,只需要保持低速行驶便可以防止事故发生。（　　）

题990.在冰雪路面制动时,发现车辆偏离方向,以下做法正确的是?（　　）
A.连续轻踩轻放制动踏板
B.用力踩制动踏板
C.停止踩制动踏板　D.以上做法都不对

题991.雪天行车,由于路面湿滑,车轮附着力减小,因此应当加大两车之间的安全距离。
（　　）

题992.【多选题】为什么大雪天气,在有雪泥的路上超车危险?（　　）
A.雪泥可以增加轮胎的附着力
B.飞起的雪泥使视线不好
C.雪泥下的路面更容易打滑
D.遇紧急情况制动距离长

题993.【多选题】驾驶机动车遇到图中积雪路面,以下说法错误的是什么?（　　）

A.要避免紧急制动和急转方向
B.前方标志表示要保持车距,以防发生追尾
C.应循车辙低速行驶
D.应开启示廓灯和雾灯

题994.下雪天驾车,以下说法正确的是什么?
（　　）
A.制动距离大幅减小
B.车轮附着系数增加
C.可充分使用行车制动
D.可借助防滑链辅助驾驶

3.雾天安全驾驶

题995.大雾天在高速公路遇事故不能继续行驶时,危险的做法是什么?（　　）
A.尽快离开机动车　B.尽量站到防护栏以外
C.开启危险报警闪光灯和雾灯
D.沿行车道到车后设置警告标志

题996.驾驶机动车遇到大雾或特大雾等能见度过低天气时如何做?（　　）
A.开启前照灯低速行驶
B.开启雾灯低速行驶
C.选择安全地点停车
D.紧靠路边低速行驶

题997.雾天对安全行车的主要影响是什么?
（　　）

A.易发生侧滑　　B.能见度低
C.行驶阻力大　　D.视野变宽

题998.驾驶机动车在雾天怎样跟车行驶?（　　）
A.保持大间距　　B.开启远光灯
C.开启近光灯　　D.适时鸣喇叭

题999.在这样的雾天跟车行驶,以下说法不正确的是?（　　）

A.加大跟车间距　B.注意前车动态
C.降低行车速度　D.缩小跟车距离

题1000.如图所示,雾天驾驶机动车跟车行驶,应加大与前车的距离。（　　）

题1001.雾天驾驶机动车跟车行驶,以下做法错误的是什么?（　　）
A.加大两车间的距离
B.时刻注意前车制动灯的变化
C.降低行车速度
D.鸣喇叭提醒前车提高车速,避免后车追尾

题1002.【多选题】雾天跟车行驶,应如何安全驾驶?（　　）
A.提前开启雾灯、危险报警闪光灯
B.按喇叭提示行车位置
C.加大跟车距离,降低行驶速度
D.以前车尾灯作为判断安全距离的参照物

题1003.驾驶机动车在雾天两车交会时,怎样做最安全?（　　）
A.开启远光灯　　B.低速,加大间距
C.开启近光灯　　D.开启雾灯

题1004.驾驶机动车在雾天行驶时,要开启什么灯?（　　）
A.雾灯和危险报警闪光灯
B.雾灯和转向灯
C.雾灯和远光灯　D.雾灯和近光灯

题1005.大雾天气能见度低,开启远光灯会提高能见度。（　　）

题1006.雾天公路行车可多使用喇叭引起对向注意;听到对向机动车鸣喇叭,也要鸣喇叭回应。
（　　）

题 1007. 驾驶机动车在大雾天临时停车后，只开启雾灯和近光灯。（　　）

题 1008. 驾驶机动车在雾天行车要开启雾灯。（　　）

题 1009.【多选题】雾天驾驶机动车，驾驶人要怎样做？（　　）
A. 减速慢行　　　　B. 保持安全车距
C. 正确使用灯光　　D. 高速行驶

题 1010. 如图所示，雾天驾驶机动车，旁边车道无车时，可变更车道，快速超越前车。（　　）

题 1011. 如图所示，雾天驾驶机动车，玻璃上出现因雾气形成的小水珠时，及时用雨刮器刮净。（　　）

题 1012. 雾天驾车遇到前挡风玻璃起雾时，应打开冷气或开启车窗让空气对流，起到除雾作用。（　　）

题 1013. 驾驶机动车遇浓雾或沙尘暴时，必须打开雾灯或者危险报警闪光灯。（　　）

题 1014. 如图所示，浓雾天气中两车交会，以下做法错误的是什么？（　　）

A. 适当降低行驶车速
B. 靠右行驶
C. 集中注意力驾驶
D. 使用远光灯，提醒对方车辆

题 1015. 如图所示，在这种雾天情况下，通过交叉路口时必须鸣喇叭，加速通过，以免造成交通拥堵。（　　）

题 1016. 驾驶机动车遇浓雾或沙尘暴时，行驶速度不要过慢，避免后方来车追尾。（　　）

题 1017. 大雾天行驶，以下做法正确的是？（　　）
A. 可以紧急制动
B. 可以紧急制动，但是需要停到紧急停车带上
C. 不可以紧急制动，因为会造成后面的车辆追尾
D. 以上说法都不对

题 1018. 雾天行车开启雾灯是因为雾灯放射的灯光具有更好的穿透力，更容易让道路中其他车辆驾驶人注意到自己的车辆。（　　）

题 1019. 浓雾中行车听到对方车辆鸣喇叭时，只要视野中看不到，可不必理会。（　　）

题 1020.【多选题】机动车雾天在道路中抛锚时，应该采取什么措施？（　　）
A. 立即打开危险警报灯
B. 在车后设置危险警告标志，警告来往车辆
C. 要求车内所有人员立即下车远离事故车辆
D. 立即拨打交通事故报警电话 122 请求援助

题 1021.【多选题】驾驶机动车突然遇到团雾时，以下做法正确的是什么？（　　）
A. 开启前照灯、示廓灯和后位灯
B. 加速驶过
C. 开启雾灯和危险报警闪光灯
D. 合理使用制动踏板，降低车速

题 1022. 遇到浓雾或特大雾天能见度过低、行车困难时，应怎样做？（　　）
A. 开启前照灯，继续行驶
B. 开启示廓灯、雾灯，靠右行驶
C. 开启危险报警闪光灯，继续行驶
D. 开启危险报警闪光灯和雾灯，选择安全地点停车

4. 大风天气安全驾驶

题 1023. 大风天气行车，由于风速和风向不断地发生变化，当感到转向盘突然难以控制时，驾驶人要怎样做？（　　）
A. 逆风向转动转向盘
B. 顺风向转动转向盘
C. 采取紧急制动　　D. 双手稳握转向盘

题 1024. 大风天气行车中，如果遇到狂风袭来，感觉机动车产生横向偏移时，要急转方向以恢复行驶方向。（　　）

题1025. 如果遇到较强横风,感觉机动车产生横向偏移时,要握紧转向盘并紧急制动。（   ）

题1026.【多选题】驾驶机动车行至隧道出口遭遇横风时,驾驶人应如何处理?（   ）
A. 双手紧握转向盘
B. 向来风的一侧适当修正
C. 紧急制动　　　　D. 减速行驶

题1027. 行驶至跨江、河、海大桥时,可能会遇到横风,要控制好方向。（   ）

题1028.【多选题】大风沙尘天气行车,以下做法正确的是?（   ）

A. 降低行驶速度　　B. 注意观察路面情况
C. 关紧车窗　　　　D. 握稳转向盘

题1029.【多选题】大风天行车需要注意什么?
（   ）
A. 注意车辆的横向移动
B. 尽量减少超车
C. 尽量避免制动　　D. 关紧车窗

（三）复杂道路条件下安全驾驶

1. 山区道路安全驾驶

题1030.【多选题】驾驶机动车途经这个路段时,以下关于潜在风险的说法正确的是?（   ）

A. 坡顶可能停放一辆车
B. 对面驶来的车辆可能占用你的车道
C. 前方道路可能有障碍物
D. 前方道路可能有弯道

题1031. 驾驶机动车在山区道路遇到这种情况如何处理?（   ）

A. 各行其道加速交会
B. 紧靠路中心行驶
C. 保持正常车速行驶
D. 减速行驶

题1032. 驾驶机动车在这种山区弯路怎样行驶?
（   ）

A. 占对向车道行驶　　B. 靠右侧减速行驶
C. 在道路中心行驶　　D. 紧靠路右侧行驶

题1033. 驾驶机动车在这种山区弯道怎样转弯最安全?（   ）

A. 靠弯道外侧行驶
B. 减速、鸣喇叭、靠右行
C. 借用对向车道行驶
D. 靠道路中心行驶

题1034. 驾驶机动车在山区道路遇到这种情况怎样行驶?（   ）

A. 靠路左侧,加速绕行
B. 停车瞭望,缓慢通过
C. 注意观察,尽快通过
D. 勤鸣喇叭,低速通行

题1035.驾驶机动车遇到这种山路怎样通过？
(　　)

A. 前方左侧是傍山险路
B. 靠路左侧行驶
C. 选择路中心行驶　　D. 靠右侧低速通过

题1036.【多选题】驾车行经傍山险路时，应如何安全行驶？(　　)
A. 会车时，尽量远离山体
B. 注意交通标志，谨慎观察
C. 严格做到"减速、鸣喇叭、靠右行"
D. 选择在道路中间道路行驶

题1037.驾驶机动车在山区道路怎样跟车行驶？
(　　)
A. 紧随前车之后　　B. 加大安全距离
C. 减小纵向间距　　D. 尽快超越前车

题1038.驾驶机动车在山区道路不能紧跟前车之后行驶。(　　)

题1039.山区上坡路段跟车过程中遇前车停车时怎么办？(　　)
A. 从前车两侧超越　　B. 紧跟前车后停车
C. 保持大距离停车　　D. 连续鸣喇叭提示

题1040.在山区道路因故障需要停车时，应注意什么？(　　)
A. 选择下坡路段停放
B. 选择上坡路段停放
C. 选择平缓路段停放
D. 选择坡顶位置停放

题1041.机动车驶近坡道顶端等影响安全视距的路段时，要如何保证安全？(　　)
A. 快速通过　　　　B. 使用危险报警闪光灯
C. 减速慢行并鸣喇叭示意
D. 随意通行

题1042.机动车在通过山区道路弯道时，要做到"减速、鸣喇叭、靠右行"。(　　)

[动画显示：车辆在山区弯道行驶，前方为视线盲区，车辆减速、鸣喇叭、靠右行驶]

题1043.因故障在山区上坡路段长时间停车时，要用这种办法塞住车轮。(　　)

题1044.因故障在山区下坡路段长时间停车时，要用这种办法塞住车轮。(　　)

题1045.驾驶机动车通过这段山区道路要靠路中心行驶。(　　)

题1046.驾驶机动车通过这种傍山险路要靠右侧行驶。(　　)

题1047.驾驶机动车通过这种傍山险路要靠左侧行驶。(　　)

题1048.驾驶机动车在山区道路遇到这种情况要加速超越前车。(　　)

题1049.【多选题】在山区道路行驶时，驾驶人要注意什么？(　　)

A. 保持与前车的安全距离
B. 避免转弯时占道行驶
C. 上陡坡提前换低速挡
D. 下长坡时，充分利用发动机制动

题1050.【多选题】驾驶机动车在山区上这种陡坡道转弯时怎样行驶？（　　）

A. 转弯前减速　　B. 靠右侧行驶
C. 鸣喇叭提示　　D. 转弯时加挡

题1051.【多选题】驾驶机动车在山区上陡坡路段怎样行驶？（　　）
A. 挂高速挡，加速冲坡
B. 提前观察坡道长度
C. 尽量避免途中减挡
D. 上坡前减挡，保持动力

题1052.【多选题】驾驶机动车在山区道路转弯下陡坡路段遇对面来车时，应怎样行驶？（　　）
A. 转弯前减速　　B. 进入弯道后加速
C. 靠路右侧行驶　D. 挂空挡滑行

题1053. 驾驶机动车在长下坡路段控制车速的最安全的方法是什么？（　　）
A. 挂入空挡滑行　B. 持续踏制动踏板
C. 利用发动机制动　D. 踏下离合器踏板滑行

题1054. 驾驶机动车在山区道路下陡坡时，怎样利用发动机制动控制车速？（　　）
A. 挂入空挡　　B. 挂入低速挡
C. 踏下离合器踏板　D. 挂入高速挡

题1055. 在山区应如何安全驾驶？（　　）
A. 上坡前换低速挡
B. 上坡中途换挡增加动力
C. 缩小与前车的行车距离
D. 下坡长时间踩制动踏板

题1056.【多选题】在这种山区危险路段怎样安全会车？（　　）

A. 选择安全的地点
B. 做到先让、先慢、先停
C. 靠山体一侧的让行

D. 不靠山体一侧的让行

题1057. 如图所示，遇到这种情况时，A车应当主动减速让行。（　　）

题1058. 在这种山区道路怎样跟车行驶？（　　）

A. 紧跟前车行驶　B. 加大安全距离
C. 减小跟车距离　D. 尽快超越前车

题1059. 在山区道路跟车行驶的距离要比平路时大。（　　）

题1060. 在山区道路行驶时，以下说法正确的是什么？（　　）
A. 上坡路段的安全距离应比平坦路段的大
B. 下坡路段的安全距离应比平坦路段的小
C. 急弯路段应当紧随前车
D. 以上说法都正确

题1061. 在山区道路跟车行驶时，应怎样做？（　　）
A. 紧随前车之后　B. 适当加大安全距离
C. 适当减小安全距离
D. 尽可能寻找超车机会

题1062. 如图所示，驾驶机动车在这样的山区道路跟车行驶时，由于视线受阻，应预防前车突发情况和对向来车，适当减速加大跟车距离，以保证安全。（　　）

题1063. 如图所示,在这样的路段怎样跟车行驶?
（　　）

A. 紧随前车之后　　B. 加大安全距离
C. 减小纵向间距　　D. 尽快超越前车

题1064. 如图所示,驾驶机动车遇到前方白色车辆,以下说法正确的是什么?（　　）

A. 快速超越前车
B. 只要对向无来车,可进行超车
C. 保持安全距离,跟车行驶
D. 鸣喇叭示意让行

题1065. 如图所示,驾驶机动车在这样的路段遇到前方两车交会时,应及时减速。（　　）

题1066. 如图所示,在这种落石多发的山区道路行驶时,以下说法正确的是什么?（　　）

A. 尽量靠道路左侧通行
B. 停车瞭望,缓慢通过

C. 尽量避免临时停车
D. 勤鸣喇叭,低速通行

题1067. 如图所示,驾驶机动车遇到这种路段时,以下说法错误的是什么?（　　）

A. 应提前降低车速　　B. 应提前降低挡位
C. 尽量利用发动机制动控制车速
D. 尽量利用驻车制动器控制车速

题1068. 驾驶机动车在山区道路行驶时,应该尽量避免停车,如确实需要停车,尽量选择平直的路段。（　　）

题1069.【多选题】如图所示,驾驶机动车驶近这样的山区弯道时,驾驶人应注意的是什么?（　　）

A. 对向可能有车辆驶来
B. 前方骑自行车者可能由于上坡等原因突然改变方向
C. 山区弯道可能转弯半径较小,车速过快容易引起车辆失控
D. 转弯后路面可能存在落石、凹陷等特殊路况

题1070.【多选题】驾驶机动车在山区道路下坡路段尽量避免超车,以下说法正确的是什么?（　　）

A. 下坡路段车辆由于重力作用,车速容易过快
B. 下坡路段由于重力作用,车辆比平路时操控困难
C. 下坡路段车辆阻力很大
D. 下坡路段前车车速较快,难以超越

题1071.【多选题】驾驶机动车在山区上坡路段行驶时,以下做法正确的是什么?（　　）

A. 应尽量匀速前进　　B. 应尽量避免换挡
C. 时刻注意下行车辆

D. 应选择高速挡

题1072.【多选题】驾驶机动车在山区道路上坡路段接近坡顶时，超车存在风险，以下说法正确的是什么？（　　）
A. 接近坡顶时视线受阻，无法观察坡顶之后道路走向
B. 接近坡顶时视线受阻，无法观察对向来车情况
C. 接近坡顶时车速较慢
D. 接近坡顶时视线受阻，无法观察坡顶之后是否有障碍物

题1073.【多选题】驾驶机动车在山区路段超车时，以下做法正确的是什么？（　　）
A. 提前开启左转向灯
B. 提前鸣喇叭
C. 确认前车让超后超越
D. 直接加速超越

题1074.【多选题】驾驶机动车在山区道路上坡路段行驶，因发生故障需停车检修时，以下做法正确的是什么？（　　）
A. 拉起驻车制动器　B. 开启危险报警闪光灯
C. 在后方用塞车木或石块塞住车轮，以防车辆后溜
D. 按规定在车后方设置警示标志

题1075.驾驶机动车在山区道路会车时，应该尽量提前让行，为临崖车辆留出足够的时间、空间会车。（　　）

题1076.驾驶机动车通过这种路段时，应该考虑到弯道后方可能会有对面驶来的车辆占用我方车道。（　　）

题1077.驾驶机动车在山区道路应紧跟前车之后行驶。（　　）

题1078.驾驶机动车在山区冰雪道路上行驶，遇到前车正在爬坡时，后车应选择适当地点停车，等前车通过后再爬坡。（　　）

题1079.驾驶机动车通过路面不平的道路时，应该怎样行驶？（　　）
A. 依靠惯性加速冲过
B. 挂空挡滑行通过
C. 保持原速通过
D. 低速缓慢平稳通过

2. 泥泞道路安全驾驶

题1080.在泥泞路段行车，怎样匀速一次性通过？（　　）
A. 使用驻车制动器　B. 踏下离合器踏板
C. 踏制动踏板　　　D. 用加速踏板

题1081.在泥泞路段行车容易出现什么现象？（　　）
A. 行驶阻力大　　　B. 车轮侧滑
C. 机动车颠簸　　　D. 方向失控

题1082.在泥泞路段上制动时，车轮易发生侧滑或甩尾，导致交通事故。（　　）

题1083.在泥泞路段遇到车后轮向右侧滑时如何处置？（　　）
A. 继续加速　　　　B. 向右转向
C. 向左转向　　　　D. 紧急制动

题1084.车辆在泥泞路上发生侧滑时，以下做法正确的是？（　　）
A. 向侧滑的一侧转动转向盘适量修正
B. 向侧滑的另一侧转动转向盘适量修正
C. 迅速制动减速
D. 迅速制动停车

题1085.车辆在泥泞路段发生侧滑时，要向车尾侧滑方向缓打转向盘修正。（　　）

题1086.在泥泞路段遇驱动车轮空转打滑时，如何处置？（　　）
A. 在从动轮下铺垫砂石
B. 换高速挡加速猛冲
C. 在驱动轮下铺垫砂石
D. 猛打转向盘配合急加速

题1087.机动车行至泥泞或翻浆路段时，要停车观察，选择平整、坚实或有车辙的路段缓慢通过。（　　）

题1088.机动车在泥泞路段后轮发生侧滑时，要将转向盘向侧滑的相反方向缓转修正。（　　）

题1089.在泥泞路段行车要牢牢握住转向盘加速通过。（　　）

题1090.在泥泞路段行车，要平稳地转动转向盘，避免因快速转动转向盘而引起侧滑。（　　）

题1091.【多选题】在泥泞道路上行车时，采取的正确做法是什么？（　　）
A. 尽量避免使用行车制动器
B. 选用中、低速挡慢速行驶
C. 稳握转向盘　　　D. 加速通过

题1092.车辆在泥泞路段起步或者陷住时，切忌选择急加速。（　　）

题1093.【多选题】通过泥泞道路时，以下做法正确的是？（　　）
A. 停车观察前方道路
B. 避免使用行车制动

C. 尽量避免中途换挡
D. 提前换入低速挡

题1094. 在泥泞路上制动时，车轮易发生侧滑或甩尾，导致交通事故。（　）

3. 涉水时安全驾驶

题1095. 驾驶人在行车中经过积水路面时，要怎样做以保证安全？（　）

[动画显示：车辆通过积水路面]
A. 减速慢行　　　　B. 迅速加速通过
C. 保持正常车速通过
D. 低挡加速通过

题1096. 驾驶机动车通过漫水桥，停车观察水情确认安全后，怎样通过？（　）
A. 挂高速挡快速通过
B. 时刻观察水流的变化
C. 做好随时停车准备
D. 挂低速挡匀速通过

题1097. 机动车涉水后，制动器的制动效果不会改变。（　）

题1098. 机动车涉水后，驾驶人要间断轻踩制动踏板，以恢复制动效能。（　）

题1099.【多选题】驾驶机动车遇到漫水路时，要采取的正确做法是什么？（　）
A. 停车察明水情
B. 确认安全后，低速通过
C. 机动车涉水后，间断轻踏制动踏板
D. 机动车涉水后，持续轻踏制动踏板

题1100. 驾驶人在行车中经过积水路面时，应怎样做？（　）
A. 减速慢行　　　　B. 保持正常车速通过
C. 空挡滑行通过　　D. 加速通过

题1101. 车辆涉水后，怎样操作制动踏板，以恢复制动效果？（　）
A. 持续重踏　　　　B. 间断重踏
C. 持续轻踏　　　　D. 间断轻踏

（四）高速公路安全驾驶

1. 高速公路安全驶入

题1102.【多选题】机动车在高速公路行驶，下列做法错误的是什么？（　）
A. 非紧急情况时不得在应急车道行驶或者停车
B. 可在紧急停车带停车装卸货物
C. 可在应急车道停车上下人员
D. 可在减速车道或加速车道上超车、停车

题1103. 驾驶机动车遇到这种情况时，怎样进入行车道？（　）

A. 控制速度，随尾车后进入
B. 加速从第二辆车前进入
C. 加速从第一辆车前进入
D. 可从任意两车之间插入

题1104. 驾驶机动车进入高速公路加速车道后，尽快将车速提高到多少？（　）
A. 30公里/小时以上
B. 40公里/小时以上
C. 50公里/小时以上
D. 60公里/小时以上

题1105. 机动车从匝道驶入高速公路，应当开启什么灯？（　）
A. 左转向灯　　　　B. 右转向灯
C. 危险报警闪光灯　D. 前照灯

题1106. 驾驶机动车进入高速公路加速车道后再开启左转向灯。（　）

题1107. 驾车由加速车道进入高速公路行驶，可直接驶入最左侧车道。（　）

题1108. 机动车在高速公路匝道提速到60公里/小时以上时，可直接驶入行车道。（　）

题1109. 驾驶机动车驶入高速公路加速车道后，应迅速将车速提高到100公里/小时以上。（　）

题1110. 驾驶机动车在高速公路加速车道提速到60公里/小时以上时，可直接驶入行车道。（　）

题1111. 驾驶机动车在高速公路上驶出匝道时，只要后方无来车，或者来车相距较远，可以不经过加速车道，直接驶入行车道。（　）

题1112. 驾驶机动车在高速公路行驶，由加速车道汇入行车道时，操纵转向盘不应该过急过猛。（　）

题1113. 以下这个标志的含义是什么？（　）

A. 电子不停车收费车道
B. 应急车道
C. 绿色通道　　　　D. 快速公交车道

题1114. 以下这个标志的含义是什么？（　　）

A. 设有电子不停车收费车道的收费站
B. 停车领卡标志
C. 服务区标志　　　D. 紧急停车带

题1115. 驾驶机动车驶入高速公路收费口应减速慢行，有序行驶，选择绿灯亮起的收费口进入。
（　　）

2. 高速公路安全行驶

题1116. 驾驶机动车在高速公路上长时间行驶时，为了防止瞌睡，可以通过超车或迅速变道提神。（　　）

题1117. 关于高速公路应急车道的使用，以下说法正确的是什么？（　　）
A. 机动车可以短时间在应急车道上行驶
B. 任何机动车不得非法占用应急车道
C. 可以在应急车道停车休息
D. 堵车时可借应急车道行驶

题1118. 驾驶机动车进入高速公路行车道后，可自由选择行驶车道。（　　）

题1119. 机动车在高速公路行驶，以下哪种说法是正确的？（　　）
A. 可在应急车道停车上下人员
B. 可在紧急停车带停车装卸货物
C. 可在减速或加速车道上超车、停车
D. 非紧急情况时不得在应急车道行驶或者停车

题1120. 机动车上高速公路，以下哪种说法是正确的？（　　）
A. 可在匝道、加速车道、减速车道上超车
B. 不准倒车、逆行、穿越中央分隔带掉头
C. 非紧急情况时可在应急车道行驶
D. 可以试车或学习驾驶

题1121. 机动车上高速公路，以下哪种说法是错误的？（　　）
A. 不可骑、轧车道分界线行驶
B. 不可在路肩上行驶
C. 可以在匝道、加速车道或者减速车道上超车
D. 不可学习驾驶

题1122. 驾驶机动车驶入高速公路匝道后，以下哪种说法是正确的？（　　）
A. 允许超车　　　　B. 不准掉头
C. 允许停车　　　　D. 可以倒车

题1123. 在高速公路匝道上不准停车。（　　）

题1124. 【多选题】为确保机动车在高速公路行驶的安全，不得有下列哪些行为？（　　）
A. 倒车逆行，穿越中央分隔带掉头，或在车道内停车
B. 骑轧车行道分界线或者在路肩上行驶
C. 在匝道、加速车道或者在减速车道上超车
D. 试车或者学习驾驶机动车

题1125. 需要在高速公路停车时，要选择什么地方？（　　）
A. 匝道　　　　　　B. 加速车道
C. 减速车道　　　　D. 服务区

题1126. 驾驶机动车进入高速公路隧道前需要注意什么？（　　）

A. 开启远光灯行驶
B. 开启示宽灯、尾灯行驶
C. 开启近光灯行驶
D. 到达隧道口时鸣喇叭

题1127. 行驶在高速公路上遇大雾视线受阻时，要立即紧急制动停车。（　　）

题1128. 驾驶机动车遇到这种情况时，可迅速从前车左侧超越。（　　）

题1129. 如动画所示，机动车在高速公路上行车，A车驾驶行为是否正确？（　　）

［动画显示：A车（黄色车辆）在高速公路上频繁变更车道，超越其他车辆］

题1130. 如动画所示，高速公路因发生事故造成堵塞时，A车驾驶行为是否正确？（　　）

[动画显示：高速公路因发生事故造成堵塞，A车（黄色车辆）驶入应急车道]

题1131. 驾驶机动车从加速车道进入行车道，不能影响其他机动车正常行驶。（ ）

题1132. 驾驶机动车从加速车道汇入行车道，有困难时可停车让行。（ ）

题1133. 在高速公路上驾驶机动车不要频繁地变更车道。（ ）

题1134. 在高速公路上，遇尾随较近行驶的机动车时，可以选择时机迅速从中间插入。（ ）

题1135. 遇高速公路限速标志标明的车速与车道行驶车速的规定不一致的，应按照车道行驶规定的车速行驶。（ ）

题1136. 在同向3车道高速公路上行车，车速高于90公里/小时、低于110公里/小时的机动车不应在哪条车道上行驶？
A. 最左侧　　　　B. 中间
C. 最右侧　　　　D. 任意

题1137.【多选题】机动车在高速公路上行驶，遇有雾、雨、雪且能见度在100米至200米之间时，应该怎么做？（ ）
A. 开启雾灯、近光灯、示廓灯、前后位灯
B. 车速不超过60公里/小时
C. 与同车道前车保持100米以上的距离
D. 从最近的出口尽快驶离高速公路

题1138. 驾驶机动车在高速公路上行驶，能见度小于200米时，与同车道前车应保持100米以上的距离。（ ）

题1139. 如图所示、在同向3车道高速公路上行驶，车速低于80公里/小时的车辆应在哪条车道上行驶？（ ）

A. 最左侧行车道　　B. 中间行车道
C. 最右侧行车道　　D. 任意行车道

题1140. 驶入高速公路减速车道后，进入匝道之前，应将车速降到多少以下？（ ）

A. 标志规定车速　　B. 80公里/小时
C. 60公里/小时　　D. 40公里/小时

题1141. 机动车在高速公路行驶，如有人员需要上下车，必须将车停在紧急停车带才能进行。（ ）

题1142. 驾驶机动车在高速公路减速车道上行驶时，如遇前方有低速行驶的车辆，应伺机超车，以防止交通堵塞。（ ）

题1143. 驾驶机动车在高速公路加速车道上行驶，只要车速足够快，就可以立刻插入车流。（ ）

题1144. 驾驶机动车在高速公路匝道上行驶，当有人给您打电话的时候，可以靠边停车，接打电话。（ ）

题1145. 驾驶机动车在高速公路上行驶，能见度小于50米时，只要车速不超过20公里/小时，可以不驶离高速公路。（ ）

题1146.【多选题】驾驶机动车在城市快速路上行驶，以下做法错误的是什么？（ ）
A. 在最左侧车道内停车
B. 在路肩上行驶
C. 学习驾驶机动车　　D. 倒车

题1147. 驾驶机动车在高速公路上行驶不得倒车、逆行、穿越中央分隔带掉头或者在车道内停车。（ ）

题1148. 驾驶机动车在高速公路上行驶，车速超过100公里/小时，只要与同车道前车保持80米的距离即可。（ ）

题1149. 关于在高速公路匝道路段行驶，以下说法正确的是什么？（ ）
A. 从匝道驶入高速公路，应当开启右转向灯
B. 驶离高速公路进入匝道时，应当开启右转向灯
C. 可在匝道上超车
D. 驶入错误的匝道后，可倒车行驶回高速公路

题1150.【多选题】驾驶机动车在高速公路上行驶，遇有能见度小于100米的气象条件时，如何安全行驶？（ ）
A. 与前车保持50米以上的距离
B. 车速不得超过40公里/小时
C. 开启危险报警闪光灯
D. 在应急车道行驶

题1151. 驾驶机动车在高速公路上行驶，遇有雾、雨、雪、沙尘、冰雹等低能见度气象条件时，能见度在50米以下时，以下做法正确的是什么？（ ）
A. 加速驶离高速公路
B. 在应急车道上停车等待
C. 可以继续行驶，但车速不得超过40公里/小时

D. 以不超过20公里/小时的车速从最近的出口尽快驶离高速公路

题1152. 驾驶机动车在高速公路上行驶时不要轻易紧急制动，以免和后车发生追尾事故。（　）

3. 高速公路安全驶出

题1153. 机动车驶离高速公路时，应当开启什么灯？（　）
A. 左转向灯　　　　B. 右转向灯
C. 危险报警闪光灯　D. 前照灯

题1154.【多选题】以下说法错误的是什么？（　）
A. 从匝道驶入高速公路，应提前开启右转向灯
B. 驶离高速公路进入匝道时，应提前开启右转向灯
C. 匝道路段可以超车
D. 驶入错误的匝道后，可倒车行驶回高速公路

题1155.【多选题】假如在高速公路上不小心错过了准备驶出的路口，以下做法错误的是什么？（　）
A. 紧急制动，倒车至想要驶出的路口
B. 在应急停车道上停车，等待车辆较少的时候再伺机倒车
C. 借用应急停车道进行掉头，逆向行驶
D. 继续前行，到下一出口驶离高速公路掉头

题1156.【多选题】驾驶机动车驶出高速公路时错过出口，应继续向前行驶至下一出口驶离，不应采取以下哪种行为？（　）
A. 逆行　　　　　　B. 停车
C. 倒车　　　　　　D. 穿越中央分隔带

题1157. 高速公路上行车，如果因疏忽驶过出口且下一出口距离较远时怎样做？（　）
A. 沿路肩倒车驶回　B. 继续向前行驶
C. 立即停车　　　　D. 在原地掉头

题1158. 机动车驶出高速公路隧道口时，如遇横风会明显出现什么情况？（　）
A. 减速感　　　　　B. 加速感
C. 压力感　　　　　D. 方向偏移

题1159. 机动车在高速公路上行车，如果因疏忽驶过出口，可沿路肩倒车退回出口处。（　）

题1160. 驾车在高速公路上错过了出口，应继续前行，到下一出口驶离高速公路后掉头。（　）

题1161. 驾驶机动车从高速公路进入减速车道后，应该通过察看行驶速度表来控制车速，不能单纯凭感觉判断车速。（　）

题1162. 驾驶机动车驶离高速公路时，在进入减速车道前，应提前开启右转向灯，警示后方车辆。（　）

题1163. 驾驶机动车进入减速车道后，应平顺减速，避免猛烈制动，同时注意保持与前车车距。（　）

题1164. 驾驶机动车驶离高速公路时，若车辆制动性能良好，可直接驶入匝道。（　）

题1165. 如图所示，该货运车辆驶出高速公路的方法是正确的。（　）

题1166. 驾驶机动车在高速公路减速车道行驶时，以下做法正确的是什么？（　）
A. 可以超车　　　　B. 可以倒车
C. 依次通行　　　　D. 可以掉头

题1167.【多选题】以下关于驶离高速公路的做法正确的是什么？（　）
A. 提前开启右转向灯
B. 驶入减速车道
C. 按减速车道规定的时速行驶
D. 加速直接驶离高速公路

题1168. 如图所示，驾驶机动车驶入减速车道后最高时速不能超过多少？（　）
A. 60公里/小时　　B. 50公里/小时
C. 40公里/小时　　D. 30公里/小时

题1169. 驾驶机动车驶离高速公路进入匝道时，应当加速驶离。（　）

4. 高速公路车辆故障或事故的处置

题1170. 发生紧急故障必须停车检查时，要在什么地方停车？（　）
A. 最外侧行车道上　B. 内侧行车道上
C. 应急车道　　　　D. 匝道口

题1171.【多选题】驾驶机动车需要在高速公路停车时，以下哪些地点不可以停车？（　）
A. 服务区　　　　　B. 减速车道
C. 加速车道　　　　D. 匝道

题1172. 机动车因故障或者事故在高速公路行车道上紧急停车时，驾乘人员怎么办？（　）

A. 站在机动车前方　B. 留在车上等待救援
C. 站在机动车后方
D. 迅速转移至右侧路肩上或应急车道内

题1173. 机动车在高速公路上发生故障或者交通事故，无法正常行驶时，可由同行机动车拖曳、牵引。（　）

题1174.【多选题】机动车因故障必须在高速公路上停车时，要采取的正确做法是什么？（　）
A. 在车后150米处设置故障警告标志
B. 在车后100米处设置故障警告标志
C. 夜间要开启示廓灯和后位灯
D. 要开启危险报警闪光灯

题1175.【多选题】机动车在高速公路上发生故障时，以下做法正确的是什么？（　）
A. 车上人员不能下车
B. 迅速报警
C. 按规定设置警告标志
D. 开启危险报警闪光灯

题1176. 如图所示，驾驶机动车在高速公路发生故障，需要在应急车道停车时，该车存在的不安全行为有哪些？①未开启危险报警闪光灯；②警告标志放置不足150米；③车上人员未转移到安全区域。（　）

A. ①②③　　　　B. ①②
C. ①③　　　　　D. ②③

题1177.【多选题】雾天驾驶机动车在高速公路遇事故不能继续行驶时，以下做法错误的是什么？（　）
A. 车上人员要迅速从左侧车门离开
B. 开启危险报警闪光灯和远光灯
C. 在来车方向100米处设置警告标志
D. 车上人员站到护栏以外安全的地方

题1178. 驾驶机动车在高速公路上高速行驶遇前方车辆掉落衣物时，可进行以下哪种操作？（　）
A. 踩下制动踏板紧急制动
B. 迅速猛打转向盘
C. 紧急变换车道
D. 双手握稳转向盘，减速行驶

题1179. 驾驶机动车在高速公路意外碰撞护栏时，应迅速向相反方向转向修正。（　）

五、紧急情况下避险常识

（一）紧急情况下的避险原则

题1180. 遇紧急情况避险时，要沉着冷静，坚持什么样的处理原则？（　）
A. 先避人、后避物　B. 先避物、后避车
C. 先避车、后避人　D. 先避物、后避人

题1181. 紧急情况下避险始终要把人的生命安全放到第一位。（　）

题1182. 车速较高，前方发生紧急情况时，要先转方向避让，再采取制动减速，以减小碰撞损坏程度。（　）

题1183. 机动车在高速行驶时，前面扬起的飞石或遗撒物将挡风玻璃击裂，造成视线模糊不清的状况下，驾驶人要逐渐降低车速、开启危险报警闪光灯并将机动车移至不妨碍交通的地点。（　）

（二）紧急情况下的避险处置

1. 轮胎漏气、爆胎的处置

题1184. 机动车的轮胎胎压标识就是指轮胎在正常情况下的最大充气压力值。（　）

题1185. 轮胎气压过低时，高速行驶可能导致什么结果？（　）
A. 气压不稳　　　B. 气压增高
C. 行驶阻力减小　D. 爆胎

题1186. 行车中发现左侧轮胎漏气时，怎样处置？（　）
A. 慢慢制动减速　B. 迅速制动减速
C. 迅速向右转向　D. 采取紧急制动

题1187. 驾驶人发现轮胎漏气，将机动车驶离主车道时，不要采用紧急制动，以免造成翻车或后车采取制动不及时导致追尾事故。（　）

题1188. 行车中发现轮胎漏气时，应立即紧急制动或迅速制动减速。（　）

题1189. 低速行车时，如果发现转向盘向一侧偏转，可能该侧车轮存在漏气现象。（　）

题1190. 后轮胎爆裂时，驾驶人要如何处置？（　）
A. 迅速转动转向盘调整
B. 控制行驶方向并慢慢减速
C. 迅速向相反方向转动转向盘
D. 迅速采取制动措施

题1191. 前轮爆胎时，驾驶人控制住行驶方向后，要采取什么措施减速停车？（　）
A. 抢挂高速挡　　B. 抢挂低速挡
C. 抢挂空挡　　　D. 紧急制动

题1192. 行车中轮胎突然爆裂时的不正确做法是

什么？ （ ）
　A. 保持镇静，缓抬加速踏板
　B. 紧握转向盘，控制机动车直线行驶
　C. 采取紧急制动，在最短的时间内停车
　D. 待车速降低后，再轻踏制动踏板

题1193. 行车中轮胎突然爆裂时的应急措施是什么？ （ ）
　A. 迅速制动减速
　B. 紧握转向盘，尽快平稳停车
　C. 迅速转动转向盘调整方向
　D. 低速行驶，寻找换轮胎地点

题1194. 轮胎气压过低时，高速行驶轮胎会出现波浪变形温度升高，而导致什么情况发生？
　　 （ ）
　A. 气压不稳　　B. 气压更低
　C. 行驶阻力增大　D. 爆胎

题1195. 轮胎胎压过高容易导致爆胎，胎压过低时没有爆胎隐患。 （ ）

题1196. 避免爆胎的错误做法是什么？（ ）
　A. 降低轮胎气压　B. 定期检查轮胎
　C. 及时清理轮胎沟槽里的异物
　D. 更换有裂纹或有很深损伤的轮胎

题1197. 行车中，当机动车突然爆胎时，驾驶人切忌慌乱中急踏制动踏板，尽量采用抢挂低速挡的方法，利用发动机制动使机动车减速。
 （ ）

题1198. 行车中，当突然爆胎时，驾驶人要双手紧握转向盘，尽力控制机动车直线行驶。（ ）

题1199. 避免机动车爆胎的正确做法是降低轮胎气压。 （ ）

题1200.【多选题】前轮胎爆裂已出现方向偏移时，以下做法正确的是什么？ （ ）
　A. 迅速踏下制动踏板
　B. 轻踏制动踏板
　C. 适度矫正方向　　D. 握稳转向盘

题1201. 行车中遇突然爆胎时，驾驶人要急踏制动踏板，减速停车。 （ ）

题1202. 机动车发生爆胎后，驾驶人在尚未控制住车速前，不要冒险使用行车制动器停车，以避免机动车横甩而发生更大的险情。 （ ）

题1203. 行车中当驾驶人意识到机动车爆胎时，应在控制住方向的情况下采取紧急制动，迫使机动车迅速停住。 （ ）

题1204. 汽车的专用备胎可作为正常轮胎长期使用。 （ ）

题1205. 使用已有裂纹或损伤的轮胎容易引起什么后果？ （ ）
　A. 向一侧偏驶　　B. 爆胎
　C. 转向困难　　　D. 行驶阻力增大

题1206.【多选题】机动车避免爆胎的正确做法是什么？ （ ）

　A. 降低轮胎气压
　B. 定期检查轮胎
　C. 及时清理轮胎沟槽内的异物
　D. 更换有裂纹或损伤的轮胎

题1207. 驾驶机动车在高速公路上发生爆胎时，以下做法正确的是什么？ （ ）
　A. 猛打转向盘
　B. 握稳转向盘，控制好车辆行驶路线
　C. 立即踩下制动踏板
　D. 紧急停车

题1208.【多选题】机动车在高速行驶中突然爆胎，要采取的安全措施是什么？ （ ）
　A. 紧急制动，靠边停车
　B. 牢牢地握住转向盘，保持直行
　C. 立即松开加速踏板
　D. 轻踩制动踏板

题1209.【多选题】汽车各轮胎气压不一致时，容易造成的后果是什么？ （ ）
　A. 爆胎　　　　B. 汽车行驶油耗增大
　C. 操纵失控　　D. 加剧轮胎磨损

题1210. 如果轮胎胎侧顺线出现裂口，以下做法正确的是什么？ （ ）
　A. 放气减压　　B. 及时换胎
　C. 给轮胎充气　D. 不用更换

题1211.【多选题】驾驶人在高速公路上驾驶时，车辆左前轮突然爆胎，必须第一时间紧握转向盘，然后轻踏制动踏板进行减速，并将车停靠在紧急停车带上。这样做的原因是什么？ （ ）
　A. 爆胎后，车辆行驶方向易发生变化，必须紧握转向盘
　B. 爆胎后，车辆自身开始减速，所以只需轻踏制动踏板
　C. 爆胎后，紧急制动容易引起侧翻
　D. 轻踏制动踏板进行减速是为了保护轮胎

题1212.【多选题】以下哪些能够引起轮胎爆裂？
　　 （ ）
　A. 轮胎磨损严重　B. 轮胎气压过高
　C. 尖锐物体刺伤轮胎
　D. 车辆超载超员

题1213. 驾驶机动车遇后轮爆胎时，以下做法正确的顺序是什么？①缓抬加速踏板、减挡、缓慢制动，通过后视镜观察后方车辆情况，避免追尾；②握紧转向盘；③安全驶离车道；④停车后开启危险报警闪光灯，在来车方向设置警告标志，车上人员迅速撤离到安全地点报警求助。 （ ）
　A. ③②①④　　B. ②①③④
　C. ①②③④　　D. ①③②④

题1214. 驾驶机动车发生爆胎时，要利用驻车制动器使车辆减速行驶。 （ ）

2. 转向失控的处置

题1215. 当机动车转向失控行驶方向偏离，事故已经无可避免时，要采取什么措施？（　　）
　A. 紧急制动　　　　B. 迅速转向进行调整
　C. 迅速向无障碍一侧转向躲避
　D. 迅速向有障碍一侧转向躲避

题1216. 驾驶装有动力转向的机动车发现转向困难时，怎样处置？（　　）
　A. 停车查明原因　　B. 控制转向缓慢行驶
　C. 降低车速行驶　　D. 保持机动车直线行驶

题1217. 行车中遇到转向失控，行驶方向偏离时，怎样处置？（　　）
　A. 迅速转向调整　　B. 尽快减速停车
　C. 向无障碍一侧躲避
　D. 向有障碍一侧躲避

题1218. 转向失控后，若机动车偏离直线行驶方向，应怎样使机动车尽快减速停车？（　　）
　A. 轻踏制动踏板
　B. 拉紧驻车制动器操纵杆
　C. 迅速降挡减速
　D. 果断地连续踩踏、放松制动踏板

题1219. 【多选题】驾驶机动车在高速公路上行驶突然出现转向失控时，以下做法错误的是什么？（　　）
　A. 迅速开启危险报警闪光灯
　B. 猛踩制动踏板紧急制动
　C. 尝试猛打转向盘
　D. 合理使用制动踏板降低车速，避免紧急制动

题1220. 装有转向助力装置的机动车，驾驶人突然发现转向困难、操作费力时，要紧握转向盘，保持低速行驶。（　　）

题1221. 高速行驶的机动车，在转向失控的情况下紧急制动，不会造成翻车。（　　）

题1222. 机动车转向突然失控后，若前方道路条件能够保持直线行驶，不要紧急制动。（　　）

题1223. 当机动车已偏离直线行驶方向，事故已经无可避免时，应果断地连续踏制动踏板，尽量缩短停车距离，减轻撞车力度。（　　）

题1224. 驾驶机动车在高速公路行驶，如果发生转向失灵，不能紧急制动。（　　）

3. 制动失效的处置

题1225. 高速行车中行车制动突然失灵时，驾驶人要如何制动？（　　）
　A. 连续踩踏制动踏板
　B. 抢挂低速挡减速后，使用驻车制动
　C. 迅速踏下离合器踏板
　D. 迅速拉紧驻车制动器操纵杆

题1226. 下坡路行车中制动突然失效怎样处置？（　　）
　A. 可利用避险车道减速停车
　B. 越二级挡位减挡
　C. 挂倒挡迫使停车
　D. 拉紧驻车制动器减速

题1227. 下坡路制动突然失效后，不可采用的办法是什么？（　　）
　A. 将机动车向上坡道方向行驶
　B. 用车身靠向路旁的岩石或树林碰擦
　C. 利用道路边专设的避险车道停车
　D. 拉紧驻车制动器操纵杆或越二级挡位减挡

题1228. 驾驶机动车行经下坡路段出现制动失效时，以下做法错误的是什么？（　　）
　A. 迅速开启危险报警闪光灯
　B. 迅速逐级或越一级减挡
　C. 有避险车道时可利用避险车道停车
　D. 快速越二级或多级减挡

题1229. 下坡路制动失效后，在不得已的情况下，可用车身侧面擦撞山坡，迫使机动车减速停车。（　　）

题1230. 下坡路制动失效后，要迅速逐级或越一级减挡，利用发动机制动作用控制车速。（　　）

题1231. 出现制动失效后，要首先控制方向，再设法控制车速。（　　）

题1232. 下坡路制动失效后，驾驶人应立即寻找并冲入紧急避险车道；停车后，拉紧驻车制动器，以防溜动发生二次险情。（　　）

题1233. 下坡路制动失效后，若无可利用的地形和时机，应迅速逐级或越一级减挡，利用发动机制动作用控制车速。（　　）

题1234. 【多选题】有效预防机动车发生制动失效的措施是什么？（　　）
　A. 定期维护制动系统
　B. 行车前检查制动踏板的自由行程
　C. 正确使用制动，防止热衰退
　D. 采用液压制动的机动车，行车前检查制动液是否有滴漏

题1235. 【多选题】机动车在行驶中突遇制动失灵时，驾驶人要采取什么措施？（　　）
　A. 握稳方向　　　　B. 抢挂低速挡减速
　C. 使用驻车制动器减速
　D. 开启危险报警闪光灯

题1236. 【多选题】下坡路行驶，制动突然失效后，可采用的减速方法是什么？（　　）
　A. 利用道路边专设避险车道减速停车
　B. 用车身靠向路旁的岩石或树木碰擦
　C. 首先拉紧驻车制动
　D. 抢挂低速挡

4. 车辆熄火、断电的处置

题1237. 行车中发动机突然熄火怎样处置？（　　）
　A. 紧急制动停车　　B. 缓慢减速停车

C. 挂空挡滑行　　　D. 关闭点火开关

题 1238. 行车中发动机突然熄火，不能继续启动时要采取紧急制动措施，迫使机动车迅速停住。（　）

题 1239. 行车中发动机突然熄火后不能启动时，要及时靠边停车检查熄火原因。（　）

题 1240.【多选题】行车中发动机突然熄火后，要采取什么措施？（　）
A. 立即停车检修
B. 立即开启危险报警闪光灯
C. 将机动车移到不妨碍交通的地点停车
D. 放置故障车警告标志

5. 侧滑时的处置

题 1241. 驾驶未安装制动防抱死装置的机动车在冰雪路面怎样使用制动？（　）
A. 轻踏或间歇踩踏制动踏板
B. 与其他路面一样踏制动踏板
C. 重踏制动踏板　　D. 猛踏制动踏板

题 1242. 机动车在什么样的路面上制动时车轮最容易抱死？（　）
A. 混凝土路　　　B. 土路
C. 冰雪路面　　　D. 沙土路

题 1243. 制动时，前车轮抱死会出现丧失转向能力的情况。（　）

题 1244. 制动时，后车轮抱死可能会出现侧滑甩尾的情况。（　）

题 1245. 机动车在行驶中，遇雨雪天气向右侧滑时，要向左转动转向盘，使其稳定。（　）

题 1246. 机动车转弯时速度过快，容易发生侧滑。（　）

题 1247. 驾驶机动车在冰雪路面发生侧滑时，要猛转动转向盘调整。（　）

题 1248. 雨雪天气下驾驶机动车发生侧滑时应迅速踩下制动踏板。（　）

题 1249. 在泥泞路行车中发生侧滑时，要向后轮侧滑的方向转动转向盘，适量修正。（　）

题 1250. 雨天机动车在高速公路行驶发生"水滑"现象时怎样处置？（　）
A. 急踏制动踏板减速
B. 缓抬加速踏板减速
C. 迅速转向进行调整
D. 提速增大车轮排水量

题 1251. 大雨天在高速公路行车时，怎样避免发生"水滑"现象？（　）
A. 安装防滑装置　B. 提高车速行驶
C. 降低车速行驶　D. 断续使用制动

题 1252. 雨天在高速公路行车，为避免发生"水滑"现象而造成方向失控，要降低车速。（　）

题 1253. 雨天避免"水滑"现象的有效方法就是保持高速行驶。（　）

题 1254.【多选题】雨天驾驶机动车在高速公路行驶，发生"水滑"现象时，以下做法正确的是什么？（　）
A. 双手握稳转向盘　B. 迅速转向调整
C. 逐渐降低车速　　D. 急踏制动踏板减速

题 1255.【多选题】车辆发生"水滑"现象时，以下做法正确的是什么？（　）
A. 不可急踩制动踏板
B. 逐渐松抬加速踏板，让车速逐渐减缓
C. 不得迅速转向
D. 立刻猛踏制动踏板，降低车速

6. 碰撞时的应急处置

题 1256. 机动车发生撞击的位置不在驾驶人一侧或撞击力量较小时，驾驶人不正确的做法是什么？（　）
A. 紧握转向盘　　　B. 两腿向前蹬
C. 从一侧跳车　　　D. 身体向后紧靠座椅

题 1257. 当车速较高且可能与前方机动车发生碰撞时，驾驶人要采取什么措施？（　）
A. 先制动减速，后转向避让
B. 急转方向向左避让
C. 急打方向，向右避让
D. 先转向避让，后制动减速

题 1258. 当车速较高且可能与前方机动车发生碰撞时，驾驶人应采取先制动减速、后转向避让的措施。（　）

题 1259. 行车中与其他机动车发生正面碰撞已不可避免时，应怎样处置？（　）
A. 变正面碰撞为侧面碰撞
B. 向右急转转向盘躲避
C. 迅速采取紧急制动
D. 向左急转转向盘躲避

题 1260. 在高速公路驾驶机动车意外碰撞护栏时，应采取什么保护措施？（　）
A. 握紧转向盘，适量修正
B. 迅速向相反方向转向
C. 迅速采取紧急制动
D. 迅速向碰撞一侧转向

题 1261. 机动车在高速公路意外撞击护栏时，有效的保护措施是向相反方向大幅度转向。（　）

题 1262. 机动车在高速公路意外撞击护栏时，要稳住方向，适当修正，切忌猛转转向盘。（　）

题 1263.【多选题】与对向来车发生正面碰撞且碰撞位置在驾驶人正前方时，驾驶人正确的应急驾驶姿势是什么？（　）
A. 迅速躲离转向盘
B. 往副驾驶座位躲避
C. 迅速将两腿抬起
D. 两腿蹬直

题1264. 当看到对面有车辆超车时,应该如何应付?
（   ）
　　A. 减速,并向右侧闪避
　　B. 保持原有驾驶方向和速度行驶
　　C. 加速,并向左侧越线行驶
　　D. 减速,并向左侧避让

题1265. 在高速公路驾驶机动车意外碰撞护栏时,要稳住方向,应适当向碰撞一侧转向,不可乱打或急打转向盘。（   ）

题1266. 在城市道路中车速相对较慢且车辆距障碍物很近时,驾驶人可以采取先转向躲避后制动的方式避免碰撞。（   ）

7. 倾翻时的应急处置

题1267.【多选题】导致车辆倾翻的主要原因有哪些?（   ）
　　A. 发生碰撞　　　　B. 车辆驶离路面
　　C. 高速行驶时急转转向盘
　　D. 车速过快

题1268.【多选题】驾驶机动车突然发生倾翻时,以下做法正确的是什么?（   ）
　　A. 迅速跳车逃生　　B. 双手紧握转向盘
　　C. 双脚勾住踏板　　D. 背部紧靠椅背

题1269. 驾驶机动车突然发生倾翻时,驾乘人员要迅速跳车逃生。（   ）

8. 发动机着火、电池起火等火灾的应急处置

题1270. 机动车燃油着火时,不能用于灭火的是什么?（   ）
　　A. 路边沙土　　　　B. 棉衣
　　C. 工作服　　　　　D. 水

题1271. 发动机着火后,首先应怎样处置?（   ）
　　A. 迅速关闭发动机　B. 用水进行灭火
　　C. 开启发动机舱盖灭火
　　D. 站在下风处灭火

题1272. 这个标志是何含义?（   ）

　　A. 灭火器标志　　　B. 油箱标志
　　C. 加油站标志　　　D. 消防设备箱标志

题1273. 怎样正确使用灭火器灭火?（   ）
　　A. 人要站在下风处　B. 灭火器瞄准火源
　　C. 尽量接近火源　　D. 灭火器瞄准火苗

题1274. 机动车发生火灾时,要设法将机动车停在远离城镇、建筑物、树木、机动车及易燃物的空旷地带。（   ）

题1275. 驾驶机动车起火时,要设法将机动车停在远离城镇、建筑物、树木、机动车及易燃的空旷地带,并及时把事故情况和地点通报给救援机构。（   ）

题1276. 高速公路行车发生火灾时,要将机动车驶进服务区或停车场灭火。（   ）

题1277. 发动机着火时,要迅速关闭发动机,开启发动机罩进行灭火。（   ）

题1278. 机动车电器、汽油着火后可用水来熄灭。
（   ）

题1279. 救火时不要脱去所穿的化纤服装,以免伤害暴露的皮肤。（   ）

题1280. 车辆起火时,若有衣物粘在驾驶人的皮肤上,驾驶人应尽快撕扯掉衣物,以防衣物灼伤皮肤。（   ）

题1281. 救火时不要张嘴呼吸或高声呐喊,以免烟火灼伤上呼吸道。（   ）

题1282.【多选题】机动车行驶时突然发生自燃,驾驶人采取的以下紧急避险措施中,正确做法是什么?（   ）
　　A. 用清水喷洒扑灭　B. 及时报警
　　C. 使用车内备用的灭火器灭火
　　D. 在来车方向设置警告标志

题1283.【多选题】机动车着火救火时,以下做法正确的是什么?（   ）
　　A. 站在下风口灭火　B. 用灭火器灭火
　　C. 尽量远离火源　　D. 张嘴大声呼叫

题1284. 驾驶机动车时,为了预防行车中突然起火造成的危险,应随车携带以下哪项物品?
（   ）
　　A. 安全帽　　　　　B. 灭火器
　　C. 安全锤　　　　　D. 冷冻液

题1285. 驾驶机动车行驶过程中发动机着火,以下做法错误的是什么?（   ）
　　A. 迅速关闭发动机　B. 用覆盖法灭火
　　C. 开启发动机舱盖灭火
　　D. 用灭火器灭火

题1286. 逃离隧道火灾现场时,需要向烟雾流相同方向逃跑。（   ）

题1287.【多选题】如遇隧道内发生车辆起火时,以下做法正确的有哪些?（   ）
　　A. 利用尖利物品砸碎侧窗逃生
　　B. 走"人行横洞"
　　C. 若视线不清,可以用手机手电筒照明
　　D. 打电话报警求助

题1288. 驾驶营运客车在隧道内发生火灾时,驾驶人应该立即开启车门,将乘客疏散到隧道中间通风的地点等待救援。（   ）

题1289. 驾驶机动车运输危险物品在隧道内着火,以下处理方式错误的是什么?（   ）
　　A. 准备好随车物品撤离
　　B. 立即熄火停车
　　C. 设置危险标志并报警

D. 用毛巾掩住口鼻或戴好防毒面具

题1290. 新能源电动汽车电池着火时，以下错误的说法是什么？（ ）
A. 报警时，告知起火汽车的品牌和型号
B. 灭火时，电池不再有明火即可
C. 注意防高温、毒气
D. 火势刚起能够断电时，立即断电

9. 车辆落水的应急处置

题1291. 机动车不慎落水，车门无法开启时，可选择的自救方法是什么？（ ）
A. 敲碎侧窗玻璃　　B. 关闭车窗
C. 打电话求救　　　D. 用工具撬开车门

题1292. 机动车落水后，要迅速关闭车窗阻挡车内进水，短暂闭绝空气，可打电话告知救援人员失事地点，等待救援。（ ）

题1293. 机动车落水后，只有在水快浸满车厢时，才有可能开启车门或摇下车窗玻璃逃生。（ ）

（三）高速公路紧急避险

题1294. 高速公路行车紧急情况避险的处理原则是什么？（ ）
A. 先避车、后避物　B. 先避人、后避物
C. 先避车、后避人　D. 先避物、后避人

题1295. 在高速公路上遇到紧急情况避险时，需要注意什么？（ ）
A. 采取制动措施减速
B. 向左侧转向避让
C. 迅速转动转向盘躲避
D. 向右侧转向避让

题1296. 在高速公路上遇到紧急情况时，不要轻易急转向避让。（ ）

题1297. 机动车在高速公路上发生故障需检查时，应怎样停车？（ ）
A. 在最外侧行车道上停车
B. 在内侧行车道上停车
C. 在应急车道停车
D. 在匝道口三角地带停车

题1298. 在高速公路行车选择什么地方停车？（ ）
A. 服务区　　　　　B. 加速车道
C. 减速车道　　　　D. 匝道

题1299. 高速路上，机动车因故障暂时不能离开应急车道或路肩时，驾乘人员要下车在路边等候，但不得离开高速公路。（ ）

题1300. 机动车在高速公路上，因故障不能离开行车道时，可在行车道上迅速抢修。（ ）

题1301. 在高速公路上除遇障碍、发生故障等必须停车外，不准停车上下人员或者装卸货物。（ ）

题1302. 机动车因故障不能离开高速公路时，驾乘人员要在车上等候救援。（ ）

题1303. 当高速公路上车辆发生故障时，驾乘人员应当疏散到下图哪个位置？（ ）

A. 位置A　　　　　B. 位置B
C. 位置C　　　　　D. 位置D

题1304. 机动车在高速公路上发生故障，紧急情况下可以沿所在车道逆行至来车方向150米外摆放警告标志。（ ）

题1305. 驾驶机动车在高速公路行驶，遇意外情况需紧急停车时，可在行车道上直接停车。（ ）

题1306. 驾驶机动车在高速公路行驶过程中，发现前方有动物突然横穿时，可以采取急转向的方式避让。（ ）

题1307. 驾驶机动车在高速公路行驶过程中，发现前方有动物突然横穿时，不可以采取急转的方式避让。（ ）

题1308. 驾驶机动车在高速公路行驶遇到横风时，应紧握转向盘，减速行驶。（ ）

题1309. 驾驶机动车在高速公路上发生故障时，车上人员应当迅速转移到故障车前方躲避。（ ）

题1310. 大雾天在高速公路遇事故不能继续行驶时，应怎样处置？（ ）
A. 车上人员要迅速从左侧车门离开
B. 在来车方向100米处设置警告标志
C. 开启危险报警闪光灯和远光灯
D. 车上人员站到护栏以外安全的地方

六、防范次生事故处置与伤员急救知识

（一）事故处置与防范次生事故

1. 事故处置与处理

题1311. 图中标志的含义是什么？（ ）

A. 消防设备箱标志　B. 油箱标志
C. 加油站标志　D. 灭火器标志

题1312. 图中标志的含义是什么？（　　）

A. 疏散标志
B. 紧急避难场所
C. 行人专用通道
D. 生活服务区

题1313. 紧急破窗逃生时，应首选侧面车窗。
（　　）

题1314.【多选题】有下列情形之一并经核实的，交通技术监控设备记录或者录入道路交通违法信息管理系统的违法行为信息，应当予以消除。（　　）
A. 因交通信号指示不一致造成的
B. 有证据证明救助危难或者紧急避险造成的
C. 机动车被盗抢期间发生的
D. 因使用伪造、变造或者其他机动车号牌发生违法行为造成合法机动车被记录的

题1315. 道路交通事故的损失是由受害人故意造成的，保险公司不予赔偿。（　　）

题1316.【多选题】发生交通事故后，当事人有下列哪些情形的，必须承担全部责任？（　　）
A. 故意毁灭证据　B. 故意破坏
C. 发生道路交通事故后逃逸
D. 伪造现场

题1317.【多选题】机动车发生以下交通事故中，当事人不能自行协商处理的是什么？（　　）
A. 驾驶人有饮酒嫌疑
B. 造成人员伤亡
C. 驾驶人有服用麻醉药品嫌疑
D. 未造成人身伤亡，且当事人对事实及成因无争议

题1318.【多选题】机动车发生交通事故后，以下哪种情况应当保护现场并立即报警？（　　）
A. 机动车无号牌
B. 驾驶人有饮酒嫌疑
C. 驾驶与准驾车型不符的机动车
D. 轻微财产损失且事故事实及成因无争议

题1319.【多选题】驾驶机动车发生交通事故，仅造成财产损失，但是对交通事故事实及成因有争议，以下做法错误的是什么？（　　）
A. 迅速报警
B. 占道继续和对方争辩
C. 找中间人帮忙解决
D. 自行协商损害赔偿事宜

2. 防范次生事故

题1320. 驾驶客车遇突发情况或者发生事故时，要力所能及地将损失降到最低限度，绝对不能因紧急避险造成二次事故或更大的损失。（　　）

题1321. 雾天在高速公路上发生事故后，车上人员不要随便下车行走。（　　）

题1322.【多选题】发生交通事故后，防止二次事故的有效措施是什么？（　　）
A. 疏散人员　B. 开启危险报警闪光灯
C. 标记伤员的原始位置
D. 正确放置危险警告标志

题1323.【多选题】发生交通事故后，以下哪些是防范次生事故的有效措施？（　　）
A. 迅速转移人员至安全地带
B. 正确摆放警告标志
C. 打开危险报警闪光灯
D. 坐在车内等待救援

（二）伤员自救、急救

1. 伤员急救的基本要求

题1324. 在事故现场抢救伤员的基本要求是什么？
（　　）
A. 先治伤，后救命　B. 先救命，后治伤
C. 先帮助轻伤员　D. 后救助重伤员

题1325. 遇伤者被压于车轮或货物下时，要立即拉拽伤者的肢体将其拖出。（　　）

题1326. 受伤者在车内无法自行下车时，可设法将其从车内移出，尽量避免二次受伤。（　　）

2. 昏迷不醒的伤员急救

题1327. 抢救昏迷失去知觉的伤员需要注意什么？
（　　）
A. 马上实施心肺复苏
B. 使劲掐伤员的人中
C. 连续拍打伤员面部
D. 抢救前先检查呼吸

题1328. 搬运昏迷失去知觉的伤员要采取仰卧位。
（　　）

题1329. 抢救昏迷失去知觉的伤员要在抢救前先检查呼吸。（　　）

题1330. 成人心肺复苏时，胸外按压频率是多少？
（　　）
A. （80～100）次/分
B. （60～80）次/分
C. （100～120）次/分
D. （120～140）次/分

3. 失血伤员的急救

题1331. 抢救失血伤员时，要先采取什么措施？
（　　）
A. 观察　B. 包扎　C. 止血　D. 询问

题1332.在没有绷带急救伤员的情况下,以下救护行为中错误的是什么? （　）
A.用手帕包扎　　B.用毛巾包扎
C.用棉质衣服包扎　D.用细绳缠绕包扎

题1333.采用指压止血法为动脉出血伤员止血时,拇指压住伤口的什么位置? （　）
A.近心端动脉　　B.血管下方动脉
C.远心端动脉　　D.血管中部

题1334.包扎止血不能用的物品是什么? （　）
A.绷带　　　　　B.三角巾
C.止血带　　　　D.麻绳

题1335.在没有绷带急救伤员的情况下,可用毛巾、手帕、床单、长筒尼龙袜子等代替绷带包扎。 （　）

题1336.在紧急情况下为伤员止血时,必须先用压迫法止血,再根据出血情况改用其他止血法。 （　）

题1337.救助失血过多出现休克的伤员要采取保暖措施。 （　）

4.烧伤伤员的急救

题1338.救助全身燃烧伤员采取哪种应急措施? （　）
A.用沙土覆盖火焰灭火
B.向身上喷冷水灭火
C.用灭火器进行灭火
D.帮助脱掉燃烧的衣服

题1339.烧伤伤口渴时,可喝少量的淡盐水。 （　）

题1340.烧伤伤口渴时,只能喝白开水。 （　）

题1341.救助全身燃烧伤员时,可以采取向身上喷冷水灭火的措施。 （　）

题1342.救助烧伤伤员时,当伤口已经起泡的情况下,可用什么覆盖在水泡上进行保护? （　）
A.手帕　　　　　B.围巾
C.塑料袋或保鲜膜　D.卫生纸

5.中毒伤员的急救

题1343.救助有害气体中毒伤员,首先采取的措施是什么? （　）
A.采取保暖措施
B.将伤员转移到有新鲜空气的地方
C.进行人工呼吸　D.进行胸外心脏按压

题1344.为防止有害气体中毒伤员继续中毒,首先将伤员转移到空气新鲜的地方。 （　）

题1345.抢救有害气体中毒伤员时,应第一时间将伤员移送到有新鲜空气的地方,脱离危险环境,防止吸入更多有害气体。 （　）

题1346.交通事故中急救中毒伤员,以下做法错误的是什么? （　）
A.尽快将中毒人员移出毒区
B.脱去接触有毒空气的衣服
C.用清水清洗暴露部位
D.原地等待救援

题1347.驾驶机动车遇车辆出现燃烧现象时,应迅速离开车内,以免对呼吸道造成伤害或发生窒息。 （　）

6.骨折伤员的处置

题1348.抢救骨折伤员时应注意什么? （　）
A.迅速抬上担架送往医院
B.适当调整损伤时的姿势
C.用绷带对骨折部位进行包扎
D.不要移动身体骨折部位

题1349.怎样抢救脊柱骨折的伤员? （　）
A.采取保暖措施　B.用软板担架运送
C.用三角巾固定　D.扶持伤者移动

题1350.伤员骨折处出血时,要先固定,然后止血和包扎伤口。 （　）

题1351.移动脊柱骨折的伤员时,切勿扶持伤员走动,可用软板担架运送。 （　）

题1352.伤员大腿、小腿和脊椎骨折时,一般不要随便移动。 （　）

题1353.对无骨端外露的骨折伤员的肢体进行固定时,要超过伤口上下关节。 （　）

题1354.伤员骨折处出血时,先要对伤口进行止血和包扎,再固定肢体。 （　）

（三）常见危化品处置常识

1.危险化学品的概念与分类

题1355.危险化学品具有爆炸、易燃、毒害、腐蚀、放射性等特性。 （　）

题1356.火药、炸药和起爆药属于哪类危险化学品? （　）
A.氧化性物质　　B.易燃固体
C.爆炸品　　　　D.自燃物品

题1357.火柴、硫黄和赤磷属于哪类危险化学品? （　）
A.爆炸品　　　　B.氧化性物质
C.自燃物品　　　D.易燃固体

题1358.下列属于危险易燃固体的是什么? （　）
A.火柴　B.火药　C.电石　D.炸药

2.危险化学品常用应急处置

题1359.易燃液体一旦发生火灾,要及时用水扑救。 （　）

题1360.腐蚀品着火时,不能用水柱直接喷射扑救。 （　）

题1361.扑救易散发腐蚀性蒸气或有毒气体的火灾时,扑救人员应穿戴防毒面具和相应的防护用品,站在上风处施救。 （　）

题1362.驾驶机动车发生交通事故后,应注意是否有燃油泄漏、管路破裂的情况,避免意外情况出现。 （　）

题1363.在交通事故现场,一旦遇到有毒有害物质泄漏,一定要第一时间疏散人员,并立即报警。（　　）

题1364.因交通事故造成有害气体泄漏后,进入现场抢救伤员时,抢救人员必须佩戴空气呼吸器或用湿毛巾捂住口鼻。（　　）

3. 危化品运输特殊情况处理

题1365.液化石油气罐车在运输途中发生大量泄漏时,下列措施错误的是什么？（　　）
A. 切断一切电源　　B. 戴好防护面具和手套
C. 关闭阀门制止渗漏
D. 组织人员向下风方向疏散

题1366.道路危险货物运输驾驶人、装卸人员和押运员必须了解所运载的危险化学品的性质、危害特性、包装容器的使用特性和发生意外时的应急措施。（　　）

题1367.驾驶人驾驶危险货物运输车辆在运输过程中发生交通事故后,应立即报警,上报危险货物种类、事故所在具体位置、人员及周边河流、村庄受害情况,并说明是否发生侧漏或者着火等情况。（　　）

题1368.驾驶机动车在隧道内遇前方车辆运输的危险化学品泄露或火灾时,驾驶人应熄火并开启危险报警闪光灯,将钥匙留在车内后弃车逃生。（　　）

七、典型事故案例分析

（一）典型事故案例驾驶行为分析

题1369.动画1中有几种违法行为？（　　）

[动画显示：驾驶人未系安全带,驾车时打电话]
A. 1种违法行为　　B. 2种违法行为
C. 3种违法行为　　D. 4种违法行为

题1370.动画2中有几种违法行为？（　　）

[动画显示：黄色轿车驾驶人驾车时打电话,并在堵车时将车驶向公交车道]
A. 1种违法行为　　B. 2种违法行为
C. 3种违法行为　　D. 4种违法行为

题1371.动画3中有几种违法行为？（　　）

[动画显示：黑色轿车车速表指针指示70公里/小时,交通标志最高限速为60公里/小时；车辆号牌上有遮挡物]
A. 1种违法行为　　B. 2种违法行为
C. 3种违法行为　　D. 4种违法行为

题1372.动画4中有几种违法行为？（　　）

[动画显示：车辆号牌上有遮挡物；信号灯为红灯时,车辆从直行车道左转弯驶过路口]
A. 1种违法行为　　B. 2种违法行为
C. 3种违法行为　　D. 4种违法行为

题1373.动画5中有几种违法行为？（　　）

[动画显示：驾驶人驾车时打手机。通话内容为："刚喝完酒,在去驾校的路上,准备报名学个

驾驶本"]
　　A.1种违法行为　　B.2种违法行为
　　C.3种违法行为　　D.4种违法行为
题1374.动画6中有几种违法行为？（　　）

［动画显示：黄色轿车驾驶人未系安全带；驾车时打手机；道路拥堵时驶入应急车道］
　　A.1种违法行为　　B.2种违法行为
　　C.3种违法行为　　D.4种违法行为
题1375.动画7中有几种违法行为？（　　）

［动画显示：车辆号牌上有遮挡物；在有禁止左转弯的路口驶向左侧道路］
　　A.1种违法行为　　B.2种违法行为
　　C.3种违法行为　　D.4种违法行为
题1376.动画8中有几种违法行为？（　　）

［动画显示：黄色轿车号牌上有遮挡物；并在道路拥堵时鸣喇叭，然后驶向非机动车道］
　　A.1种违法行为　　B.2种违法行为
　　C.3种违法行为　　D.4种违法行为

（二）典型事故案例经验教训

题1377.【多选题】林某驾车以110公里/小时的速度在城市道路行驶，与一辆机动车追尾后弃车逃离被群众拦下。经鉴定，事发时林某血液中的酒精浓度为135.8毫克/百毫升。林某的主要违法行为是什么？（　　）
　　A.醉酒驾驶　　　　B.超速驾驶
　　C.疲劳驾驶　　　　D.肇事逃逸

题1378.【多选题】周某夜间驾驶大货车在没有路灯的城市道路上以90公里/小时的速度行驶，一直开启远光灯，在通过一窄路时，因加速抢道，导致对面驶来的一辆小客车撞上右侧护栏。周某的主要违法行为是什么？（　　）
　　A.超速行驶　　　　B.不按规定会车
　　C.疲劳驾驶　　　　D.不按规定使用灯光

题1379.某日6时，冉某驾驶一辆大客车出发，连续行驶至11时，在宣汉县境内宣南路1公里处，坠于公路一侧垂直高度8.5米的陡坎下，造成13人死亡、9人受伤。冉某的主要违法行为是什么？（　　）
　　A.超速行驶　　　　B.不按交通标线行驶
　　C.客车超员　　　　D.疲劳驾驶

题1380.某日13时10分，罗某驾驶一辆中型客车从高速公路0公里处出发，14时10分行至该高速公路125公里处时，发生追尾碰撞，机动车驶出西南侧路外边坡，造成11人死亡、2人受伤。罗某的主要违法行为是什么？（　　）
　　A.超速行驶　　　　B.不按交通标线行驶
　　C.客车超员　　　　D.疲劳驾驶

题1381.何某驾驶一辆乘载53人的大客车（核载47人），行至宁合高速公路南京境内454公里加100米处时，被一辆重型半挂牵引车追尾，

导致大客车翻出路侧护栏并起火燃烧，造成17人死亡、27人受伤。何某的主要违法行为是什么？（　　）
A. 超速行驶　　　　B. 客车超员
C. 驾驶逾期未年检机动车
D. 操作不当

题1382. 罗某驾驶大型卧铺客车（乘载44人，核载44人）行至沿河县境内540县道58公里加500米处时，在结冰路面以44公里/小时的速度行驶，导致车辆侧滑翻下公路，造成15人死亡、27人受伤。罗某的主要违法行为是什么？（　　）
A. 客车超员　　　　B. 超速行驶
C. 疲劳驾驶　　　　D. 操作不当

题1383. 徐某驾驶一辆中型客车（乘载27人）行至汤山镇王伏村壶南头路段，在上坡过程中，车辆发生后溜驶出路外坠入落差约80米的山崖，造成11人死亡、7人受伤。徐某的主要违法行为是什么？（　　）
A. 疲劳驾驶　　　　B. 酒后驾驶
C. 客车超员　　　　D. 超速行驶

题1384. 佟某驾驶一辆大客车（乘载54人，核载55人）行至太原境内以45公里/小时的车速通过一处泥泞路段时，车辆侧滑驶出路外坠入深沟，导致14人死亡、40人受伤。佟某的主要违法行为是什么？（　　）
A. 客车超员　　　　B. 超速行驶
C. 酒后驾驶　　　　D. 疲劳驾驶

题1385. 郝某驾驶一辆载有84.84吨货物的重型自卸货车（核载15.58吨），行至滦县境内262省道34公里加623米处时，与前方同向行驶的一辆载有45.85吨货物的货车（核载1.71吨）追尾碰撞后，侧翻撞向路边人群，造成19人死亡、17人受伤。双方驾驶人共同的违法行为是什么？（　　）
A. 超速行驶　　　　B. 货车超载
C. 疲劳驾驶　　　　D. 酒后驾驶

题1386. 周某驾驶一辆轻型厢式货车（乘载22人）行至丙察公路79公里加150米处时，坠入道路一侧山崖，造成12人死亡、10人受伤。周某的主要违法行为是什么？（　　）
A. 驾驶逾期未检验的机动车
B. 货运机动车载客
C. 超速行驶
D. 疲劳驾驶

题1387.【多选题】叶某驾驶中型厢式货车，行至陂头镇上汶线3公里加600米弯道路段时，以40公里/小时的速度与王某驾驶的乘载19人的三轮载货摩托车发生正面相撞，造成10人死亡、9人受伤。双方驾驶人的主要违法行为是什么？（　　）
A. 叶某驾驶与准驾车型不符的机动车
B. 王某驾驶摩托车非法载客
C. 叶某超速行驶
D. 王某不按信号灯指示行驶

题1388.【多选题】唐某驾驶一辆大客车，乘载74人（核载30人），以38公里/小时的速度，行至一连续下陡坡转弯路段时，车辆翻入路侧溪水内，造成17人死亡、57人受伤。唐某的主要违法行为是什么？（　　）
A. 酒后驾驶　　　　B. 客车超员
C. 疲劳驾驶　　　　D. 超速行驶

题1389.【多选题】吴某驾驶一辆大客车，乘载33人（核载22人），行至163县道7公里加300米处时，机动车失控坠入山沟，造成10人死亡、21人受伤。事后经酒精检测，吴某血液酒精含量为26毫克/百毫升。吴某的主要违法行为是什么？（　　）
A. 超速行驶　　　　B. 客车超员
C. 疲劳驾驶　　　　D. 酒后驾驶

题1390.【多选题】钱某驾驶大型卧铺客车，乘载45人（核载40人），保持40公里/小时以上的车速行至八宿县境内连续下坡急转弯路段处时，翻下100米深的山崖，造成17人死亡、20人受伤。钱某的主要违法行为是什么？（　　）
A. 驾驶时接听手持电话
B. 超速行驶
C. 客车超员　　　　D. 疲劳驾驶

题1391.【多选题】陶某驾驶中型客车（乘载33人），行至许平南高速公路163公里处时，以120公里/小时的速度与停在最内侧车道上安某驾驶的因事故无法移动的小客车（未设置警示标志）相撞，中型客车撞开右侧护栏侧翻，造成16死亡、15人受伤。双方驾驶人的主要违法行为是什么？（　　）
A. 陶某客车超员　　B. 陶某超速行驶
C. 安某未按规定设置警示（告）标志
D. 安某违法停车

题1392.【多选题】杨某驾驶改装小型客车（核载9人，实载64人，其中62人为幼儿园学生），行至榆林子镇马槽沟村处，占用对向车道逆行时，与一辆重型自卸货车正面碰撞，造成22人死亡、44人受伤。该起事故中的主要违法行为是什么？（　　）
A. 货车超速行驶　　B. 非法改装机动车
C. 客车超员　　　　D. 客车逆向行驶

题1393.【多选题】戚某驾驶大客车，乘载28人（核载55人），由南向北行至一无交通信号控制的交叉路口时，以50公里/小时的车速与由东向西行至该路口李某驾驶的重型半挂牵引车（核载40吨，实载55.2吨）侧面相撞，造

成 12 人死亡、17 人受伤。此事故中的主要违法行为是什么？（　　）
A. 客车超员　　　B. 客车超速行驶
C. 货车超载　　　D. 货车驾驶人经验不足

题 1394.【多选题】彭某驾驶一辆重型半挂牵引车，载运 37.7 吨货物（核载 25 吨），行至大广高速公路一下坡路段，追尾碰撞一辆由李某驾驶在应急车道内行驶的重型自卸货车（货箱内装载 3.17 立方黄土并搭乘 24 人），造成 16 人死亡、13 人受伤。此事故中的主要违法行为是什么？（　　）
A. 彭某超速行驶
B. 彭某驾驶机动车超载
C. 李某在应急车道内行驶
D. 李某货车车厢内违法载人

题 1395.【多选题】石某驾驶低速载货机动车，运载 4.05 吨货物（核载 1.2 吨），行至宁津县境内 314 省道 51 公里加 260 米处时，在越过道路中心线超越前方同向行驶的机动车时，与对向正常行驶的中型客车（乘载 12 人，核载 11 人）正面相撞，造成 10 人死亡、2 人受伤。此事故中的违法行为是什么？（　　）
A. 货车超载　　　B. 货车违法超车
C. 客车超员　　　D. 客车驾驶人疲劳驾驶

题 1396.【多选题】邹某驾驶大型卧铺客车（核载 35 人，实载 47 人），行至京港澳高速公路 938 公里处时，因乘车人携带的大量危险化学品在车厢内突然发生爆燃，造成 41 人死亡、6 人受伤。此事故中的主要违法行为是什么？（　　）
A. 客车超员
B. 乘车人携带易燃易爆危险物品
C. 超速行驶　　　D. 不按规定停车

题 1397.【多选题】某日 3 时 40 分，孙某驾驶大客车（乘载 54 人、核载 55 人）行至随岳高速公路 229 公里加 300 米处时，在停车下客过程中，被后方驶来李某驾驶的重型半挂机动车追尾，造成 26 人死亡、29 人受伤。事后查明，李某从昨日 18 时许出发，途中一直未休息。双方驾驶人的主要违法行为是什么？（　　）
A. 孙某违法停车　　B. 孙某客车超员
C. 李某超速　　　D. 李某疲劳驾驶

题 1398.【多选题】李某驾驶一辆大客车，乘载 21 人（核载 35 人），行驶途中察觉制动装置有异常但未处理，行至双岛海湾大桥时车速为 50 公里/小时（该路段限速 40 公里/小时），因制动失灵坠入海中，造成 13 人死亡、8 人受伤。李某的主要违法行为是什么？（　　）
A. 超速行驶　　　B. 疲劳驾驶
C. 客车超员
D. 驾驶具有安全隐患的机动车

题 1399.【多选题】某日 19 时，杨某驾驶大客车，乘载 57 人（核载 55 人），连续行驶至次日凌晨 1 时，在金城江区境内 050 国道 3008 公里加 110 米处时，因车辆左前胎爆裂，造成 12 人死亡、22 人受伤的特大交通事故。杨某的主要违法行为是什么？（　　）
A. 疲劳驾驶　　　B. 客车超员
C. 超速行驶　　　D. 操作不当

题 1400.【多选题】赵某（持有 A2 驾驶证）驾驶大型卧铺客车（核载 36 人），行驶至叶城县境内某处急弯路段，加速超越前车时，坠入道路一侧山沟，致 16 人死亡、20 人受伤。赵某的主要违法行为是什么？（　　）
A. 在不具备超车条件的急弯路段加速超车
B. 驾驶逾期未检验的机动车
C. 驾驶与准驾车型不符的机动车
D. 疲劳驾驶

题 1401.【多选题】张某驾驶车辆在高速公路上发生故障不能移动，开启危险报警闪光灯后下车，联系朋友李某驾驶私家车帮忙拖曳到应急车道。在李某拖曳故障车的过程中，刘某驾驶货运车辆以 110 公里/小时的速度驶来，导致三车相撞。这起事故中的违法行为有哪些？（　　）
A. 张某疲劳驾驶
B. 李某用私家车拖曳故障车辆
C. 刘某超速行驶
D. 未在故障车辆后设置警示标志

题 1402.【多选题】贾某驾车在高速公路上行驶，遇到大雾，能见度小于 50 米。贾某开启了雾灯、示廓灯、危险警报灯，以 40 公里/小时的车速行驶，并与同车道保持 50 米距离，经过三个出口驶离高速公路。贾某的主要违法行为是什么？（　　）
A. 未按规定开启相应的灯光
B. 超速行驶
C. 与同车道前车距离不足
D. 未及时从最近的出口驶离高速公路

题 1403. 某日夜间下雨，陈某驾驶小型汽车与李某（未系安全带）一同回家，当陈某以 120 公里/小时车速行至城市主干路（限速 80 公里/小时）的某一路段时，车辆突然发生侧滑，导致与道路左侧护栏相撞后翻车。陈某的主要违法行为是什么？（　　）
A. 超速行驶　　　B. 操作不当
C. 疲劳驾驶　　　D. 未系安全带

题 1404. 某日刘某与朋友相约打麻将，一直到次日凌晨 4 时，然后驾驶小型汽车回家，刚开一会儿就感觉头脑发沉，但因离家也就十分钟的路程了，刘某坚持继续驾驶。当行至接近某路口时，刘某的车与前方一辆正常行驶的出租车相撞，造成两车损坏。此事故中的违法行为是

什么？　　　　　　　　　　　　（　　）
A. 出租车未按交通信号灯行驶
B. 出租车未及时避让
C. 刘某疲劳驾驶
D. 刘某超载驾驶

题1405.【多选题】黄某（驾驶证被扣留）驾驶小型客车（逾期未检验）沿某国道行至某处时跨双黄实线掉头，与对向车道于某驾驶的重型自卸货车相撞，造成5人死亡、2人受伤。事故发生后黄某驾车逃离事故现场。本起事故中存在的违法行为有什么？　　　　　　　（　　）
A. 黄某驾驶机动车跨双黄实线掉头
B. 于某超速行驶
C. 黄某在驾驶证被扣留期间驾驶机动车上道路行驶
D. 黄某驾驶逾期未检验的机动车上道路行驶

题1406. 魏某（驾驶证被扣留）驾驶小型客车（逾期未检验）沿某国道行至某处时跨双黄实线掉头，与对向车道于某驾驶的重型自卸货车相撞，造成5人死亡、2人受伤。事故发生后魏某驾车逃离事故现场。造成本起事故的直接原因是什么？　　　　　　　　　（　　）
A. 魏某在驾驶证被扣留期间驾驶机动车
B. 魏某驾驶机动车时跨双黄实线掉头
C. 于某超速行驶
D. 魏某驾驶逾期未检验的机动车

题1407. 陈某驾驶小型普通客车行驶至某县道转弯路段时，在结冰湿滑路面上以63公里/小时的速度超越前方袁某驾驶的小型面包车（行驶速度28公里/小时）时，两车刮擦后坠翻，造成6人死亡、1人受伤。本起事故驾驶人的违法行为是陈某超速行驶和违法超车。（　　）

题1408. 驾驶人冯某驾驶大型普通客车在某高速公路隧道口（限速60公里/小时）以83公里/小时的速度冲撞隧道墙，造成36人死亡、13人受伤。调查表明，冯某自前一日12时许至事故发生时没有休息。本次事故发生的直接原因是冯某超速行驶、疲劳驾驶。（　　）

题1409. 周某驾驶一辆轻型厢式货车（搭载22人）行至某公路时，坠入道路一侧山崖，造成12人死亡、10人受伤。周某的主要违法行为是货运机动车载客。（　　）

题1410. 张某驾驶一辆大客车，乘载15人（核载35人），行驶途中察觉制动装置有异常但未处理，行至某转弯临崖路段时，因制动失灵坠入海中，造成10人死亡、4人受伤。张某的主要违法行为是驾驶具有安全隐患的机动车。
　　　　　　　　　　　　　　（　　）

题1411.【多选题】驾驶人刘某（无证）驾驶制动摩擦片严重磨损的小型客车以70公里/小时的速度行至隧道入口（限速40公里/小时），因

雨天路滑导致车辆失控后驶往道路左侧，与对向行驶的由驾驶人王某驾驶的速度为48公里/小时的重型自卸货车（空载）相撞，造成3人死亡。此事故中驾驶人的违法行为有哪些？　　　　　　　　　　　　（　　）
A. 刘某超速行驶　　B. 刘某无证驾驶
C. 王某超速行驶
D. 刘某驾驶具有安全隐患的机动车辆上道路行驶

题1412.【多选题】驾驶人田某（持B2驾驶证）驾驶重型半挂牵引车（载运酱糟）行至某隧道（限速80公里/小时）出口处，车上所载酱糟泄漏，田某驾车逃离现场；随后，驾驶人张某驾驶大型普通客车（核载55人，实载31人）以105公里/小时的速度行至此处发生侧翻；之后，驾驶人黄某驾驶重型仓栅式货车（核载18.5吨，实载21吨）与大客车发生碰撞后侧翻，造成11人死亡、18人受伤。本起事故中驾驶人的违法行为有哪些？　　（　　）
A. 驾驶人张某超员行驶
B. 张某驾驶大型普通客车超速行驶
C. 驾驶人田某驾驶与准驾车型不符的机动车
D. 黄某驾驶重型仓栅式货车超载行驶

题1413. 苗某驾驶小型汽车在没有道路中心线的城市道路上以40公里/小时的速度行驶，与行人发生碰撞，造成1人受伤。本起事故中，苗某存在超速行驶的违法行为。（　　）

题1414. 王某（持有驾驶证准驾车型为C1）驾驶中型客车（核载18人，实载15人），行至急弯路段时发生侧翻，造成2人死亡、3人受伤。王某存在的违法行为是什么？（　　）
A. 疲劳驾驶
B. 驾驶与准驾车型不符的机动车
C. 客车超载　　　D. 超速行驶

题1415. 闫某在能见度小于200米且大于50米的雾天驾车在高速公路上以80公里/小时的时速行驶，与同车道前方车辆发生追尾事故。闫某存在的违法行为是什么？　　　　　（　　）
A. 驾驶具有安全隐患的机动车上路行驶
B. 未及时从最近的出口驶离高速公路
C. 超速行驶　　D. 不按规定使用灯光

题1416. 田某驾驶小型汽车以40公里/小时的速度在泥泞的道路上行驶时，车辆发生侧滑坠入路边边沟，造成3人受伤。田某存在的违法行为是什么？　　　　　　　　　　　　（　　）
A. 超速行驶　　B. 随意变更车道
C. 不按规定使用灯光
D. 疲劳驾驶

题1417. 周某驾驶小型汽车在红灯亮起时越过停止线驶入交叉口，与一辆低速载货汽车发生碰撞，造成1人死亡、1人受伤。周某存在的违

法行为是什么？ （ ）
 A. 不按规定使用喇叭
 B. 不按交通信号灯指示通行
 C. 超速行驶　　　D. 不按规定使用车道

题 1418. 侯某驾驶小型汽车与行人发生碰撞，导致两名行人当场死亡，经检测侯某血液酒精浓度为 112.7 毫克 /100 毫升。侯某存在的违法行为是什么？ （ ）
 A. 超速驾驶　　　B. 疲劳驾驶
 C. 无证驾驶　　　D. 醉酒驾驶

题 1419. 某日 14 时，高某驾驶小型汽车在高速公路上行驶，至 16 时行驶了 275 公里，追尾前方的小型汽车，造成 2 人死亡。事故中高某存在疲劳驾驶的违法行为。 （ ）

题 1420. 赵某驾驶车辆在急弯路段上以 40 公里/小时的速度行驶，与对向行驶的小客车发生碰撞，造成 1 人死亡、2 人受伤。赵某存在的违法行为是什么？ （ ）
 A. 无证驾驶　　　B. 超速行驶
 C. 不按规定使用灯光
 D. 不按规定会车

Appendix

附 录

附录 A 科目一考试题库试题答案

1.B；2.A；3.C；4.C；5.D；6.C；7.B；8.×；9.D；
10.B；11.×；12.×；13.B；14.√；15.√；16.√；
17.×；18.√；19.C；20.C；21.×；22.A；23.A；
24.A；25.×；26.A；27.√；28.×；29.D；30.√；
31.B；32.×；33.C；34.×；35.×；36.√；37.√；
38.√；39.×；40.√；41.×；42.A；43.D；44.C；
45.B；46.√；47.C；48.A；49.C；50.×；51.D；
52.√；53.√；54.×；55.√；56.C；57.×；
58.D；59.×；60.×；61.√；62.D；63.×；64.√；
65.B；66.√；67.D；68.D；69.C；70.C；71.√；
72.√；73.√；74.√；75.√；76.D；77.D；
78.√；79.C；80.D；81.×；82.C；83.√；84.B；
85.B；86.B；87.C；88.√；89.×；90.×；91.C；
92.×；93.×；94.√；95.B；96.×；97.√；
98.√；99.√；100.√；101.A；102.×；103.√；
104.√；105.B；106.√；107.√；108.√；109.D；
110.√；111.C；112.B；113.√；114.C；115.A；
116.√；117.B；118.√；119.B；120.A；121.D；
122.×；123.C；124.D；125.√；126.√；127.√；
128.√；129.×；130.A；131.B；132.√；133.B；
134.B；135.A；136.D；137.A；138.√；139.B；
140.C；141.B；142.C；143.√；144.√；145.√；
146.√；147.C；148.D；149.D；150.√；151.C；
152.A；153.√；154.B；155.D；156.×；157.A；
158.√；159.×；160.D；161.C；162.A；163.√；
164.×；165.D；166.×；167.D；168.√；169.B；
170.B；171.B；172.C；173.×；174.C；175.×；
176.D；177.A；178.√；179.D；180.C；181.A；
182.C；183.D；184.√；185.×；186.√；187.B；
188.B；189.√；190.B；191.D；192.C；193.×；

194.×；195.C；196.C；197.×；198.B；199.×；
200.A；201.D；202.×；203.A；204.D；205.×；
206.B；207.B；208.B；209.B；210.C；211.A；
212.C；213.A；214.C；215.√；216.√；217.D；
218.B；219.C；220.×；221.×；222.×；223.D；
224.×；225.D；226.√；227.A；228.A；229.×；
230.A；231.D；232.√；233.A；234.√；235.×；
236.×；237.A；238.×；239.B；240.B；241.√；
242.√；243.×；244.√；245.√；246.×；247.A；
248.D；249.√；250.B；251.√；252.√；253.√；
254.C；255.√；256.√；257.×；258.B；259.√；
260.D；261.√；262.B；263.√；264.√；265.B；
266.D；267.√；268.B；269.A；270.A；271.B；
272.B；273.√；274.D；275.√；276.C；277.√；
278.×；279.B；280.√；281.×；282.√；
283.√；284.√；285.√；286.×；287.B；288.B；
289.√；290.D；291.C；292.√；293.D；294.√；
295.D；296.√；297.×；298.D；299.√；300.C；
301.×；302.×；303.√；304.C；305.×；306.B；
307.D；308.D；309.√；310.×；311.√；312.B；
313.√；314.B；315.√；316.D；317.B；318.C；
319.×；320.A；321.√；322.√；323.×；324.A；
325.B；326.√；327.×；328.B；329.√；330.B；
331.B；332.√；333.C；334.×；335.√；336.D；
337.×；338.×；339.C；340.√；341.√；
342.√；343.C；344.√；345.×；346.B；347.A；
348.√；349.D；350.B；351.C；352.×；353.√；
354.√；355.√；356.B；357.D；358.√；359.A；
360.√；361.×；362.√；363.√；364.×；365.D；
366.D；367.D；368.C；369.D；370.√；371.B；

372.×；373.D；374.D；375.×；376.×；377.√；
378.×；379.×；380.×；381.×；382.×；383.√；
384.B；385.D；386.×；387.×；388.√；389.D；
390.√；391.×；392.√；393.×；394.D；395.B；
396.√；397.A；398.A；399.C；400.B；401.C；
402.√；403.×；404.×；405.√；406.C；407.A；
408.B；409.√；410.×；411.×；412.B；413.√；
414.×；415.A；416.A；417.B；418.A；419.C；
420.C；421.D；422.A；423.B；424.D；425.A；
426.B；427.A；428.A；429.C；430.C；431.C；
432.A；433.B；434.A；435.C；436.C；437.A；
438.C；439.B；440.C；441.A；442.B；443.C；
444.C；445.B；446.A；447.D；448.B；449.B；
450.A；451.C；452.C；453.A；454.B；455.B；
456.C；457.C；458.D；459.D；460.A；461.B；
462.B；463.C；464.B；465.D；466.A；467.B；
468.C；469.B；470.A；471.D；472.×；473.×；
474.√；475.×；476.×；477.×；478.√；
479.√；480.×；481.√；482.√；483.×；
484.×；485.√；486.×；487.×；488.√；
489.×；490.√；491.×；492.×；493.√；
494.×；495.√；496.√；497.×；498.×；
499.×；500.√；501.×；502.×；503.√；
504.×；505.×；506.√；507.√；508.√；
509.√；510.×；511.√；512.D；513.B；514.D；
515.A；516.B；517.C；518.A；519.C；520.D；
521.A；522.B；523.C；524.√；525.C；526.B；
527.C；528.C；529.B；530.D；531.D；532.C；
533.A；534.D；535.B；536.D；537.B；538.D；
539.D；540.D；541.B；542.A；543.×；544.√；
545.√；546.×；547.×；548.×；549.√；550.B；
551.C；552.A；553.√；554.A；555.B；556.D；
557.C；558.A；559.A；560.D；561.C；562.B；
563.A；564.A；565.B；566.B；567.B；568.B；
569.D；570.D；571.D；572.B；573.C；574.C；
575.A；576.A；577.C；578.A；579.C；580.D；
581.C；582.B；583.A；584.B；585.D；586.B；
587.B；588.C；589.D；590.D；591.A；592.B；
593.C；594.A；595.C；596.A；597.B；598.D；
599.D；600.D；601.A；602.B；603.B；604.D；
605.C；606.×；607.D；608.D；609.B；610.D；
611.B；612.B；613.B；614.A；615.A；616.C；
617.A；618.C；619.B；620.D；621.A；622.C；
623.D；624.D；625.A；626.C；627.C；628.A；
629.C；630.C；631.D；632.A；633.A；634.A；

635.D；636.D；637.D；638.A；639.A；640.C；
641.√；642.×；643.C；644.D；645.D；646.×；
647.B；648.A；649.A；650.C；651.D；652.C；
653.D；654.A；655.C；656.B；657.C；658.D；
659.A；660.C；661.D；662.A；663.C；664.D；
665.A；666.C；667.C；668.A；669.C；670.D；
671.A；672.C；673.D；674.A；675.B；676.D；
677.B；678.B；679.B；680.A；681.B；682.D；
683.B；684.A；685.C；686.A；687.A；688.A；
689.D；690.D；691.A；692.B；693.D；694.D；
695.B；696.B；697.C；698.D；699.B；700.A；
701.C；702.D；703.C；704.D；705.B；706.A；
707.C；708.C；709.C；710.D；711.A；712.A；
713.×；714.√；715.C；716.A；717.B；718.B；
719.B；720.D；721.D；722.D；723.A；724.C；
725.C；726.D；727.D；728.C；729.D；730.A；
731.C；732.C；733.×；734.A；735.C；736.B；
737.B；738.C；739.D；740.A；741.C；742.D；
743.B；744.D；745.C；746.D；747.C；748.A；
749.B；750.C；751.D；752.B；753.A；754.×；
755.B；756.C；757.×；758.×；759.C；760.B；
761.×；762.√；763.×；764.×；765.×；766.×；
767.C；768.×；769.×；770.×；771.√；772.D；
773.×；774.D；775.×；776.D；777.A；778.√；
779.D；780.C；781.×；782.√；783.×；784.×；
785.B；786.×；787.×；788.C；789.C；790.D；
791.B；792.D；793.C；794.√；795.B；796.C；
797.C；798.×；799.D；800.C；801.D；802.×；
803.C；804.C；805.C；806.×；807.A；808.B；
809.B；810.A；811.√；812.×；813.×；814.×；
815.×；816.B；817.B；818.D；819.D；820.C；
821.D；822.D；823.√；824.√；825.C；826.×；
827.√；828.D；829.×；830.B；831.B；832.×；
833.×；834.C；835.A；836.B；837.C；838.B；
839.×；840.√；841.√；842.C；843.√；844.D；
845.×；846.×；847.B；848.A；849.√；850.√；
851.√；852.×；853.√；854.√；855.×；
856.√；857.A；858.×；859.C；860.×；861.C；
862.√；863.C；864.√；865.√；866.√；867.A；
868.√；869.A；870.√；871.D；872.×；873.D；
874.C；875.B；876.×；877.×；878.D；879.×；
880.C；881.×；882.×；883.√；884.C；885.√；
886.B；887.C；888.C；889.√；890.D；891.D；
892.A；893.×；894.D；895.C；896.A；897.×；
898.C；899.C；900.B；901.D；902.×；903.×；

904.D；905.×；906.×；907.√；908.B；909.×；
910.√；911.×；912.B；913.√；914.B；915.B；
916.×；917.√；918.√；919.C；920.D；921.A；
922.×；923.×；924.√；925.√；926.C；
927.√；928.√；929.×；930.×；931.C；932.×；
933.C；934.√；935.×；936.√；937.√；
938.√；939.√；940.×；941.C；942.C；943.√；
944.B；945.C；946.D；947.B；948.B；949.×；
950.A；951.×；952.×；953.A；954.D；955.√；
956.B；957.B；958.B；959.×；960.D；961.×；
962.×；963.√；964.A；965.B；966.A；967.×；
968.√；969.C；970.×；971.D；972.√；973.×；
974.√；975.B；976.A；977.D；978.√；979.A；
980.C；981.√；982.×；983.×；984.A；985.√；
986.×；987.√；988.√；989.×；990.×；
991.√；992.D；993.×；994.×；995.A；996.×；
997.D；998.D；999.D；1000.C；1001.×；
1002.√；1003.B；1004.B；1005.√；1006.×；
1007.×；1008.√；1009.×；1010.A；1011.D；
1012.D；1013.A；1014.D；1015.×；1016.×；
1017.A；1018.√；1019.√；1020.√；1021.C；
1022.√；1023.D；1024.×；1025.√；1026.√；
1027.A；1028.D；1029.×；1030.×；1031.√；
1032.×；1033.A；1034.√；1035.D；1036.√；
1037.×；1038.C；1039.√；1040.C；1041.√；
1042.B；1043.A；1044.√；1045.D；1046.C；
1047.√；1048.√；1049.A；1050.A；1051.B；
1052.D；1053.B；1054.B；1055.√；1056.B；
1057.√；1058.A；1059.√；1060.B；1061.B；
1062.B；1063.B；1064.×；1065.×；1066.D；
1067.×；1068.×；1069.A；1070.×；1071.×；
1072.×；1073.√；1074.×；1075.A；1076.B；
1077.√；1078.D；1079.√；1080.D；1081.D；
1082.√；1083.C；1084.×；1085.√；1086.×；
1087.√；1088.√；1089.A；1090.√；1091.√；
1092.B；1093.×；1094.A；1095.√；1096.B；
1097.√；1098.√；1099.B；1100.√；1101.√；
1102.×；1103.√；1104.×；1105.C；1106.A；
1107.√；1108.D；1109.A；1110.√；1111.√；
1112.×；1113.B；1114.A；1115.B；1116.A；
1117.√；1118.B；1119.C；1120.B；1121.A；1122.D；
1123.×；1124.√；1125.×；1126.B；1127.D；
1128.D；1129.C；1130.×；1131.A；1132.√；
1133.B；1134.C；1135.×；1136.B；1137.√；
1138.×；1139.C；1140.C；1141.A；1142.C；
1143.√；1144.×；1145.×；1146.×；1147.×；
1148.C；1149.×；1150.A；1151.B；1152.×；
1153.√；1154.D；1155.A；1156.B；1157.√；
1158.√；1159.A；1160.√；1161.B；1162.A；
1163.C；1164.C；1165.×；1166.B；1167.B；
1168.√；1169.√；1170.B；1171.A；1172.B；
1173.D；1174.B；1175.D；1176.√；1177.√；
1178.√；1179.√；1180.×；1181.√；1182.√；
1183.√；1184.√；1185.D；1186.C；1187.√；
1188.√；1189.√；1190.C；1191.√；1192.√；
1193.D；1194.×；1195.A；1196.A；1197.×；
1198.B；1199.B；1200.√；1201.√；1202.C；
1203.×；1204.B；1205.A；1206.D；1207.D；
1208.C；1209.C；1210.D；1211.×；1212.√；
1213.√；1214.×；1215.D；1216.√；1217.√；
1218.×；1219.D；1220.D；1221.A；1222.A；
1223.×；1224.D；1225.√；1226.√；1227.√；
1228.C；1229.√；1230.√；1231.√；1232.A；
1233.C；1234.D；1235.√；1236.√；1237.√；
1238.C；1239.B；1240.D；1241.√；1242.×；
1243.√；1244.√；1245.√；1246.√；1247.B；
1248.C；1249.B；1250.C；1251.C；1252.C；
1253.A；1254.√；1255.C；1256.C；1257.√；
1258.√；1259.C；1260.√；1261.√；1262.√；
1263.√；1264.×；1265.√；1266.A；1267.√；
1268.√；1269.×；1270.√；1271.×；1272.×；
1273.C；1274.D；1275.A；1276.√；1277.√；
1278.√；1279.√；1280.×；1281.C；1282.√；
1283.×；1284.×；1285.C；1286.×；1287.B；
1288.C；1289.√；1290.√；1291.A；1292.C；
1293.A；1294.D；1295.C；1296.×；1297.B；
1298.√；1299.C；1300.√；1301.A；1302.D；
1303.√；1304.√；1305.√；1306.C；1307.√；
1308.√；1309.C；1310.×；1311.×；1312.B；
1313.C；1314.D；1315.C；1316.C；1317.A；
1318.D；1319.√；1320.D；1321.C；1322.×；
1323.√；1324.D；1325.D；1326.C；1327.B；
1328.×；1329.B；1330.B；1331.B；1332.A；
1333.×；1334.A；1335.B；1336.√；1337.√；
1338.×；1339.C；1340.A；1341.C；1342.√；
1343.√；1344.C；1345.A；1346.A；1347.√；
1348.C；1349.A；1350.A；1351.B；1352.√；
1353.√；1354.A；1355.C；1356.B；1357.×；
1358.B；1359.√；1360.×；1361.√；1362.D；
1363.A；1364.C；1365.√；1366.×；1367.D；

1368.√；1369.D；1370.B；1371.×；1372.×；
1373.×；1374.√；1375.×；1376.B；1377.C；
1378.×；1379.×；1380.×；1381.A；1382.A；
1383.A；1384.×；1385.×；1386.×；1387.A；
1388.B；1389.×；1390.×；1391.√；1392.×；
1393.√；1394.√；1395.×；1396.×；1397.D；
1398.D；1399.×；1400.D；1401.×；1402.C；
1403.B；1404.B；1405.√；1406.D；1407.D；
1408.√；1409.D；1410.C；1411.D；1412.B；
1413.√；1414.C；1415.D；1416.D；1417.×；
1418.B；1419.C；1420.A；1421.√；1422.√；
1423.√；1424.C；1425.B；1426.√；1427.A；
1428.B；1429.√；1430.B；1431.D；1432.D；
1433.B；1434.C；1435.A；1436.×；1437.√；
1438.D；1439.√；1440.×；1441.D；1442.√；
1443.A；1444.A；1445.D；1446.A；1447.×；
1448.×；1449.√；1450.√；1451.√；1452.√；
1453.√；1454.√；1455.×；1456.√；1457.D；
1458.C；1459.√；1460.×；1461.√；1462.C；
1463.√；1464.A；1465.B；1466.√；1467.×；
1468.√；1469.C；1470.D；1471.×；1472.×；
1473.D；1474.×；1475.C；1476.×；1477.√；
1478.×；1479.√；1480.C；1481.C；1482.C；
1483.C；1484.C；1485.D；1486.√；1487.√；
1488.√；1489.×；1490.×；1491.×；1492.C；
1493.A；1494.A；1495.D；1496.×；1497.C；
1498.×；1499.A；1500.√；1501.A；1502.D；
1503.√；1504.C；1505.C；1506.A；1507.√；
1508.D；1509.√；1510.√；1511.×；1512.√；
1513.×；1514.√；1515.B；1516.√；1517.C；
1518.√；1519.√；1520.√；1521.√；1522.D；
1523.A；1524.A；1525.A；1526.D；1527.×；
1528.×；1529.√；1530.√；1531.A；1532.B；
1533.C；1534.D；1535.√；1536.D；1537.A；
1538.B；1539.B；1540.C；1541.A；1542.D；1543.D；
1544.A；1545.C；1546.B；1547.√；1548.A；
1549.A；1550.×；1551.D；1552.A；1553.D；
1554.C；1555.A；1556.B；1557.D；1558.D；
1559.C；1560.B；1561.D；1562.D；1563.A；1564.C；
1565.D；1566.C；1567.C；1568.C；1569.A；
1570.×；1571.×；1572.√；1573.√；1574.×；
1575.×；1576.×；1577.√；1578.√；1579.√；
1580.×；1581.×；1582.×；1583.×；1584.√；
1585.×；1586.×；1587.×；1588.×；1589.√；
1590.√；1591.×；1592.×；1593.√；1594.×；
1595.√；1596.√；1597.C；1598.D；1599.D；
1600.C；1601.D；1602.A；1603.×；1604.C；
1605.C；1606.×；1607.D；1608.√；1609.B；
1610.C；1611.A；1612.D；1613.B；1614.D；
1615.B；1616.B；1617.D；1618.√；1619.√；
1620.√；1621.√；1622.×；1623.√；1624.√；
1625.×；1626.√；1627.√；1628.√；1629.C；
1630.A；1631.C；1632.A；1633.C；1634.A；
1635.C；1636.D；1637.×；1638.C；1639.B；
1640.A；1641.B；1642.×；1643.×；1644.√；
1645.√；1646.D；1647.A；1648.B；1649.×；
1650.×；1651.×；1652.√；1653.√；1654.A；
1655.B；1656.√；1657.A；1658.B；1659.D；
1660.×；1661.B；1662.B；1663.A；1664.D；
1665.A；1666.A；1667.A；1668.C；1669.A；
1670.D；1671.C；1672.B；1673.A；1674.A；
1675.C；1676.D；1677.A；1678.C；1679.D；
1680.B；1681.D；1682.×；1683.D；1684.×；
1685.√；1686.C；1687.√；1688.A；1689.√；
1690.√；1691.C；1692.B；1693.√；1694.D；1695.C；
1696.√；1697.×；1698.√；1699.√；1700.×

附录 B　科目四考试题库试题答案

1.ABCD；2.A；3.√；4.√；5.√；6.D；7.ABCD；
8.ABCD；9.×；10.×；11.√；12.ABCD；13.√；
14.A；15.C；16.ABCD；17.ABCD；18.ABCD；
19.ABD；20.ABCD；21.√；22.A；23.ABD；
24.√；25.BCD；26.√；27.√；28.√；29.√；
30.√；31.√；32.√；33.√；34.A；35.B；36.ABC；37.C；38.ABCD；39.ABD；40.BD；41.A；
42.A；43.ABCD；44.ABCD；45.ABCD；46.√；
47.×；48.×；49.√；50.BCD；
51.ABCD；52.ACD；53.√；54.ABCD；55.√；
56.ABCD；57.ABCD；58.A；59.×；60.√；
61.√；62.ABCD；63.D；64.√；65.ABCD；
66.ABCD；67.ABCD；68.√；69.√；70.√；
71.√；72.√；73.A；74.D；75.ABC；76.×；
77.ACD；78.ACD；79.A；80.×；81.√；82.×；
83.A；84.A；85.√；86.B；87.ABCD；88.√；
89.ABCD；90.×；91.B；92.C；93.√；94.√；
95.×；96.√；97.ACD；98.×；99.√；100.D；

101.√；102.A；103.A；104.B；105.√；
106.√；107.×；108.ABD；109.ABC；110.A；
111.A；112.A；113.BCD；114.D；115.√；
116.ABCD；117.√；118.CD；119.√；120.×；
121.√；122.×；123.BD；124.ACD；125.ABC；
126.√；127.D；128.×；129.×；130.D；131.B；
132.D；133.×；134.×；135.√；136.A；137.×；
138.AD；139.A；140.ABD；141.√；142.√；
143.×；144.×；145.ABCD；146.√；147.A；
148.A；149.ABCD；150.B；151.B；152.√；153.ABCD；154.D；155.√；156.D；157.√；158.×；
159.B；160.√；161.ABCD；162.√；163.AB；
164.B；165.C；166.C；167.A；168.√；169.ABD；
170.BCD；171.BCD；172.CD；173.B；174.C；
175.×；176.√；177.×；178.√；179.ABCD；
180.√；181.D；182.B；183.D；184.C；185.D；
186.√；187.×；188.A；189.A；190.A；191.×；
192.√；193.C；194.B；195.×；196.C；197.√；
198.√；199.D；200.B；201.B；202.B；203.D；
204.B；205.B；206.BCD；207.ABCD；208.×；
209.ABC；210.×；211.×；212.×；213.×；214.C；
215.×；216.√；217.D；218.A；219.B；220.C；
221.D；222.√；223.√；224.×；225.×；226.√；
227.√；228.A；229.C；230.D；231.√；232.B；
233.√；234.√；235.ABC；236.AD；237.BCD；
238.A；239.√；240.×；241.B；242.D；243.ABCD；244.D；245.B；246.A；247.C；248.D；
249.D；250.×；251.√；252.ACD；253.C；
254.√；255.ACD；256.ABC；257.×；258.×；
259.×；260.√；261.ABC；262.AB；263.AC；
264.ABCD；265.ABC；266.ABCD；267.D；
268.×；269.×；270.×；271.√；272.ABC；273.AB；274.ABCD；275.A；276.×；277.B；278.×；
279.×；280.√；281.√；282.×；283.×；
284.√；285.×；286.×；287.BC；288.D；
289.×；290.√；291.B；292.√；293.×；294.×；
295.√；296.ABCD；297.B；298.√；299.D；300.D；
301.B；302.B；303.D；304.D；305.×；306.A；
307.A；308.D；309.×；310.√；311.×；312.D；
313.ABCD；314.BCD；315.C；316.ACD；317.C；
318.√；319.ABCD；320.ABC；321.A；322.ABC；
323.A；324.A；325.×；326.C；327.D；328.×；
329.B；330.√；331.C；332.√；333.×；334.√；
335.C；336.ABC；337.×；338.√；339.ABCD；
340.AB；341.ABD；342.D；343.×；344.×；345.B；
346.×；347.√；348.×；349.CD；350.√；
351.√；352.BC；353.√；354.ACD；355.B；
356.ABCD；357.D；358.B；359.C；360.D；361.A；
362.×；363.ABC；364.ABC；365.ABCD；
366.√；367.√；368.×；369.×；370.D；371.D；
372.C；373.√；374.√；375.×；376.ABCD；
377.×；378.AB；379.B；380.D；381.√；382.A；
383.B；384.C；385.A；386.√；387.√；388.√；
389.√；390.×；391.×；392.B；393.ABCD；
394.C；395.ABC；396.√；397.√；398.D；399.A；
400.A；401.A；402.B；403.AD；404.C；405.√；
406.D；407.×；408.A；409.A；410.×；411.×；
412.×；413.×；414.√；415.√；416.×；
417.√；418.√；419.√；420.AB；421.×；422.C；
423.A；424.×；425.√；426.√；427.√；428.C；
429.D；430.×；431.ACD；432.ABCD；433.B；
434.√；435.D；436.√；437.C；438.B；
439.ABCD；440.B；441.ABC；442.BC；443.B；
444.C；445.√；446.√；447.√；448.C；449.A；
450.√；451.A；452.D；453.D；454.A；455.×；
456.×；457.×；458.×；459.√；460.BCD；
461.ABCD；462.D；463.√；464.C；465.A；
466.√；467.√；468.B；469.√；470.C；471.B；
472.√；473.√；474.×；475.ABC；476.ABC；
477.√；478.×；479.ABD；480.D；481.A；
482.×；483.√；484.×；485.ABCD；486.√；
487.√；488.ABC；489.BD；490.C；491.D；492.B；
493.√；494.√；495.ABCD；496.B；497.C；498.D；
499.×；500.√；501.√；502.√；503.×；
504.×；505.ABD；506.ABCD；507.√；
508.ABCD；509.√；510.A；511.D；512.A；
513.×；514.B；515.A；516.C；517.D；518.×；
519.C；520.D；521.D；522.√；523.√；524.×；
525.√；526.×；527.ABCD；528.√；529.A；
530.√；531.ABCD；532.√；533.√；534.√；
535.D；536.ACD；537.×；538.D；539.A；
540.√；541.×；542.D；543.D；544.ABCD；545.ABC；546.√；547.AB；548.C；549.×；550.√；
551.ABD；552.C；553.C；554.B；555.C；556.D；
557.D；558.×；559.ABC；560.√；561.A；562.C；
563.C；564.×；565.×；566.D；567.A；568.×；
569.C；570.B；571.A；572.√；573.×；574.AD；
575.×；576.AC；577.C；578.ACD；579.√；
580.C；581.D；582.√；583.ABCD；584.A；585.C；
586.×；587.A；588.ABC；589.×；590.ABC；
591.B；592.B；593.×；594.C；595.ACD；
596.AD；597.√；598.×；599.√；600.C；601.A；
602.√；603.A；604.√；605.B；606.C；607.ABCD；
608.B；609.ABCD；610.√；611.A；612.D；613.A；
614.A；615.B；616.B；617.C；618.C；619.√；
620.×；621.A；622.B；623.ABCD；624.√；
625.×；626.ABC；627.√；628.C；629.A；630.D；
631.√；632.√；633.A；634.√；635.C；
636.√；637.C；638.A；639.×；640.×；641.×；
642.×；643.×；644.√；645.×；646.×；647.√；

648.×；649.√；650.×；651.×；652.×；653.√；654.C；655.C；656.A；657.√；658.BCD；659.A；660.×；661.√；662.√；663.BCD；664.×；665.×；666.√；667.C；668.×；669.BCD；670.B；671.√；672.√；673.×；674.×；675.C；676.×；677.×；678.√；679.D；680.×；681.ABC；682.√；683.√；684.ABCD；685.√；686.ABCD；687.CD；688.ABC；689.ABCD；690.AD；691.AD；692.ABCD；693.BC；694.ABD；695.BC；696.AC；697.AC；698.CD；699.ABCD；700.√；701.×；702.×；703.A；704.×；705.C；706.C；707.×；708.×；709.D；710.D；711.√；712.D；713.√；714.×；715.×；716.×；717.√；718.×；719.×；720.√；721.×；722.×；723.×；724.×；725.×；726.×；727.√；728.×；729.×；730.√；731.√；732.×；733.√；734.√；735.√；736.×；737.×；738.×；739.√；740.√；741.×；742.×；743.√；744.√；745.×；746.√；747.×；748.√；749.√；750.×；751.√；752.×；753.×；754.×；755.√；756.√；757.×；758.√；759.√；760.√；761.√；762.BC；763.×；764.×；765.√；766.C；767.√；768.√；769.√；770.×；771.×；772.×；773.×；774.√；775.√；776.×；777.√；778.×；779.√；780.√；781.A；782.B；783.√；784.√；785.√；786.×；787.B；788.C；789.√；790.√；791.×；792.√；793.√；794.×；795.×；796.×；797.√；798.×；799.√；800.√；801.×；802.×；803.√；804.×；805.√；806.√；807.×；808.√；809.√；810.√；811.√；812.√；813.√；814.√；815.√；816.×；817.×；818.√；819.√；820.×；821.×；822.A；823.√；824.√；825.×；826.√；827.√；828.√；829.√；830.×；831.√；832.×；833.√；834.√；835.√；836.×；837.√；838.×；839.√；840.√；841.×；842.√；843.√；844.×；845.×；846.√；847.√；848.√；849.×；850.×；851.√；852.√；853.√；854.×；855.√；856.√；857.√；858.√；859.√；860.×；861.×；862.√；863.√；864.√；865.×；866.×；867.√；868.√；869.×；870.√；871.√；872.×；873.C；874.√；875.×；876.×；877.×；878.√；879.√；880.×；881.×；882.√；883.√；884.√；885.×；886.×；887.×；888.√；889.√；890.√；891.×；892.√；893.√；894.×；895.√；896.×；897.√；898.√；899.√；900.A；901.C；902.B；903.B；904.D；905.C；906.√；907.×；908.√；909.×；910.√；911.×；912.√；913.√；914.×；915.×；916.√；917.√；918.D；919.√；920.√；921.×；922.×；923.A；924.√；925.B；926.ABC；927.BD；928.×；929.C；930.B；931.C；932.√；933.√；934.B；935.√；936.×；937.CD；938.ABC；939.√；940.BC；941.A；942.√；943.ABC；944.√；945.ABCD；946.ABCD；947.ABC；948.C；949.B；950.A；951.A；952.B；953.C；954.×；955.ABCD；956.ABC；957.A；958.ABCD；959.√；960.ABCD；961.C；962.√；963.ACD；964.ABCD；965.AC；966.A；967.×；968.C；969.×；970.√；971.C；972.√；973.√；974.B；975.A；976.A；977.√；978.×；979.D；980.×；981.ABD；982.ABCD；983.ABCD；984.A；985.C；986.A；987.×；988.√；989.×；990.C；991.√；992.BCD；993.BD；994.D；995.D；996.C；997.B；998.A；999.D；1000.√；1001.D；1002.ABC；1003.B；1004.A；1005.×；1006.√；1007.×；1008.√；1009.ABC；1010.×；1011.√；1012.√；1013.√；1014.D；1015.×；1016.×；1017.C；1018.√；1019.×；1020.ABCD；1021.ACD；1022.D；1023.D；1024.×；1025.×；1026.ABD；1027.√；1028.ABCD；1029.ACD；1030.ABCD；1031.D；1032.B；1033.B；1034.C；1035.D；1036.BCD；1037.B；1038.√；1039.C；1040.C；1041.C；1042.√；1043.×；1044.√；1045.×；1046.√；1047.×；1048.×；1049.ABCD；1050.ABC；1051.BCD；1052.AC；1053.C；1054.B；1055.A；1056.ABC；1057.√；1058.B；1059.√；1060.A；1061.B；1062.√；1063.B；1064.C；1065.√；1066.C；1067.D；1068.√；1069.ABCD；1070.AB；1071.ABC；1072.ABD；1073.ABC；1074.ABCD；1075.√；1076.√；1077.×；1078.√；1079.D；1080.D；1081.B；1082.√；1083.B；1084.A；1085.√；1086.C；1087.√；1088.×；1089.×；1090.√；1091.ABC；1092.√；1093.ABCD；1094.√；1095.A；1096.D；1097.×；1098.√；1099.ABC；1100.A；1101.D；1102.BCD；1103.A；1104.D；1105.A；1106.×；1107.√；1108.×；1109.×；1110.×；1111.×；1112.√；1113.A；1114.A；1115.√；1116.×；1117.B；1118.×；1119.D；1120.B；1121.C；1122.B；1123.√；1124.ABCD；1125.D；1126.C；1127.×；1128.×；1129.×；1130.×；1131.√；1132.×；1133.√；1134.×；1135.×；1136.A；1137.ABC；1138.√；1139.C；1140.A；1141.×；1142.×；1143.×；1144.×；1145.×；1146.ABCD；1147.√；1148.×；1149.B；1150.ABC；1151.D；1152.√；1153.B；1154.ACD；1155.ABC；1156.ABCD；

1157.B；1158.D；1159.×；1160.√；1161.√；
1162.√；1163.√；1164.×；1165.×；1166.C；
1167.ABC；1168.C；1169.×；1170.C；1171.BCD；
1172.D；1173.×；1174.ACD；1175.BCD；1176.A；
1177.ABC；1178.D；1179.×；1180.A；1181.√；
1182.×；1183.√；1184.√；1185.D；1186.A；
1187.√；1188.×；1189.√；1190.B；1191.B；
1192.C；1193.B；1194.D；1195.×；1196.A；
1197.√；1198.√；1199.×；1200.BCD；1201.×；
1202.√；1203.×；1204.×；1205.B；1206.BCD；
1207.B；1208.BCD；1209.ABCD；1210.B；1211.AC；
1212.ABCD；1213.B；1214.×；1215.A；1216.A；
1217.B；1218.D；1219.BC；1220.×；1221.×；
1222.√；1223.√；1224.√；1225.B；1226.A；
1227.D；1228.D；1229.√；1230.√；1231.√；
1232.√；1233.√；1234.ABCD；1235.ABCD；
1236.ABD；1237.B；1238.×；1239.√；1240.BCD；
1241.A；1242.C；1243.√；1244.√；1245.×；
1246.√；1247.×；1248.×；1249.√；1250.B；
1251.C；1252.√；1253.×；1254.AC；1255.ABC；
1256.C；1257.A；1258.√；1259.C；1260.A；
1261.×；1262.√；1263.ABC；1264.A；1265.√；
1266.√；1267.ABCD；1268.BCD；1269.×；
1270.D；1271.A；1272.A；1273.B；1274.√；
1275.√；1276.×；1277.×；1278.×；1279.×；
1280.×；1281.√；1282.BCD；1283.BC；1284.B；
1285.C；1286.×；1287.ABCD；1288.×；1289.A；
1290.B；1291.A；1292.×；1293.√；1294.B；
1295.A；1296.√；1297.C；1298.A；1299.×；
1300.×；1301.√；1302.×；1303.D；1304.×；
1305.×；1306.×；1307.√；1308.√；1309.×；
1310.D；1311.A；1312.A；1313.√；1314.ABCD；
1315.√；1316.ABCD；1317.ABC；1318.ABC；
1319.BCD；1320.√；1321.×；1322.ABD；
1323.ABC；1324.B；1325.×；1326.√；1327.D；
1328.×；1329.√；1330.C；1331.C；1332.D；
1333.A；1334.D；1335.√；1336.√；1337.√；
1338.B；1339.√；1340.×；1341.√；1342.C；
1343.B；1344.√；1345.√；1346.D；1347.√；
1348.D；1349.C；1350.×；1351.×；1352.√；
1353.√；1354.√；1355.√；1356.C；1357.D；
1358.A；1359.×；1360.√；1361.√；1362.√；
1363.√；1364.√；1365.D；1366.√；1367.√；
1368.√；1369.B；1370.B；1371.B；1372.C；
1373.C；1374.C；1375.B；1376.B；1377.ABD；
1378.ABD；1379.D；1380.A；1381.B；1382.B；
1383.C；1384.B；1385.B；1386.B；1387.BC；
1388.BD；1389.BD；1390.BC；1391.ABC；
1392.BCD；1393.BC；1394.BCD；1395.ABC；
1396.AB；1397.AD；1398.AD；1399.AB；
1400.AC；1401.BCD；1402.ABD；1403.A；1404.C；
1405.ACD；1406.B；1407.√；1408.√；1409.√；
1410.√；1411.ABCD；1412.BCD；1413.√；
1414.B；1415.C；1416.A；1417.B；1418.D；
1419.×；1420.B